逆転裁判例にみる
事実認定・立証責任
のポイント

税理士　安井 和彦 [著]

税務研究会出版局

推薦にあたって

　本書は、数々の著名な難事件において、東京国税局の担当官という立場で国側代理人を務めた百戦錬磨の著者（ここでは親しみを込めて、安井さんと呼ばせて頂く）が、近時の国側敗訴判決について、詳細な分析を施した書物である。

　私は、2000年に弁護士登録して以来、16年が経つが、その間、2011年7月に東京国税不服審判所において国税審判官に任用され（いわゆる任期付公務員）、3年間そこで勤務した。

　そこで出会ったのが、安井さんである。審判所に着任した当時、安井さんは私の左隣の席に座っていらしたので、お話を伺う機会が多々あり、担当官として数々の事件で法廷に立たれたご経験を元に、国税当局の思考が、裁判所をはじめとする法律家の目から見て如何におかしいか、周りの職員の方々にうるさがられるほどに、滔々と語られた。安井さんの議論は、法律家の端くれである私にとって、自然に頭に入ってくるものであった。

　実は、私と安井さんが審判所で勤務していた時期から最近に至るまでの数年間は、国側敗訴判決、しかも、第一審で国が敗退し、そのまま控訴もされずに確定してしまう判決が多かった時期でもある。安井さんはよく、「一審で引き下がるような処分をするものではない」、「一審で負けるくらいなら、審判所でなぜ取り消さないのか」と憤慨しておられた。それは、国税組織への限りない愛情によるものであると、私には感じられた。

　本書では、そうした国側敗訴判決が多数取り上げられ、どうして国側が負けたのか、そのことから何を読み取るべきなのか、様々な角度から分析されている。その広さ・深さは相当のものがある。このような質量共に卓越した分析は、「税務と法務のバイリンガル」である安井さんでなければ、為し得ない。税務専門家・法務専門家のいずれが読んでも得るところの多い、濃密な書物となっていると思う。

　税の世界は今や、「税務」と「法務」、どちらの視点が欠けても成り立たない、厳しい反面で、知的意欲を持った人々にはとても面白い時代に突入している。この時代を生き抜くうえで、国税職員としての長年の課税実務

の経験と、豊富な訴訟経験の双方を基礎に、税務と法務の両面から綿密な分析を行った本書は、類書のない貴重な羅針盤である。私自身、本書を常に座右に置き、その般若心経のような奥深い魅力を堪能して行きたいと思う。本書を、税理士・経理マン、弁護士・法務マン、法学部・法科大学院等で租税法を学ぶ学生、そして、安井さんの愛してやまない国税職員の皆さんに、広くお勧めする次第である。

岩田合同法律事務所弁護士（元・国税審判官）

佐藤　修二

目　次

総論

1	判例研究の目的 ……………………………………… 2
2	判例の法源性 ………………………………………… 3
3	判例とは何か ………………………………………… 4
4	判例は実務を支配する ……………………………… 6

判例各論

Ⅰ　建物の一部を取り壊してから共有持分を贈与したと認定するか、建物を分割し共有持分を相互に放棄したと認定するかで結論が異なった事例 …………………………………………… 10

1	事案の概要 …………………………………………… 10
2	前提事実 ……………………………………………… 10
3	本件の争点 …………………………………………… 12
4	地方裁判所の認定した事実 ………………………… 12
5	地方裁判所と高等裁判所の判断 …………………… 14
6	原告（長女、一審で敗訴し控訴）の主張 ………… 20
7	解　説 ………………………………………………… 22

Ⅱ　原告が前代表者に対する貸付金を貸倒損失として計上した上で確定申告をしたところ、原処分庁が、前代表者に対する貸付金の発生した経緯や事業承継の経緯等を根拠にこれを否認したのに対し、裁判所が貸倒損失を認めた事例 ……………………… 31

1	事案の概要 …………………………………………… 31
2	前提事実 ……………………………………………… 31
3	時系列 ………………………………………………… 39

ii 目次

    4 争　点 ………………………………………………………… 41

    5 審判所の判断と裁判所の判断 …………………………………… 42

    6 解　説 ………………………………………………………… 43

Ⅲ 会員制リゾートクラブに入会した会員から入会時に収受した金員のうち返還されることとされている部分以外の金額は課税資産の譲渡等に該当するとした課税庁の主張を否定し、不課税取引であるとした事例 ………………………………………………… 50

    1 事案の概要 …………………………………………………… 50

    2 事実関係 ……………………………………………………… 51

    3 争　点 ………………………………………………………… 58

    4 審判所の判断と裁判所の判断 …………………………………… 58

    5 解　説 ………………………………………………………… 64

Ⅳ 同じ最高裁判決を先例としながら地裁と高裁が正反対の判断（地裁は原処分適法、高裁は原処分違法）をした事例（法人税）……… 70

    1 事案の概要 …………………………………………………… 70

    2 前提事実 ……………………………………………………… 71

    3 更正の理由 …………………………………………………… 72

    4 裁判所の判断 ………………………………………………… 74

    5 解　説 ………………………………………………………… 87

Ⅴ 所得税法第51条第4項《資産損失の必要経費算入》の規定の解釈について、裁判所が所得税基本通達51−7と同趣旨の解釈を示し、納税者が救済された事例（所得税）…………………………… 94

    1 事案の概要 …………………………………………………… 94

    2 事実関係 ……………………………………………………… 95

    3 争　点 ………………………………………………………… 99

    4 審判所の判断と裁判所の判断 …………………………………… 99

    5 解　説 ………………………………………………………… 105

目次　iii

VI 従業員が受領したリベートは法人の収入ではなく、従業員個人の収入であるとして裁判所が課税処分を取り消し、納税者（法人）を救済した事例（法人税）……………………………… 112

 1　事案の概要…………………………………………… 112

 2　前提事実……………………………………………… 113

 3　争点及び争点に関する当事者の主張……………… 115

 4　判　　断……………………………………………… 118

 5　解　　説……………………………………………… 122

VII 事業所納税届出書の提出の有無についての争いが更正処分、差押処分は無効であるとして結着した事例…………………… 131

 1　事案の概要…………………………………………… 131

 2　前提事実……………………………………………… 132

 3　争　　点……………………………………………… 136

 4　裁判所の判断………………………………………… 137

 5　解　　説……………………………………………… 144

VIII 税理士が青色事業専従者に支払った専従者給与の金額の当否について地裁と高裁が異なった判断を示した事例…………… 155

 1　事案の概要…………………………………………… 155

 2　前提事実……………………………………………… 156

 3　争　　点……………………………………………… 157

 4　裁判所の判断………………………………………… 158

 5　解　　説……………………………………………… 171

IX 納税者が株式を譲渡したものであると審判所が認定した後に当事者間で成立した和解の内容等を考慮に入れて裁判所が納税者を救済した事例……………………………………………… 178

 1　事案の概要…………………………………………… 178

 2　前提事実……………………………………………… 178

 3　争　　点……………………………………………… 182

iv　目次

　　4　裁判所の判断 ……………………………………………………… 182
　　5　解　説 …………………………………………………………… 195

X　税務職員が税務調査に着手した後に納税者が修正申告をした場合でも過少申告加算税が課されない場合があることを認めた事例 ……………………………………………………………………… 200
　　1　事案の概要 …………………………………………………… 200
　　2　前提事実 ……………………………………………………… 200
　　3　争点 …………………………………………………………… 203
　　4　審判所の判断と裁判所の判断 …………………………… 203
　　5　解説 …………………………………………………………… 217

XI　退職金の要件を明らかにし、納税者が退職金としたものを役員賞与とした課税処分を取り消した事例 ……………………………… 222
　　1　事案の概要 …………………………………………………… 222
　　2　認定事実 ……………………………………………………… 223
　　3　争　点 ………………………………………………………… 230
　　4　審判所の判断と裁判所の判断 …………………………… 231
　　5　解　説 ………………………………………………………… 237

XII　役員であった者に対する貸付債権及び未収利息債権についてその支払いを免除したところ、その経済的利益は役員賞与に該当するとして源泉所得税の納税告知処分が行われた事例 ………… 242
　　1　事案の概要 …………………………………………………… 242
　　2　前提事実 ……………………………………………………… 243
　　3　争　点 ………………………………………………………… 245
　　4　審判所の判断と裁判所の判断 …………………………… 245
　　5　解　説 ………………………………………………………… 250

XIII 課税庁の公的見解は変更されたと認定し、これは真に納税者の
責めに帰することのできない客観的な事情であるとして過少申
告加算税を取り消した事例 ………………………………………… 260

  1 事案の概要 ……………………………………………… 260

  2 事実関係等の概要 ……………………………………… 260

  3 最高裁判所の判断 ……………………………………… 263

  4 一審及び控訴審の判断 ………………………………… 267

  5 解　説 …………………………………………………… 268

〔凡　　例〕

本書で使われている主な略称は以下の通り

法法…………法人税法

法規…………法人税法施行規則

法令…………法人税法施行令

法基通………法人税基本通達

所法…………所得税法

所令…………所得税法施行令

所基通………所得税基本通達

消法…………消費税法

消基通………消費税法基本通達

措置法………租税特別措置法

通則法………国税通則法

〔総論〕

2 〔総論〕

1 判例研究の目的

判例を研究することの目的は何であるか。

その１つの答えは、判例研究の目的は、判決の理論の当否を検討することであるという見解である。これに対して、もう１つの答えは、判例研究の目的は、現実に裁判所に妥当している、裁判規範を明らかにすること、さらに進んで、将来の裁判を予見することであるとする見解である。

後者の見解は、裁判過程に着目して、裁判によって具体的裁判規範が形成されるのだという考え方に立脚している。

社会的機能という観点から見ると、後者の見解は、将来の裁判を予見することによって、そのことに多大な利害を感じる市民・国民に行動の指針を与えることになる。

判例の研究によって将来の裁判を予見することが可能となるという考え方は、判例拘束の原理が制度上の要請として英米法に存在したという歴史的な事実と深い関係があると考えられる。

しかしながら、実際の裁判過程を見ると、裁判が過去の判例に完全に拘束されていると考えることは正しくない。

それにもかかわらず、判例を研究することによって裁判を予見することは全く不可能であると考えることも正しくない。

一般に、社会には多かれ少なかれ類似した事象が生起するものであり、それらの１つについて裁判が提示した具体的裁判規範が他の類似の事件についても、原理的には「適用」されることが要請されており、また事実そうなることが相当程度期待されるから、その限度において裁判の予見は可能であるからである。

その限度においてではあるが、裁判過程は、判例によって形成された具体的裁判規範の適用によって、裁判の結論が決定されるという要素を含むと考えられ、したがってまた、その限度において、判例の研究によって具体的な先例的裁判規範を抽出するという作業が、裁判過程における決定基準を提供し、そのことによって裁判の予見可能性の程度を高めるという機能を果たすことになる。

判例の研究を行なう者が、冒頭の２つの目的のうちのどちらの目的で判例

の研究を行なうかは、その者の選択の問題である。

　規範的選択というものは、規範的選択を行なう者の価値基準に依存するものであり、規範的選択について「真」と「偽」を論ずることはできない。しかし、どのような価値基準が社会の中に存在し、どのような体系を構成し、またどのような経済的・社会的あるいは政治的諸条件がどのような価値を優先させるかなどを、現実主義的なアプローチにおいて探求することは可能であると思われる。

2　判例の法源性

　法源とは、法命題の発生原因をいい、憲法は、裁判官が「憲法及び法律にのみ拘束される」旨を規定しており、憲法に根拠をもつ規範だけが裁判官を拘束する法であることを明らかにしている。

　もっとも、国家の組織規範による法源の指示は不十分であり、結局は法妥当の究極の根拠を勘案しながら、解釈によって、法源の種類と序列を確定するほかない。

　そして、判例が法源であるか否かについては、見解は一定していない。

　わが国では、英米法におけるような判例拘束の原理はなく、法律は下級審が当該事件の上級審の判決に拘束される旨を規定するにすぎない（裁判所法4）。

　判決が現実に判例（先例たる判決）として後の判決に対して、何らかの影響を及ぼすという事実に着目して、判決の先例的性質やその限界を明らかにすること、さらにそれを通して将来の判決を予見することに関心を有する者にとっては、判決の内容そのものが関心事となる。

　したがって、そのような関心を持つ者にとっては、何らかの意味で、また何らかの程度で、判決が後の判決に規定的影響を及ぼしているという事実が問題であり、そのような現実的現象の局面での判決の拘束力の内容が問題となる。

　判決によって、具体的な一回的な紛争に対して一回的な決定がなされると同時に、そのことを通じて、その判決が「先例」として「具体的裁判規範」を社会に示すという実際の事実、および、それゆえに後の裁判がその先例的裁判規範に従って決定を下すという現実の事実が、判例が拘束力を有すると

4 〔総論〕

いうことである。

　現に、裁判官は多かれ少なかれ裁判の先例に従うべきだと考えて行動しており、そのように行動しない場合には、通常はその裁判が上級審で破棄されるという形態でのサンクションが存在する。さらに裁判以外の一般社会の中で、種々のインフォーマルなサンクション（非難）が想定される。このような一般社会におけるインフォーマルなサンクションが存在するという事実は、観念の世界で抽象化されたときには「拘束力」と呼ばれる。

　このような意味での判例の拘束力は、程度の問題である。「判例拘束力」の原理として言語上の表現を持っている英米法では判例が拘束力を持っており、そのような言語的な表現をもっていない日本法では判例が拘束力を持っていないというように考えやすいが、実際には拘束力はいずれの国でも程度の問題であり、英米でも実質的には判例は変更されている。

　判例の法源性をこのように考えると、具体的事件の裁判を通じて具体的な裁判規範が成立するに至るという事実を認識することができる。

3　判例とは何か

　「判例」ということばは、「先例としての判決」という意味を持っている。かつては、判決の中で述べられている抽象的・一般的理論が判例だと考えられていたことがあり、現在でもそういう見方がある。

　しかし、判決は、あくまで個別的・具体的事件の解決であり、そこで述べられた抽象的理論を広く他の事件に適用することは、不当な一般化を招きやすい。仮に、その理論が他の類似の事例を広く考慮に入れて作られたものであっても、その事例に直面した場合ほど周到な検討がなされていないことが多い。そこで、英米法の考え方にならい、判決の中で〔真の〕判決理由（レイシオ・デシデンダイ　ratio decidendi）と傍論（オバイタ・ディクタ　obiter dicta）とを区別し、「真の判決理由」だけが先例としての拘束力を持つのだという考え方がある。

　それでは、そこでいう「真の判決理由」とは何であるか。それは、事件の中の基本的事実と判決の結論とを結びつける必要にして十分な理由である。そして、基本的事実を同じくする同種の事件は、同じように取り扱うのが妥当である（公平と法的安定性の要請）ということになる。

しかし、真の判決理由が先例としての拘束力をもつといっても、細かく考えていくと具体的に何が真の判決理由であるかは簡単ではない。

　例えば、基本的な事実がA・B・Cからなる第一事件の結論がXであり、A・B・Dからなる第二事件の結論がYであるとすれば、CとDの違いが結論の差をもたらしたと推測することができる。そしてその差をもたらしたものが、それぞれ真の判決理由になるということになる。しかし、A・B・Eという事実をもつ第三事件が現れたときに、その結論が、Xか、Yか、あるいはZとなるかはまったく不明である。その結論は第三事件のEという事実がCまたはDと同種とみられるか、それとも、それらと異なる性質のものと見られるかによって決まってくる。

　具体的に基本的事実をどう考えるかであるが、事実を質的に類型化して基本的事実の範囲を決めていくことになる。判決の妥当範囲とか「射程距離」とかいう言葉で論じられるのは、この問題である。そして、それは、単に事実の客観的認識の問題にとどまるものではなく、その判例をどこまで適用させるのがよいかという価値判断を内蔵している。

　一般論としては、判例の妥当範囲をあまり広く考えないことが望ましいと考えられている。それを広くすることは、自由な判断の余地を狭めることになるのに対して、判例の妥当範囲を限定することは、具体的妥当性をめざす自由な判断の余地を広げることになるからである。それに関連して、最高裁判決が、判決理由の中で、「特段の事情のないかぎり」という注意書きをつけることがままあるが、判決の抽象的理論が判例として不当に拡大されないようにという意味の警告として解すべきであろうといわれている。

　そもそも、裁判官は、常に目前の事件について具体的妥当性をもつ解決を心がけるべきであり、単に先例があるという理由で、判断を停止してよいものではないと考えられている。「判決の拘束力」ということばを、その字句どおり、判例が客観的存在として拘束力を持つというのは必ずしも正確ではない。同種の事件について、同じ結論の判決が出るのは、裁判官が具体的に検討した結果同じ結論に到達したということであり、前の判例に「拘束」されたために、判断を停止して、あるいは、別の望ましい結論を捨てて、それに従ったというのではないことが多いであろう。ただ、裁判官の心理過程を明らかにすることは困難なので、同じ結論が出され、前の判例がそこに引用

6 〔総論〕

されているならば、その事実を前の判例が拘束力をもったと、事後的に説明しているだけのことである。

裁判官としては、もし前の判決が適当でなかった、あるいは、時代の変化のため適当でなくなったと思えば、判例を変更して、新しい判例を作り出すこともできるし、そうすることがむしろ義務でもあると思われる。あるいは、それが説明として刺激的な印象を与えると考えれば、理屈をつけて前の判例と事件が違うといったり、あるいは、前の判例を無視して衝突を回避する。あるいはまた、判例の妥当範囲を狭く限定して、広げられた余地の中でそれと抵触しない判断をするという場合もある。このようにして、判例は発展していくものであり、それを固定したものと考え、全部の判例が首尾一貫して矛盾がないと考えるのは正確でないといえる。

要するに、過去の判例が将来の判決を当然拘束すると考えるべきではなく、新しい事件を処理する場合に、判例を過去からの遺産として、法的安定性をいたずらに害しないように配慮しながら、説得力のある説明のために活用するということであろう。

4　判例は実務を支配する

判例は実務の世界を支配しているといわれている。正確にいうと、判例が拘束する相手は裁判官だけである。それ以外の者は直接には拘束されないから、どういう意見を述べようと自由である。裁判官に対し自己の期待する判断を求める立場にある人々にとって、判例をまったく無視した議論をしても余り意味はなく、それよりは、裁判官が判例に拘束されていることを前提として活動したほうが実際的であり、有効である。

たとえば、民事の訴えや刑事の公訴を提起するかどうかを決めるには、どういう裁判がなされるのかの見通しが当然必要となるが、その見通しを立てるのについて裁判官を拘束している判例が重要な意味を持つことは当然であろう。そう考えると、検察官や弁護士の仕事も、間接的には判例に支配されているということができる。判例が実務を支配しているという意味はそういうことである。

判例の事実上の拘束力として、仮に、下級審の裁判官が最上級審裁判所の判断に反する判断をすれば、その裁判は上訴の結果破棄されるであろうか

ら、裁判官は判例に従って裁判をするのだといわれることがある。しかし、一般的にいうならば、判例と異なる判断をしたからといって、その判断が維持されることもあり、必ず破棄されると決まっているわけではないから、これは、あまり決定的な根拠にはならない。

　裁判というものは国の作用であり、国の意思表示であって、裁判官は国の機関としてこれを行うのであるから、裁判は本来だれがそれを担当しようと同じであるべき性質のものである。この統一のための仕組みとして上訴制度がある。この仕組みを前提に考えると、上訴によって、事件は最終的に単一の最高裁判所に移り、その判断によって結局全国の裁判の統一が図られる。このことから、最高裁判所の判断が国の判断・意思表示として最終的・確定的なものであり、法律解釈についていうと国としての有権的解釈だということになる。それは、国の判断として一つの権威を持つことは事実である。そうすると、上訴審による是正はいわば次善の方法であり、本来的には、第一審段階ですでに最高裁判所が示すであろう判断がなされることが望ましいということになる。

　最高裁判所がするであろう判断をどうやって発見するのか。それを予測する有力な手がかりは、その点に関してすでに最高裁判所の判例が存在すれば、その判例である。判例そのものは過去に終結した事件についての判断にすぎないが、最高裁判所の判例に限ってはこれを変更するのに特別の手続を必要とすることによってその変更に慎重であるべきことが制度上要請されているから、一般的いって変更されない蓋然性が大きく、したがって将来においても前の判例と同じ判断がなされるであろうという予測がかなり高い程度において成り立つからである。この結果、下級審の裁判官は、担当事件についても既存の判例と同じ判断がされるであろうという予測の下に、それを自己の裁判における判断とするわけで、裁判官が判例に従うということ、判例が裁判官を事実上拘束するということの意味はそこにあると考えられる。

　そうすると、次のことがいえよう。

(1)　その第一は、真の意味で拘束力があるのは最高裁判所の判例だけだということである。それは、最高裁判所の判断を予測する材料となるのは最高裁判所の判例以外にないことから当然である。これに対して、最高裁判所

8 〔総論〕

によってまだ是認されていない戦前の大審院の判例は、特別の手続を経ないで、すなわち小法廷で自由にこれを変更することができるから、変更されないことの制度的な保障はない。しかし、過去における最上級裁判所の判断であるから、最高裁判所も同様の判断をするであろうという予測がある程度成り立つので下級審判例とはその点で異なる。

　最高裁判所によって下された法律的判断である以上、大法廷のものであろうと小法廷のものであろうと、また一回限りのものであるか繰り返されたものであるかを問わず、判例であることに変わりはない。そのいずれであっても、これを将来変更するには同一の手続を必要とし、それが維持される可能性は少なくとも制度上は同じだからです。

　また、その判例が最高裁判所判例集に登載されたかどうかは、その判例としての重さに関係ない。

(2)　判例の拘束力は事実上のものだといわれているが、その根底には最高裁判所のするであろうような判断をせよという裁判官の職務上の義務があるわけで、それは明文はなくともやはり法的な地位に基づく義務だというべきであるから、その意味では、この拘束には、間接的にではあるが、法的根拠があるといえる。事実上の拘束力とはいっても単なる事実の積み重ねが慣習法のように拘束力を生ずるという以上のものであるといえよう。

(3)　第三の重要な帰結として、判例というものが将来の最高裁判所の判断の予測資料として意味を持つものだと考えれば、その「拘束力」は必ずしも絶対的なものではないということである。すなわち、それが「拘束」するのは、最高裁判所がそれと同じ判断を将来もするだろうと予測される（通常はそう予測してよい）限りにおいてであって、もし何らかの理由からそれとは違う判断のなされることが期待されるならば、判例は予測資料としての機能を失い、したがって「拘束」しないということになる。判例の拘束力の限界である。

判例各論

10 判例各論

I 建物の一部を取り壊してから共有持分を贈与したと認定するか、建物を分割し共有持分を相互に放棄したと認定するかで結論が異なった事例

宅地を譲渡したとして譲渡所得の申告をした後に、譲渡は措置法35条1項に定める居住用財産の譲渡所得の特別控除の要件を満たすものであるとして更正の請求をしたところ納税者の主張が認められなかった事案について、当事者の合理的意思解釈の内容で、一審は納税者敗訴となったが、控訴審では納税者が勝訴した事例
〔東京高等裁判所・平成22年7月15日判決・平成21年（行コ）第372号〕（納税者勝訴、確定）
〔東京地方裁判所・平成21年11月4日判決・平成20年（行ウ）第578号〕（国側勝訴）
〔平成20年4月18日裁決・東裁（所）平19−167〕

1 事案の概要

本件は、宅地を譲渡したとしてその譲渡所得に対する所得税の確定申告をした原告が、譲渡は措置法35条1項（平成18年法律第10号による改正前のもの。以下、この章において、「旧措置法」という。）に定める居住用財産の譲渡所得の特別控除の要件を満たすとして、通則法23条1項に基づいて更正をすべき旨の請求をした事案である。

2 前提事実

(1) 原告（長女）は、乙（父）と丙（母）の長女であり、兄と弟の2人の兄弟がいた。

(2) 父は、平成11年に死亡したところ、当時、A土地の所有権及びA土地上にある本件建物の持分4分の1を有していた。

(3) 兄は、昭和40年ころ結婚し、兄夫婦には二人の子がいた。そして、兄

は、平成13年4月に死亡したところ、当時、本件建物の持分4分の3を有していており、同持分については、同年6月、丁（兄の妻）に対して相続を原因とする所有権移転登記がされた。

⑷　平成15年11月、乙（父）の相続財産について、原告（長女）、弟、丁（兄の妻）、兄の2名の子の間で遺産分割協議が成立し、原告（長女）は、A土地のうち後に分筆されて本件土地となった部分の所有権及び乙（父）が有していた本件建物の持分4分の1を取得するものとされた。なお、平成15年12月、A土地から本件土地が分筆され、平成16年1月、本件土地につき原告（長女）に対して、残余の土地につき兄の妻に対して、また、本件建物につき乙（父）の所有名義のままとされていた持分4分の1に関して原告（長女）に対して、それぞれ各相続に係る所有権等の移転登記がされた。

⑸　原告（長女）は平成16年12月、第三者との間で、本件土地を売却する旨の売買契約を締結し、平成17年1月、買主に本件土地を引渡した（本件譲渡）。

⑹　原告（長女）は、平成18年3月10日、所轄税務署長あてに平成17年分所得税の確定申告書を提出した。この際、原告（長女）は、本件譲渡について、本件特別控除の適用を受けようとする旨の記載をしなかった。

⑺　原告（長女）は、平成18年12月、所轄税務署長に対し、平成17年分の所得税につき、本件特別控除を適用して長期譲渡所得の金額、納付すべき税額を算出し更正の請求をした。

⑻　所轄税務署長は、平成19年4月、本件更正の請求に対し、更正をすべき理由がない旨の通知処分（本件通知処分）をした。

⑼　原告（長女）は、適法な異議申立て及び審査請求を経て平成20年10月、本件訴えを提起した。

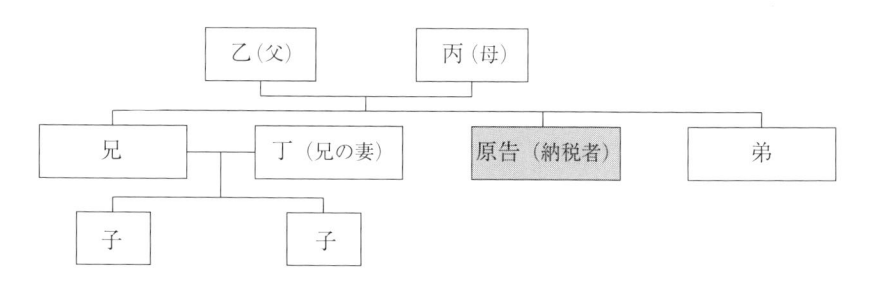

12 判例各論

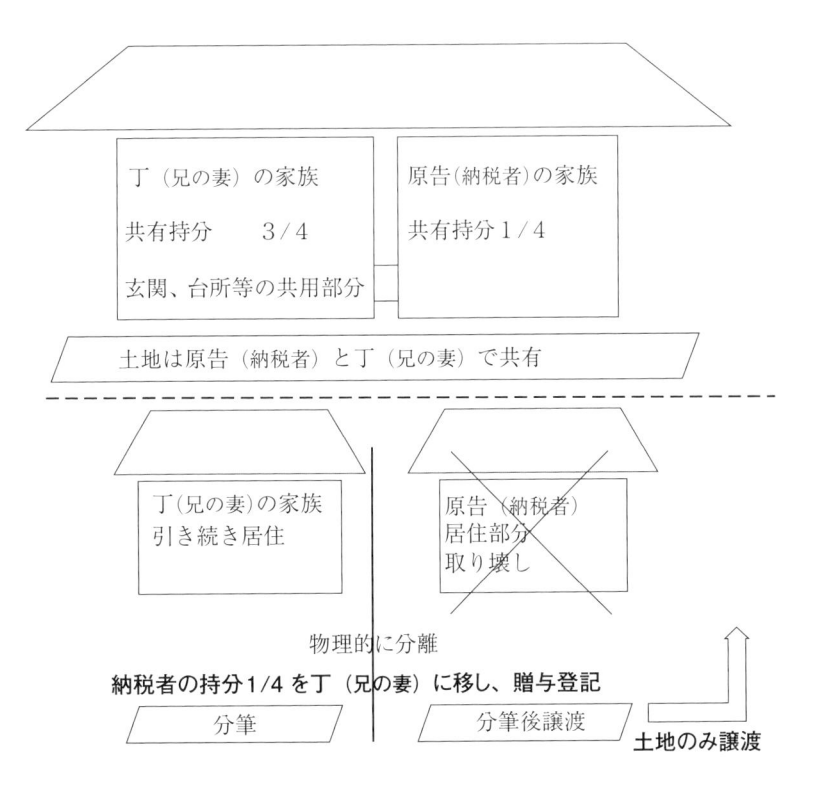

3 本件の争点

(1) 本件譲渡に本件特別控除の適用があるか否か【争点①】。

(2) (本件譲渡に本件特別控除の適用がある場合) 原告 (長女) が、本件特別控除の適用を受けようとする旨を記載した確定申告書を提出しなかったことにつき、旧措置法35条3項が規定する「やむを得ない事情」があったといえるか否か【争点②】。

4 地方裁判所の認定した事実

(1) 本件建物は、昭和39年12月ころ、A土地上に建築された。

当時の本件建物の所有者は乙 (父) であり、原告 (長女) は、乙 (父) らとともに、同年から本件建物に居住していた。

(2) 昭和49年7月ころ、本件建物の2階部分が増築されるとともに、同月、

本件建物の持分4分の3が兄に贈与された。兄は、遅くとも同年までに、妻や子とともに、本件建物に居住するようになった。

(3)　増築後の本件建物の構造は、1階に共用部分と4部屋の居室が設けられるとともに、2階には2部屋の居室が設けられていた。

(4)　乙（父）の死亡後、相続人間で、乙（父）の相続財産に関する遺産分割協議がされたが、平成13年4月に兄が死亡したため、いったん遺産分割協議が中断した。

　　その後、平成15年6月ころから、乙（父）の相続財産に関する遺産分割協議が再開されたところ、同月当時、原告（長女）及び丁（兄の妻）が本件建物に居住していた。なお、原告（長女）及び丁（兄の妻）が本件建物に居住していた間、本件建物への水道及び電気の供給に係る契約は丁（兄の妻）名義でされていたが、原告（長女）は自分の負担すべき分として、兄の死亡後はその半額を丁（兄の妻）に対して支払っていた。

(5)　遅くとも平成15年8月ころまでには、乙（父）の相続財産であった本件建物の持分及び本件土地に関する遺産分割の方法として、①本件土地を2筆の土地に分筆し、その一方を原告（長女）が、他方を丁（兄の妻）が取得すること、②本件建物の持分4分の1を原告（長女）が取得すること、③本件建物のうちおおむね原告（長女）が取得する土地上にあるその使用に係る部分を取り壊すことが検討されるようになった。

(6)　平成15年11月ころ、乙（父）の相続財産について、原告（長女）、弟、丁（兄の妻）、兄の2名の子の間で遺産分割協議が成立し、原告（長女）が分筆される予定の本件土地の所有権及び本件建物の持分4分の1を取得する一方、丁（兄の妻）が上記の分筆後の残りの土地の所有権を取得するものとされた。なお、兄が生前有していた本件建物の持分4分の3は、兄の死亡に伴い丁（兄の妻）が相続により取得していた。

(7)　その後、本件土地について上記各登記がされ、原告（長女）は、遅くとも平成16年6月ころまでの間に、本件建物から転居した。

(8)　平成16年6月末から同年7月初めころまでの間に、本件家屋部分の取り壊しがされた。取壊後の本件残存家屋部分の1階には本件共用部分及び2部屋の居室が残存するとともに、その2階には取壊前の居室が従前どおり残存した。そして、丁（兄の妻）は、上記取壊後の本件残存家屋部分に居

14   判例各論

住し続けた。

　なお、本件家屋部分を取り壊した旨の表示の登記の変更登記は、同年8月17日付けで、同年7月20日の変更等を原因としてされた。

(9)　原告（長女）は、平成16年7月7日、本件建物の持分4分の1につき、丁（兄の妻）に対し、同月3日の贈与を原因とする所有権移転登記手続をし、その後に、(8)に述べたように本件建物につき表示の登記の変更登記がされた。

5　地方裁判所と高等裁判所の判断

(1)　法令の解釈

	地方裁判所	高等裁判所
【争点①】	個人が、その居住の用に供している家屋の敷地の用に供されている土地の一部を更地として譲渡するために当該家屋の一部を取り壊し、その取壊し部分の敷地の用に供されていた土地の部分の譲渡をした場合については、旧措置法35条1項の文理のほか、建物の所有権その他の権利の対象としての特性に照らし、同項にいう家屋の譲渡が当該家屋の全体の譲渡を意味するものと解されることを勘案すると、当該家屋の全体が取り壊された場合と当然には同列に論じ難いが、この一部の取壊しが当該部分の敷地の用に供されていた土地の部分を更地として譲渡するために必要な限度のものであり、かつ、上記の取壊しによって当該家屋の残存部分がその物理的形状等に照らし居住の用に供し得なくなったということができるときは、当該家屋の全体が取り壊された場合に準ずるものと	問題となるのは、本件のように、土地建物について共有持分を有する個人が、その居住の用に供している家屋部分の敷地に相当する部分を分割取得し、これに代わる居住資産を取得するために、当該居住の用に供している家屋部分を取り壊し、そのうえで分割取得した土地を更地で譲渡した場合である。このような場合についても、個人が自ら居住の用に供している家屋又はその敷地等を、これに代わる居住用財産を取得するために譲渡するという点では同じであり、一般の資産の譲渡に比して特殊な事情があり、担税力も高くないということができるものである。 　確かに、旧措置法35条1項の文理のほか、建物の所有権の権利の対象としての特性に照らし、同項にいう家屋の譲渡が当該家屋の全体の譲渡を予定しているとはいえるが、一方で、建物については、一棟の建物で

【争点①】	しあって、当該譲渡につき旧措置法35条1項を適用し得ると解される。 そして、上記に述べたところは、取り壊された家屋が共有物であったとの一事をもって、直ちに異なって解すべき根拠は見当たらない。	ても、所有者がこれを区分したときは、その区分した建物の所有権の譲渡は許されるというべきであり、また、共有建物にあっては、共有建物を分割し区分所有建物として譲渡する場合や、共有持分自体を消滅させるような場合を想定すると、一棟の建物のうちの一部の譲渡であっても、これがその敷地部分の譲渡との関係で単独所有建物の譲渡ないしは取り壊しと同視できる場合があるというべきであって、そのような場合には、旧措置法35条1項の要件に該当すると解すべきである。
	原告（長女）は、原告（長女）と丁（兄の妻）との間の共有物分割の合意により、本件建物が本件家屋部分と本件残存家屋部分とに現物分割され、原告（長女）が本件家屋部分の所有権を取得してその全体を取り壊し、他方、兄の妻が本件残存家屋部分の単独所有権を取得した旨を主張するが、本件建物の構造等からすれば、原告（長女）と丁（兄の妻）との合意をもって直ちに本件家屋部分と本件残存家屋部分とがそれぞれ別個の所有権の客体になると解することはできない。	当事者間の合意としては、一棟の建物の一部についてその所有権を移転することは可能というべきである。
【争点②】	【争点①】について原告（長女）の主張は採用できないから、【争点②】については判断するまでもない。	旧措置法35条3項が規定する「やむを得ない事情」とは、天災その他本人の責めに帰すことができない客観的事情があって、居住用財産の譲渡所得の特別控除の制度趣旨に照らし、納税者に対して、その適用を拒否することが不当又は酷となる場合をいうものと解するのが相当である。

16 判例各論

(2) 事実認定と適用 【争点①】について

地方裁判所	高等裁判所
本件建物の構造及び利用状況に照らすと、本件建物につき実質的には本件家屋部分と本件残存家屋部分の２棟の建物であったと評価することはできず、また、本件家屋部分につき構造上区分されることにより独立して住居としての用途に供することができるものに当たると評価することもできないことに加え、本件の事実経過の下においては、本件家屋部分の**取壊し後も本件残存家屋部分につき原告（長女）が持分４分の１を有し、これを丁（兄の妻）に贈与したと評価される**ことなども併せ考慮すれば、平成16年６月から７月に行われた本件建物中の本件家屋部分の取壊しをもって、原告（長女）がその居住の用に供している家屋全部を取り壊したと評価することはできない。 　また、本件建物の各登記の状況からすると、本件家屋部分が取り壊された時点で丁（兄の妻）が当然に本件残存家屋部分につき単独で所有権を有することとなるとする合意等がされたことを認めるに足りる証拠はない。 　そして、本件においては、本件建物は、その一部取壊し後もいまだその経済的効用を維持しているのであるから、原告（長女）が本件残存家屋部分に居住し続けずに転居したとしても、旧措置法35条１項は適用されないというべきである。	原告（長女）と丁（兄の妻）の本件建物一部取り壊しに至るまでの本件建物での居住の実情とその経緯、本件遺産分割の内容、さらに、実際に本件建物が丁（兄の妻）の居住部分を除いて取り壊され、原告（長女）が本件建物から転居するに至った経緯に照らすと、本件合意がなされたとみるのが当事者の合理的意思解釈として素直な見方というべきである。 　当事者間の合意としては、一棟の建物の一部についてその所有権を移転することは可能というべきであり、実際に移転部分についてこれを建物として取得し、登記上も反映させるためには区分建物としての実態を整えるための作業が必要となるところ、最終的には取り壊しが予定されていたためにそのような措置を採らず、本件建物取り壊しに関する合意を踏まえて本件のような便宜の登記が経由されたとみるのが相当である（本件合意の趣旨からすると、当事者の合理的意思解釈としては、本件建物の一部取り壊しに際しては、その部分に対する丁（兄の妻）の共有持分の放棄がなされることとの見合いで、残存家屋部分に対する原告（長女）の共有持分の放棄がされることが合意されていたとみるべきであり、贈与ではなく放棄としたほうが権利の実体に沿うものである。）。 　　　・・・（省略）・・・ 　そうであるとすれば、土地上に一棟の建物が存する場合において、土地建

物それぞれについて共有持分を有し、同建物に居住する者同士が、お互いの共有持分に相当する土地部分の分割に加え、建物についてもお互いの取得する土地上の建物部分についてこれを建物として区分することに合意し、そのうえで一方が自らが分割取得した共有土地部分上に存する建物部分を取り壊したうえで、その敷地に相当する共有土地部分を譲渡し、他の共有者が同じく分割取得した土地上の残存家屋について単独で所有権を取得し、その結果、分割取得した共有土地部分を譲渡した共有者が建物の共有持分を喪失したと認められる場合においては、これを全体としてみる限りは、共有者の一人が自らの土地上に存する自らが所有し居住する建物を取り壊したうえで、その敷地部分を譲渡した場合と同視することができるというべきである。

　もっとも、建物所有権の取得という点について、これを厳格にみた場合、取り壊しの対象となる建物部分についても区分建物としての要件が備わっていることが必要となるが、物理的な意味では、建物の分割は可能であるというべきであって、上記のような一連の手続をとり、共有当事者間の合意を経て最終的には建物部分の取り壊しに至ることからすると、あえて、そこまでの要件を求めるのは相当とはいえないから（本件特別控除を受けるためだけに、いったん区分建物としての形状を整えるための工事をし、そのうえで建物を取り壊せとは言い難い。）、建物部分取り壊しの結果、分割取得した共有土地部分を譲渡した共有者が建物の共有持分

18　判例各論

	を喪失したという要件を満たせば足りると考えるものである。 結局、上記のような一連の手続の結果、残存家屋につき、他の共有者がこれを単独取得していれば（言い換えると、残存家屋につき、土地を譲渡した共有者の権利が存在しなければ）旧措置法35条1項の要件を満たすと解すべきである。

(3)　事実認定と適用　【争点②】について

地方裁判所	高等裁判所
【争点①】について原告（長女）の主張は採用できないから、【争点②】については判断するまでもない。	証拠及び弁論の全趣旨によれば、①原告（長女）は弟とともに、本件確定申告書を提出するに際して、再三にわたり所轄税務署を訪れ、担当官に対して、旧措置法35条1項の適用を望む旨伝え、これが認められるかどうかについて相談したが、所轄税務署からは、いずれの相談に際しても、本件は建物の一部譲渡であるから認められないとの回答がなされたこと、原告（長女）は、弟を通じて、税理士とも相談したが、本件については、判例も前例もない難解な問題であるとのことであり、後に処分を受けて加算税を課せられた場合のリスクは大きいと考え、本件の特別控除を適用しての申請を断念したこと、②しかし、その後に右の税理士から、法律の解釈が不明であるために年加算税が課せられることを避けるために税務署の見解に従った申告をせざるを得なかった場合にも、1年以内であれば更正の請求を行うことができるとの助言を得て、平成18年12月27日に

Ⅰ　居住用財産の譲渡　　19

所轄税務署長に対して更正の請求をしたことが認められる。

　このような本件における法律解釈の難しさに加え、上記のような原告（長女）が本件譲渡について更正の請求をするに至った経緯に照らすと、原告（長女）が、本件特別控除の適用を受けようとする旨を記載した確定申告書を提出しなかったことについては、旧措置法35条3項が規定する「やむを得ない事情」があったと認めるのが相当である。

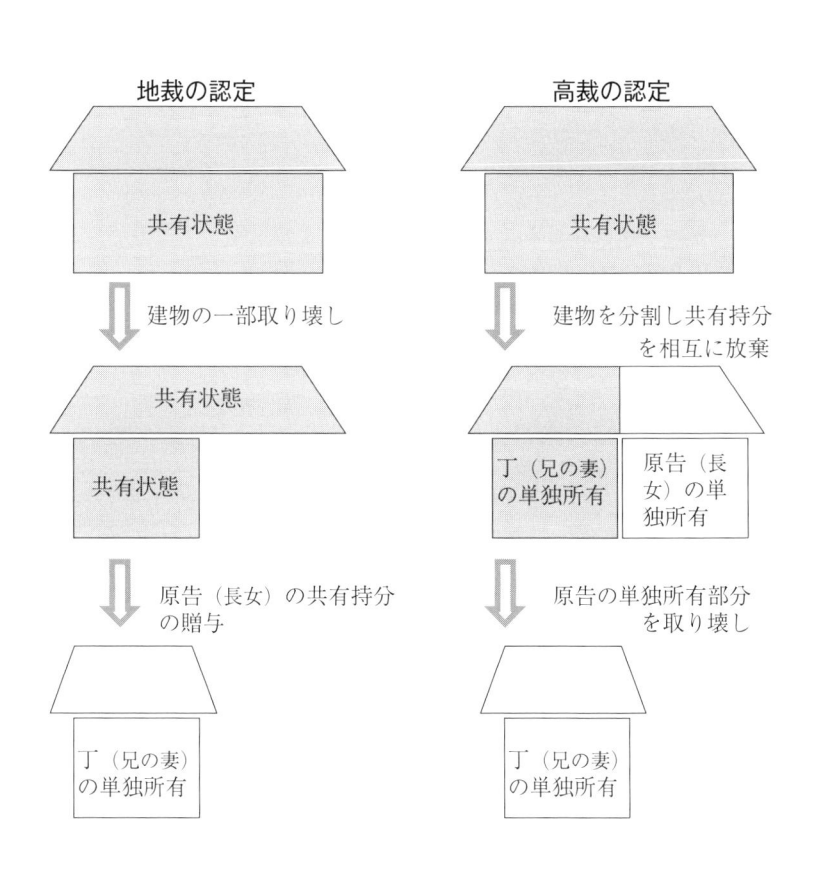

20   判例各論

6　原告（長女、一審で敗訴し控訴）の主張

(1)　地方裁判所内での原告と被告の主張

	原告（長女）の主張	被告（課税庁）の主張
【争点①】	原告（長女）及び丁（兄の妻）は、遅くとも平成16年５月ころまでに、本件家屋部分を取り壊して本件土地を更地として譲渡することを可能とするため、丁（兄の妻）が本件家屋部分を取り壊すことに同意するとともに、原告（長女）が丁（兄の妻）に本件建物の持分４分の１を譲渡する旨の合意をした。そして、この合意に基づいて、同年６月末から同年７初めころまでの間に、本件家屋部分が取り壊され、そのころ、本件建物の持分４分の１が丁（兄の妻）に譲渡されたところ、遅くとも本件家屋部分が取り壊された時点で丁（兄の妻）が上記合意に基づいて本件残存家屋部分の単独所有権を取得した。	本件建物に係る原告（長女）の共有持分４分の１は、本件建物の全体に及んでいるのであり、原告は、本件家屋部分の**取壊後も本件残存家屋部分の持分４分の１を有していた**。したがって、本件家屋部分の取り壊しにより原告（長女）の居住の用に供している家屋の全部を取り壊したことにはならない。

(2)　地方裁判所内での原告の主張と裁判所の判断

	原告（長女・控訴人）の主張	地方裁判所の判断
【争点①】	原判決は、「本件家屋部分が取り壊された時点で丁（兄の妻）が当然に本件残存家屋部分につき単独で所有権を有することとなるとする合意等がされたことを認めるに足りる証拠はない。」との事実認定を行った。しかし、本件建物の一部を取壊し、残存家屋の単独所有権を丁（兄の妻）が取得することについて、事前の合意があったことは、多数の証拠が存在するうえ、その事実の存在を否定	本件の事実経過の下においては、本件家屋部分の取壊し後も本件残存家屋部分につき原告（長女）が持分４分の１を有し、これを丁（兄の妻）に贈与したと評価される。　また、本件建物の各登記の状況からすると、本件家屋部分が取り壊された時点で丁（兄の妻）が当然に本件残存家屋部分につき単独で所有権を有することとなるとする合意等がされたことを認めるに足りる証拠は

Ⅰ　居住用財産の譲渡　21

する証拠は存在しない。しかも、被控訴人（課税庁）もこの事実につき「不知」と述べるのみで積極的には争っていない。 　以上のとおり、共有物である建物を取り壊して残存家屋の単独所有権を兄の妻に取得させ、その登記を行うことについて、当事者間に同意があったことは証拠上明らかであり、原判決には事実誤認がある。	ない。

(3)　高等裁判所内での原告の主張と裁判所の判断

	原告（長女・控訴人）の主張	高等裁判所の判断
【争点②】	旧措置法35条1項の趣旨からすると、その趣旨を達成するためには、本来、同項の要件に該当する場合にはすべて本件特別控除を適用すべきであるといえる。 　　　　・・・（省略）・・・ 　したがって、「やむを得ない事情があるとき」に該当する場合は幅広く認められるべきであり、納税者に対して本件特別控除の適用を拒否することが不当又は酷になる場合を広くいうと解するべきである。 　本件において、原告（長女）は、所轄税務署を4回訪問し、担当官に本件特別控除の適用を望む旨を伝えた上で、それが認められるか否かを相談するという慎重な対応をしたが、いずれの際も、本件特別控除の適用がない旨の回答を受けた。 　また、原告（長女）は、税理士にも本件特別控除の適用について相談したが、本件特別控除の適用を受ける前提で確定申告を行った場合に更	証拠及び弁論の全趣旨によれば、①原告（長女）は弟とともに、本件確定申告書を提出するに際して、再三にわたり所轄税務署を訪れ、担当官に対して、旧措置法35条1項の適用を望む旨を伝え、これが認められるかどうかについて相談したが、所轄税務署からは、いずれの相談に際しても、本件は建物の一部譲渡であるから認められないとの回答がなされたこと、原告（長女）は、弟を通じて、税理士とも相談したが、本件については、判例も前例もない難解な問題であるとのことであり、後に処分を受けて加算税を課せられた場合のリスクは大きいと考え、本件の特別控除を適用しての申請を断念したこと、②しかし、その後に右の税理士から、法律の解釈が不明であるために加算税が課せられることを避けるために税務署の見解に従った申告をせざるを得なかった場合にも、1年以内であれば更正の請求を行う

22　判例各論

正処分を受けることがないとの確信までではないとの回答を受けた。

　さらに、本件のような事例に係る判例等の先例もない。かかる状況の下で、本件特別控除の適用を受ける前提で確定申告を行えば、後に更正処分を受けることは明らかであり、訴訟において敗訴する危険性もあった。このような場合、更正処分及び過少申告加算税の賦課決定処分がされることを承知の上で課税庁の見解に反する申告を納税者に強制することは納税者に酷であるし、いったん課税庁の見解に従った申告をした後に更正の請求を認める方が納税者の事前の納税義務の履行を確保することになり、被告の利益につながる。

　現実に、過少申告加算税を支払う危険を避けるため、いったん課税庁の見解に従った申告を行った後に、更正の請求を行うことは一般に行われている。

ことができるとの助言を得て、平成18年12月27日に所轄税務署長に対して更正の請求をしたことが認められる。このような本件における法律解釈の難しさに加え、上記のような原告（長女）が本件譲渡について更正の請求をするに至った経緯に照らすと、原告（長女）が、本件特別控除の適用を受けようとする旨を記載した確定申告書を提出しなかったことについては、旧措置法35条３項が規定する「やむを得ない事情」があったと認めるのが相当である。

7　解　説

(1)　地裁判決と高裁判決の事実認定の違い

①　地裁の認定

　地裁判決は、

(ア)　平成16年６月末から同年７月初めころまでの間に、本件家屋部分の取壊しがされ、原告（長女）が平成16年７月７日に本件建物の持分４分の１につき丁（兄の妻）に対し、同月３日の贈与を原因とする所有権移転登記をしたことを重視して、本件家屋部分の取壊後も本件残存家屋部分につき原告（長女）が持分４分の１を有し、これを丁（兄の妻）に贈与したものと認定する一方、

(イ)　本件建物の各登記の状況からすると、本件家屋部分が取り壊された

時点で丁（兄の妻）が当然に本件残存家屋部分につき単独で所有権を有することとなるとする合意等がされたことを認めるに足りる証拠はないとして、そのような合意が存在したとする原告（長女）の主張を退けている。

　控訴人・原告（長女）は、この点について、控訴審で、本件建物の一部を取壊し、残存家屋の単独所有権を丁（兄の妻）が取得することについて、事前の合意があったことは、多数の証拠が存在するうえ、その事実の存在を否定する証拠は存在しない。しかも、被控訴人（課税庁）もこの事実につき「不知」と述べるのみで積極的には争っていない、との主張をしている。

　しかしながら、地裁判決は、残存家屋の単独所有権を丁（兄の妻）が取得する旨の合意があったこと認定していないわけではなく、丁（兄の妻）が単独所有権を取得するタイミングは本件家屋部分が取り壊された時点ではなく、本件家屋部分が取り壊された時点では、原告（長女）は残存家屋の持分の4分の1を取得しており、その後、原告（長女）はこの持分を丁（兄の妻）に贈与し、最終的に丁（兄の妻）が残存家屋の単独所有権を取得したと認定している。

　地裁が、本件家屋部分の取り壊しの時点では、残存家屋の単独所有権を丁（兄の妻）が取得したのではなく、残存家屋の持分の4分の1を原告（長女）が有していたと認定した根拠は、原告（長女）の持分の4分の1を丁（兄の妻）に贈与した旨の登記があったためである。登記があると、これを覆す証明がない限り、登記された通りの事実が存在するものとの推定が働くからである。

　原告（長女）は、その控訴審における主張から、旧措置法35条1項の適用要件は「一連の行為の結果、自己の所有する住居を失い、新たな住居の取得の必要が生じたこと」と考えていたものとうかがわれ、原告（長女）のように考えると、丁（兄の妻）が残存家屋の単独所有権を取得したタイミングが、事前の合意に基づいて本件家屋の取り壊しの時点か、あるいは、その後の原告（長女）による持分4分の1の丁（兄の妻）への贈与の時点であるかは問題にする必要がないということになる。そうすると、原告（長女）が「証拠が多数」あるという

のは、「最終的に丁（兄の妻）に単独所有権を取得させるという合意があった」という点についてであり、「本件家屋の取り壊しと同時に丁（兄の妻）に単独所有権を取得させる旨の合意があった」という点ではないことになる。

そこで、地裁は「最終的に丁（兄の妻）に単独所有権を取得させるという合意があった」という事実はその存在を認定し、丁（兄の妻）が単独所有権を取得したタイミングについては、原告（長女）から丁（兄の妻）に持分4分の1が贈与されたと登記された事実からの推定を覆す事実がないので、持分4分の1は贈与によって原告（長女）から丁（兄の妻）に移転した、その論理的前提として、本件家屋部分を取り壊した時点では、残存家屋の持分4分の1は原告（長女）が有していたと認定したのである。

民事訴訟法159条2項は、「相手方の主張した事実を知らない旨の陳述をした者は、その事実を争ったものと推定する」と規定し、また、同条1項は「当事者が口頭弁論において相手方の主張した事実を争うことを明らかにしない場合には、その事実を自白したものとみなす。ただし、弁論の全趣旨により、その事実を争ったものと認めるべきときは、この限りでない。」と規定している。

被告（課税庁）は、本件家屋部分の取壊後も原告（長女）は本件残存家屋部分の持分4分の1を有していた旨の主張をしており、この主張は、原告（長女）の主張する合意の存在を否定する主張である。原告（長女）から兄の妻に持分4分の1が贈与されたと登記された事実があること、そして、被告（課税庁）が原告（長女）の主張している事実に反する主張をしていることを考えると、原告（長女）の主張する合意の存在は、それを主張した原告（長女）が立証しなければならないことになる。この点について、原告（長女）は、被告（課税庁）は争っていない、あるいは、その存在しないことを被告（課税庁）が証明すべきものと考えていたようである。

結局、丁（兄の妻）が本件残存家屋の単独所有権を取得したのは、原告（長女）から丁（兄の妻）への持分4分の1の贈与という登記が推認させるように持分4分の1の贈与時点ではなく、本件家屋部分の取

り壊しと同時に丁（兄の妻）が本件残存家屋の単独所有権を取得するとの合意に基づくものであるとの証明がないので、裁判所としては、登記の証明力に従って事実を認定するに至ったということであろう。

② 高裁の認定

高裁判決は、次のように事実を認定している。

(ア) 控訴人・原告（長女）と丁（兄の妻）の本件建物一部取り毀しに至るまでの本件建物での居住の実情とその経緯、本件遺産分割の内容、さらに、実際に本件建物が丁（兄の妻）の居住部分を除いて取り壊され、控訴人（長女）が本件建物から転居するに至った経緯に照らすと、当事者の合理的意思解釈としては、本件建物の一部取り壊しに際して、その部分に対する丁（兄の妻）の共有持分の放棄がなされることとの見合いで、残存家屋部分に対する控訴人の共有持分の放棄がされることが合意されていたと見るべきである。

(イ) 当事者間の合意としては、一棟の建物の一部についてその所有権を移転することは可能というべきであり、実際に移転部分についてこれを建物として取得し、登記上も反映させるためには区分建物としての実態を整えるための作業が必要となるところ、最終的には取り壊しが予定されていたためにそのような措置を採らず、本件建物取り壊しに関する合意を踏まえて本件のような便宜の登記が経由されたとみるのが相当である。

　地裁が、登記の証明力に重きをおいて、登記された通りの行為、すなわち、原告（長女）が本件残存家屋部分の持分4分の1をいったん取得し、その後、その持分を丁（兄の妻）に贈与したものであると認定したのに対して、高裁は、本件建物の**取壊しと同時に、丁（兄の妻）が残存家屋部分の単独所有権を取得する旨の合意があった**というのが当事者の合理的意思解釈であるとして、控訴人（長女）と丁（兄の妻）の本件建物一部取り壊しに至るまでの本件建物での居住の実情とその経緯、本件遺産分割の内容、さらに、実際に本件建物が丁（兄の妻）の居住部分を除いて取り壊され、控訴人（長女）が本件建物から転居するに至った経緯（間接事実）から、その当事者の意思は推認できるとしている。

③ コメント

　課税処分取消訴訟は、行政事件訴訟法のもとに行われ、行政事件訴訟法は、同法に特に規定された事項以外は、民事訴訟法による旨規定している。そして、民事訴訟法では、事実認定は、裁判官の自由心証によることとされている。本件の地裁の事実認定も高裁の事実認定も、いずれも、自由心証主義の範囲内で行われていると思われ、どちらが正しく、どちらが誤っているというものでもないと思われる。

　課税処分取消訴訟においては、課税要件事実について、立証責任を負う当事者が主張・立証をしない限り、裁判所が親切に認定してくれることはない。したがって、同じ事件であっても、主張と証拠が異なれば、事実認定が異なることは当然である。

　本件では、自由心証主義の範囲内で、事実認定が分かれたが、地裁において、高裁と同じ事実認定を獲得することはできなかったかという観点での検討は可能であるように思われる。

　本件の地裁での原告（長女）の主張は、「一連の行為の結果、自己の所有する住居を失い、新たな住居の取得の必要性が生じたこと」が要件であるとの法令解釈を前提にしており、地裁が認定したように、原告（長女）が本件残存家屋部分の持分４分の１をいったん取得し、その後その持分を丁（兄の妻）に贈与したのか、高裁が認定したように、本件建物の取り壊しと同時に、丁（兄の妻）が残存家屋部分の単独所有権を取得する旨の合意があり、この合意に基づいて丁（兄の妻）が残存家屋部分の単独所有権を取得したのかの違いを意識して、事実の主張・立証が行われていないのではないかと思われる。

　結果的に、高裁は、間接事実からの当事者の合理的意思解釈ということで控訴人・原告（長女）の主張する通りの事実を認定しているが、地裁において、登記の証明力・主観的立証責任を意識して、登記された通りの行為が行われたのではないことについて具体的な間接事実を主張し、証拠（合意の当事者等を証人としたり、これらの者の供述書面を提出したり）を提出していれば、地裁において、高裁と同じ事実認定を得ることも可能ではなかったかと思われる。

I 居住用財産の譲渡　27

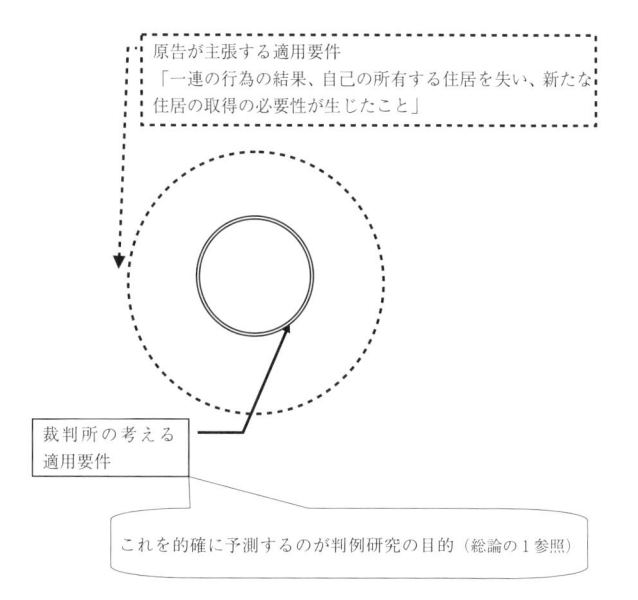

原告が主張する適用要件
「一連の行為の結果、自己の所有する住居を失い、新たな住居の取得の必要性が生じたこと」

裁判所の考える適用要件

これを的確に予測するのが判例研究の目的（総論の1参照）

⑵　地裁と高裁の法令解釈の違い

　本件建物を分割してそれぞれ別個の所有権の客体とすることは可能かという点について、地裁判決は、①本件建物の構造及び利用状況に照らすと、本件建物につき、実質的には本件家屋部分と本件残存家屋部分の2棟の建物であったと評価することはできず・・・、②本件家屋部分につき構造上区分されることにより独立して住居としての用途に供することができるものに当たると評価することもできない、③本件建物の構造等からすれば、原告（長女）と丁（兄の妻）との合意をもって直ちに本件家屋部分と本件残存家屋とがそれぞれ別個の所有権の客体になると解することはできない、と判断している。

　これに対して、高裁判決は、①建物所有権の取得という点について、これを厳密にみた場合、取り壊しの対象となる建物部分についても区分建物としての要件が備わっていることが必要となるが、物理的な意味では、建物の分割は可能であるというべきであって、上記のような一連の手続をとり、共有当事者間の合意を経て最終的には建物部分の取り壊しに至ることからすれば、あえて、そこまでの要件を求めるのは相当とはいえない（本

件特別控除を受けるためだけに、いったん区分建物としての形状を整えるための工事をし、そのうえで建物を取り壊せとは言い難い。）、②当事者間の合意としては、一棟の建物の一部についてその所有権を移転することは可能というべきであると判断している。

この点についての地裁の「本件家屋部分と本件残存家屋とがそれぞれ別個の所有権の客体になることはない」という判断は、地裁の本件残存家屋の所有状況の経過の認定に大きく影響していると思われる。

(3)　旧租税特別措置法第35条第３項の「やむを得ない事情」についての高裁の判断

本件で、高裁は旧措置法35条３項の規定する「やむを得ない事情」の存在を認めている。「やむを得ない事情」とは、通常、天災その他本人の責めに帰すことができない客観的事情があって、これを認めなければ、納税者に対して、不当又は酷となる場合をいうとされ、これを認めた判決は多くない。特に、本件のような、特例の適用を受けるために確定申告書への記載と書類の添付が求められている場合に、これをしなかったことについて「やむを得ない事情」を認定した事例は少ないと思われる。

原告（納税者）は、①旧措置法35条１項の趣旨からすると、その趣旨を達成するためには、本来、同項の要件に該当する場合にはすべて本件特別控除を適用すべきであるといえる、②したがって、「やむを得ない事情があるとき」に該当する場合は幅広く認められるべきであり、納税者に対して本件特別控除の適用を拒否することが不当又は酷になる場合を広くいうと解するべきである、③現実に、過少申告加算税を支払う危険を避けるため、いったん課税庁の見解に従った申告を行った後に、更正の請求を行うことは一般に行われているとして、旧措置法35条２項の定める手続要件をかなり広く解すべきであると主張しているのに対して、高裁は、原告が、再三にわたり所轄税務署を訪れて、担当官に旧措置法35条１項の適用について確認したにもかかわらず、担当官は（高裁が判断したように、本来、旧措置法35条１項の適用が認められるにもかかわらず）、旧措置法35条１項の適用は認められないと回答した事実を認定したうえで、「法律解釈の難しさに加え、上記のような原告（長女）が本件譲渡について更正の請求をするに至った経緯に照らすと」、旧措置法35条３項が規定する「やむを得ない

事情」があったと認めるのが相当である、との判断を示している。

　このことからすると、本件の高裁の判断は、原告の旧措置法35条３項の規定する「やむを得ない事情」を広く解すべきという主張を認めたものというべきではなく、むしろ、本来、正しい税法の適用を回答すべき課税庁の係官が誤った見解を示したことを重く見た事例判決と位置付けるべきであろう。

　一般的には、税務署の係官の回答は、信義則の要件となる公的見解ではなく、また、税務相談は単なる行政サービスであり、納税者は、自己の責任で申告をすべきであるとされているが、本件の高裁の判断は、税務署での相談に対する回答には、それ相応の責任があることを示した判断だといえるのではなかろうか。そのような観点から見ると、税務署の係官が誤った回答をしたことが課税関係に影響を及ぼすことを認めたものとして先例的意味を持つ判決ということができるのではなかろうか。

立証責任って、何？

　課税処分が適法であるための要件を「課税要件」といい、課税要件に該当する事実（要件事実）が存在するときに課税処分は適法となる。実際の訴訟においては、要件事実の存否が争いになることが多い。要件事実の存否が争いになり、その要件事実の存否が全く不明である（存否不明）場合に、その事実が存在する場合に認められる法律効果を認められない当事者は立証責任を負担しているという。したがって、裁判所に提出された証拠によって、要件事実の存否について裁判所が判断できれば、立証責任を問題とする必要はない。

　これを「客観的立証責任」といい、これに対して「主観的立証責任」という概念がある。「主観的立証責任」とは、「客観的立証責任」が当事者のどちらにあるかに関係なく、訴訟の進行過程において、その時点における証拠の提出状況により、自己に有利な要件事実が認めてもらえないような状況におかれた当事者には自己に有利な要件事実を裁判所に認めてもらうために証拠を提出する必要が生ずるが、この必要性の生じた当事者は主観的立証責任を負担しているという。

　本件の一審判決でいうと、登記は一般的に、事実を反映している蓋然性が高く、登記簿に、まず、本件建物の一部が取り壊されその旨の登記がなされ、残存家屋について、原告と兄の妻の共有状態になり、その後に、原告が自己の共有持分を放棄したと記載されているのであるから、その記載通りの事実が存在したとの推認が働き、裁判官においても、そのような事実が存在したのではないかとの心証を抱かせる。原告が裁判所に認めてもらいたいのは、この登記簿に記載されたことは真実ではなく、真実は、残存家屋の原告の持分と、取り壊された家屋の兄の妻の持分を、家屋の取り壊しに際して交換し、取り壊された家屋の取り壊しの際の単独の所有者は原告であったということである。したがって、登記簿の謄本が証拠として提出された時点で、原告は自己の主張する事実について「主観的立証責任」を負担していたということになる。

Ⅱ 事業承継スキーム　31

Ⅱ

原告が前代表者に対する貸付金を貸倒損失として計上した上で確定申告をしたところ、原処分庁が、前代表者に対する貸付金の発生した経緯や事業承継の経緯等を根拠にこれを否認したのに対し、裁判所が貸倒損失を認めた事例

事業承継スキームを裁判所が認めた事例（法人税）
〔東京地方裁判所・平成25年10月 3 日判決・平成24年（行ウ）第811号〕（納税者勝訴、確定）
〔平成24年 9 月12日裁決・東裁（法）平24−50〕

1　事案の概要

　原告は、平成19年12月 1 日から平成20年11月30日までの事業年度の法人税について、原告の前代表者に対する貸付金を貸倒損失として計上した上で確定申告をしたところ、原処分庁がこれを否認したので、これを争った事案である。

2　前提事実

⑴　原告等について

　①　乙（前代表者）は、原告の代表取締役の地位にあったが、平成19年 2 月28日に原告の代表取締役を退任するとともに取締役を辞任した。乙（前代表者）の長男である甲（現代表者）は、平成18年 1 月に原告の代表取締役に就任した。

　　なお、乙（前代表者）は、平成19年 2 月28日に取締役を辞任した後、原告の使用人となり、その後、平成20年 3 月に原告を退職した。

　②　原告における乙（前代表者）の勤務状況等

　⑺　甲（現代表者）は、本件株式贈与が行われた頃には、乙（前代表者）

32　判例各論

が原告において絶対的な支配権を有し、原告の資産をほしいままに消
費してきたため、早期に原告における乙（前代表者）の影響力を排除す
る必要があると考えていた。しかし、他方で、原告及びS金属株式
会社の大口取引先等の対外関係については、乙（前代表者）から引継
ぎを受ける必要が存在したため、乙（前代表者）が平成19年2月28日
に原告の取締役を退任した後も、約1年間は原告及びS金属の使用人
となることとなった。

(イ)　乙（前代表者）は、平成19年2月28日に原告の取締役を退任した後
も、引き続き原告の絶対的な支配権を有するかのように振る舞い、甲
（現代表者）の話を聞くことなどはしなかった。甲（現代表者）は、同
年3月1日以降、乙（前代表者）に対し、口頭で本件貸付金等の返済
を求めたこともあったが、乙（前代表者）はこれに取り合おうとしな
かった。

(ウ)　S金属は、乙（前代表者）の妻である丙（前代表者の妻）が代表取締
役、甲（現代表者）及び甲の姉である丁が取締役を務め、甲（現代表
者）の親族が取締役のすべてを務める法人である。

なお、丙（前代表者の妻）は、原告において、平成19年2月28日ま
で取締役、同日から同年3月28日まで監査役を務め、その後は原告の
使用人となった。

(2)　原告が確定申告において貸倒損失として損金の額に算入した金銭債権に
ついて

①　貸倒損失として損金の額に算入した金銭債権の額

原告が確定申告において貸倒損失として損金の額に算入した乙（前代
表者）に対する金銭債権の額は、386,424,236円であり、原告が作成した
総勘定元帳における貸付金等の内訳は、(ア)短期貸付金が88,332,091円、
(イ)未収入金が124,972,415円、(ウ)長期貸付金が173,119,730円である。

②　本件貸付金等の発生の経緯について

本件貸付金等のうち短期貸付金は、乙（前代表者）が交際費などに該
当する経費として原告から支出したもののうち、領収証等のない支出に
ついて、原告の乙（前代表者）に対する貸付金として計上したものであ
る。本件貸付金等のうち未収入金は、この短期貸付金に係る利息であ

る。

　本件貸付金等のうち長期貸付金は、乙（前代表者）が後記(3)①の経緯でＫ信用金庫（以降「Ｋ信金」という）から借り入れた４億円の借入残金301,218,630円を返済するために、原告が、後記(3)④のとおり、平成19年12月５日に、乙（前代表者）名義の預金口座に振り込んだことにより発生したものであり、後記(6)③のとおり、平成20年３月31日に、乙（前代表者）に対する退職慰労金の額１億7220万円から既に同人に仮払いしていた金員や税金等の合計44,101,100円を差し引いた128,098,900円と上記振込額とを相殺した後の金額である。

③　原告の乙（前代表者）に対する金銭債権の推移について

　原告は、本件事業年度中に、乙（前代表者）に対して追加の貸付け又は貸付金の回収を行っていない。

(3)　乙（前代表者）のＫ信金からの借入れ及びその返済の経緯について

①　乙（前代表者）は、平成13年12月21日に、原告からの借入金の一部を返済するために、Ｋ信金から返済期限を平成33年12月31日として４億円を借り入れ（本件借入金）、そのうち、３億７千万円を原告に対して支払った。

②　当時原告の取締役であった丙（前代表者の妻）及び同じく原告の取締役であった甲（現代表者）は、平成13年12月21日、本件借入れについて連帯保証をした。

③　平成13年12月21日、乙（前代表者）を債務者、原告及びＳ金属を根抵当権設定者兼連帯保証人、Ｋ信金を根抵当権者とし、極度額４億円、被担保債権の範囲を信用金庫取引による債権及び民法398条の２第３項による手形上、小切手上の債権として、原告及びＳ金属が各所有する土地、建物を共同担保とする根抵当権が設定された。

④　原告は、平成19年12月５日、乙（前代表者）の銀行口座に301,218,630円を振込送金した。

　同日、本件借入金の元金残額301,110,355円及び最終利息108,275円の合計301,218,630円が乙（前代表者）名義の預金口座からＫ信金に送金されて返済され、これにより本件借入金は完済された。

34   判例各論

⑷　本件株式贈与の経緯

①　原告及びS金属においては、平成18年10月頃以降、乙（前代表者）から甲（現代表者）らに対して本件各株式を譲渡するほか、原告の代表取締役を乙（前代表者）及び甲（現代表者）から、甲（現代表者）のみにすることなどの経営権の譲渡を円滑に行うことが課題となっていた。

②　甲（現代表者）らは、まず、本件各株式を乙（前代表者）から甲（現代表者）らが有償で取得することを検討したが、本件各株式の評価額が合計83,514,000円であることが判明し、甲（現代表者）らはかかる金額を用意することが不可能であったため、甲（現代表者）らが乙（前代表者）から本件各株式を有償で取得することは見送られた。

　　次に、甲（現代表者）らは、本件各株式を、原告が乙（前代表者）から有償で取得することを検討したが、この場合、乙（前代表者）が原告から受け取る対価は譲渡所得ではなく配当所得とみなされることとなり、乙（前代表者）に合計17,668,200円の税負担が、原告に13,642,800円の源泉税の負担が見込まれるところ、原告において、これを捻出できる可能性がなかったため、断念された。

　　そこで、甲（現代表者）らは、本件各株式の贈与を受けることを検討した結果、甲（現代表者）らが合計939万円の贈与税を支払う必要が生じるものの、甲（現代表者）らはこの金額であれば捻出可能であったため、甲（現代表者）らが乙（前代表者）から本件各株式の贈与を受ける方法により原告及びS金属の経営権の譲渡を受けることとなった。

⑸　乙（前代表者）が保有する株式の贈与

①　原告の株式

　　原告の発行する株式（原告株式）を譲渡により取得するには、取締役会の承認を得なければならないところ、原告は、平成19年5月13日に開催した取締役会において、乙（前代表者）が保有する原告株式1万7800株のうち800株を丙（前代表者の妻）に、1万1000株を甲（現代表者）に、残る6000株を乙（前代表者）の長女であり原告の取締役である丁（現代表者の姉）に譲渡することを承認する旨の決議を行った。

　　なお、この取締役会が開催された平成19年5月13日当時、原告の取締役は、甲（現代表者）、丁（現代表者の姉）及び甲（現代表者）の妻である

戊（現代表者の妻）であり、親族のみで構成され、この取締役会には、これら親族が出席した。

② Ｓ金属の株式

Ｓ金属の発行する株式（Ｓ金属株式）を譲渡するには、取締役会の承認を得なければならないところ、Ｓ金属は、平成19年5月13日に開催した取締役会において、乙（前代表者）が保有するＳ金属株式1万2800株のうち800株を丙（前代表者の妻）に、6000株を甲（現代表者）に、残る6000株を丁（現代表者の姉）に譲渡することを承認する旨の決議を行った。

なお、この取締役会が開催された同日当時、Ｓ金属の取締役は甲（現代表者）らであり、親族のみで構成され、この取締役会には、これら親族が出席した。

③ 乙（前代表者）の贈与

乙（前代表者）は、平成19年5月15日、甲（現代表者）との間で乙（前代表者）の保有する原告株式及びＳ金属株式の一部を甲（現代表者）に贈与する旨の贈与契約を締結し、同日、甲（現代表者）に対し、本件各株式の一部を贈与した。

また、乙（前代表者）は、同日、丙（前代表者の妻）及び丁（現代表者の姉）に対し、本件各株式の一部を贈与した。原告株式の1株当たりの単価は3,570円、Ｓ金属株式の1株当たりの単価は1,560円であり、乙（前代表者）が甲（現代表者）らに贈与した株式の財産の価額の合計額は83,514,000円であった。

(6) 乙（前代表者）に対する退職慰労金の支給

① 原告は、平成19年5月15日に臨時株主総会を開催し、乙（前代表者）に対し1億7220万円の退職慰労金を支給する旨の決議を行った。

② 原告は、上記①の臨時株主総会に先立つ平成19年5月9日、乙（前代表者）に対し退職慰労金の仮払金として1千万円を支払っていた。

③ 乙（前代表者）は、平成20年3月31日に原告及びＳ金属を退職した。

上記①記載の乙（前代表者）に対する退職慰労金1億7220万円は、上記②記載の仮払金1千万円、退職慰労金に係る所得税等の税金33,831,500円及び給与に係る住民税に相当する金額269,600円を差引き、

残額128,098,900円は、前記(2)①に記載した本件貸付金等のうちの長期貸付金の一部返済として相殺された。

(7) 乙（前代表者）の収入

乙（前代表者）の平成19年の収入は12,908,396円であり、その内訳は原告からの給与収入が690万円、Ｓ金属からの給与収入が350万円及び社会保険庁からの年金収入が2,508,396円であった。

乙（前代表者）の平成20年の収入は4,608,396円であり、その内訳は原告からの給与収入が120万円、Ｓ金属からの給与収入が90万円及び社会保険庁からの年金収入が2,508,396円であった。

(8) 原告と乙（前代表者）との間の訴訟等

① 原告と乙（前代表者）は、平成20年4月15日、原告が乙（前代表者）に対して有する金銭債権について和解契約を締結した。

和解契約の主な内容は以下のとおりである。

(ア) 原告と乙（前代表者）は、乙（前代表者）の原告に対する昭和41年より現在までの借入金の合計が80,632,091円であり、借入金の利息が現在まで124,972,415円であることを確認する。

(イ) 原告と乙（前代表者）は、乙（前代表者）がＫ信金から借り入れていた301,218,630円を平成19年12月5日に原告が返済したことを認め、乙（前代表者）が原告に対し同額の求償債務があることを認める。

(ウ) 乙（前代表者）は、原告が乙（前代表者）に支払うべき退職慰労金1億7220万円から、平成19年5月9日に支払った一部仮払金1千万円並びに平成20年4月10日に乙（前代表者）から徴収し税務署及び区役所へ納税した34,101,100円を差し引いた128,098,900円と、乙（前代表者）の原告に対する上記(イ)の求償債務とを相殺することを認める。

(エ) 原告と乙（前代表者）は、上記(ア)と(イ)の残金の乙（前代表者）の債務の支払について、平成20年4月30日までに協議する。

(オ) 上記(エ)の期限までに支払について合意に至らないときは、乙（前代表者）は原告に対し378,724,236円を一時に支払う。

(カ) 上記(オ)の合意ができないときは、乙（前代表者）に対し上記(オ)の合計金額につき、平成20年5月1日から支払済みに至るまでの年5分の割合による遅延損害金を付加する。

Ⅱ　事業承継スキーム　37

② 　原告は、原告と乙（前代表者）との間において、平成20年4月30日までに乙（前代表者）の原告に対する金銭債務の支払について合意に至らなかったことから、同年6月5日、乙（前代表者）を被告として、東京地方裁判所へ提訴した。

　　なお、原告の請求の趣旨は、378,724,236円及びこれに対する平成20年5月1日より支払済みに至るまで年5分の割合による金員の支払を求めるものであり、請求原因は、要旨以下の内容であった。

㋐　乙（前代表者）は、昭和41年より平成20年4月15日までの間に、原告から80,632,091円の借入れを行った。

㋑　上記㋐の利息は、124,972,415円である。

㋒　乙（前代表者）は、K信金から301,218,630円を借り入れていたが、平成19年12月5日、原告が乙（前代表者）に代わりこの全額を返済した。

㋓　原告と乙（前代表者）は、原告が乙（前代表者）に支払うべき退職慰労金1億7220万円と上記㋒の乙（前代表者）の原告に対する債務と対当額で相殺した。

㋔　原告と乙（前代表者）は、平成20年4月15日、上記㋐、㋑及び㋒の相殺後の残金の確認をし、その支払について平成20年4月30日までに協議し、合意に至らないときは3億7872万4236円を一時に支払うこと、及びこの場合、平成20年5月1日から支払済みに至るまで、年5分の割合による遅延損害金を付加して支払う旨の和解が成立した。

㋕　しかし、原告と乙（前代表者）との間で平成20年4月30日までに返済の合意がなされなかった。

③ 　東京地方裁判所は、被告である乙（前代表者）が口頭弁論期日に出頭せず、また、答弁書や準備書面を提出していないことから請求原因事実を争うことを明らかにしないものとして、これを自白したものとみなし、平成20年8月25日、原告の請求を認める旨の判決をした。

④ 　上記訴訟において原告の訴訟代理人を務めた弁護士は、平成20年9月19日付けで、原告に対し、乙（前代表者）に強制執行をしても回収の見込みがない旨の報告を行った。

⑼　**本件事業年度末における乙（前代表者）の資産状況**

　本件事業年度末（平成20年11月30日）における乙（前代表者）の資産の状

38 判例各論

況としては、E（前代表者）は生活費程度の現金を所持しているものの、他にまとまった資産を保有しておらず、本件貸付金等の弁済に供せる程の資産は存在しなかった。

⑽ 丙（前代表者の妻）の収入等

　丙（前代表者の妻）の平成19年の収入は1395万円であり、その内訳は、原告からの給与収入が690万円、S金属からの給与収入が705万円であった。

　丙（前代表者の妻）の平成20年の収入は8,590,098円であり、その内訳は、原告からの給与収入が120万円、S金属からの給与収入が720万円、公的年金収入が190,098円であった。

　乙（前代表者）と丙（前代表者の妻）は、本件事業年度末において、同居して生活していた。

⑾ 原告の本件事業年度における法人税の確定申告の内容について

　原告は、本件確定申告書に添付された決算報告書において、前記⑵①記載の本件貸倒損失386,424,236円を計上した。

⑿ 本件各処分の経緯等

①　原処分庁は、平成23年4月27日、原告に対し、本件確定申告に関し、本件更正処分及び過少申告加算税の賦課決定処分を行った。

②　原告は、平成23年6月23日、原処分庁に対し、本件各処分に対する異議申立てをした。処分行政庁は、同年8月23日、異議申立てを棄却した。

③　原告は、平成23年9月16日、国税不服審判所長に対し、本件各処分の取消しを求める審査請求をした。

　国税不服審判所長は、平成24年9月12日、原告の審査請求を棄却した。

⒀ 本件訴えの提起

　原告は、平成24年11月30日、本件訴えを提起した。

⒁ 乙（前代表者）に対する破産手続の経緯

　原告は、平成25年2月5日、乙（前代表者）の債権者として、東京地方裁判所に対し、乙（前代表者）について破産手続開始の申立てを行った。

　東京地方裁判所は、上記申立てについて同年3月13日、乙（前代表者）

が支払不能の状態にあることを認め、乙（前代表者）について破産手続を開始する旨の決定をした。

東京地方裁判所は、同年7月8日、上記破産手続について、破産財団をもって手続費用を支弁するのに不足すると認められるとして、破産手続を廃止する旨の決定をした。

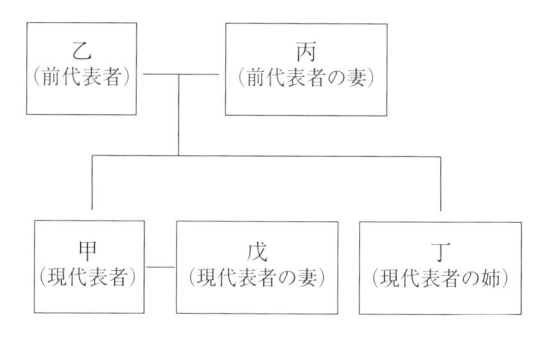

3　時系列

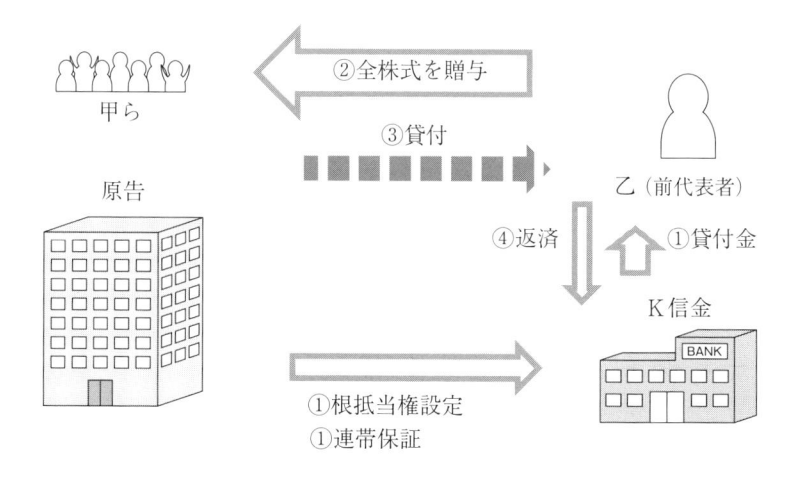

40　判例各論

①	平成13年12月21日、乙（前代表者）は原告（乙が代表者をしていた法人）からの借入金の一部を返済するために、K信金から4億円を借入れ、うち3億7000万円を原告に支払った。 　取締役であった甲（現代表者）と丙（前代表者の妻）は、K信金からの乙（前代表者）の借入について連帯保証をした 平成13年12月21日、乙（前代表者）を債務者、原告及びS金属（関連会社）を根抵当権設定者兼連帯保証人、K信金を根抵当権者とし、原告及びS金属がそれぞれ所有する土地、建物を共同担保とする根抵当権を設定

平成18年1月、甲（現代表者）は原告の代表取締役に就任。

平成19年2月28日、乙（前代表者）は原告の代表取締役、取締役辞任、以後原告の使用人。丙（前代表者の妻）は、同日まで原告の取締役、同日から監査役。

平成19年3月28日、丙（前代表者の妻）は原告の監査役退任、以後、原告の使用人。

平成19年5月9日、原告は乙（前代表者）に対し、退職慰労金の仮払金として1000万円を支払った。

②	平成19年5月13日、乙（前代表者）が保有する原告株式1万7800株のうち、 　800株を丙（前代表者の妻）に、 　1万1000株を甲（現代表者）に、 　6000株を丁（現代表者の姉）に譲渡することを承認する旨の取締役会決議。 乙（前代表者）が保有するS金属株式1万2800株のうち、 　800株を丙（前代表者の妻）に 　6000株を甲（現代表者）に 　6000株を丁（現代表者の姉）に譲渡することを承認する旨の取締役会決議。 平成19年5月15日、乙（前代表者）は、甲（現代表者）との間で乙（前代表者）が保有していた原告株式及びS金属株式の一部を贈与する旨の贈与契約を締結し、同日、贈与した。 　乙（前代表者）は、同日、丙（前代表者の妻）及び丁（現代表者の姉）に対し、原告株式及びS金属株式の一部を贈与した。 　原告株式1株当たりの価額は3,570円、S金属株式の1株当たりの価額は1,560円であり、乙（前代表者）が丙（前代表者の妻）、甲（現代表者）、丁（現代表者の姉）に贈与した株式の価額は83,514,000円である。

平成19年5月15日、原告は臨時株主総会を開催し、乙（前代表者）に対し、1億7220万円の退職慰労金を支給する旨の決議を行った。

③	平成19年12月5日、乙（前代表者）のK信金からの借入残金返済のため、原告が乙（前代表者）名義の預金口座に301,218,630円を送金した。

④	借入金残額301,110,355円と最終利息108,275円の合計301,218,630円が乙（前代表者）名義の預金口座からK信金に送金され、借入金は返済された。振込んだ301,218,630円から、退職慰労金等を控除した残額173,119,730円は乙（前代表者）に対する長期貸付金として計上された。

平成20年3月、乙（前代表者）は原告を退職。

平成20年4月15日、原告と乙（前代表者）の間で和解契約が成立

平成20年6月5日、原告は乙（前代表者）を被告として東京地裁へ訴訟提起

平成20年8月25日、被告乙（前代表者）が口頭弁論期日不出頭につき、原告勝訴判決。

平成20年9月19日付けで、乙（前代表者）に強制執行をしても回収の見込みなしと弁護士が報告。

平成21年1月23日、申告。

平成23年4月27日、更正処分等。

平成24年11月30日、課税処分取消訴訟提起。

平成25年2月5日、原告は、乙（前代表者）の債権者として、破産手続開始申立て。

平成25年3月13日、破産手続開始決定。

平成25年7月8日、破産手続廃止決定。

4 争 点

本件貸付金等の回収可能性の有無

42　判例各論

5　審判所の判断と裁判所の判断

審判所の判断	裁判所の判断
原告・審査請求人は、乙（前代表者）が保有していた株式を現代表者等に贈与したことを容認し、金銭債権の回収の努力をしていたとは認められない。	原告が、乙（前代表者）の原告及びS金属に対する給与債権について強制執行をしなかったこと、及び、乙（前代表者）に対して口頭で本件貸付金等の返済を求める以上に強固な返済要求をしなかったことをもって、原告が乙（前代表者）に対する本件貸付金等の回収をあえて放棄したと評価できるものではない。
原告・審査請求人は、短期間での回収が見込めないことを十分に予測できたにも関わらず、前代表者に追加の貸付けを行った結果、前代表者に対する金銭債権の額が累積したものと認められる。	本件株式贈与を行うことは、本件貸付金等の回収の観点からは必ずしも有用でないとしても、上記の経営権の譲渡を実現させるという観点からはやむを得ないところがあり、原告が本件承認決議を行ったことが、本件貸付金等の回収の機会をあえて放棄した不自然なものであるとか、社会的に許容されないと断ずべきものではない。
原告・審査請求人が貸倒損失を計上した本件事業年度末は、当該追加の貸付けが行われてから僅か1年余りしか経過していない。	
乙（前代表者）が審査請求人を退職した後の収入は公的年金のみであるものの、前代表者は妻と同居し、生計を一にしていると認められ、妻には審査請求人の関係会社からの給与収入があり、両者のこれらの合計収入は夫婦として生活する上では十分な収入があるということができる。	乙（前代表者）に公的年金による収入が存在することをもって、本件貸付金等の回収可能性が存在するということはできない。 　家族間の協議等によって、公的年金を原資として乙（前代表者）から本件貸付金等を継続的に回収することなどしていないとしても、これをもって原告が債権回収の努力をあえて放棄しているということもできない。そして、丙（前代表者の妻）は乙（前代表者）の配偶者ではあっても乙（前代表者）とは別人格を有しているから、丙（前代
同族会社である原告・審査請求人においては、家族間において協議し、前代表者に公的年金収入を原資として返済させるなどの合理的な返済計画を立てさせ、分割弁済をさせれば、長期間	

を要しても、当該金銭債権の一部でも回収を期待できる状態にあったものと認められる。	表者の妻）に原告及びS金属からの給与収入が存在することをもって、上記結論が左右されるものではない。

6 解 説

(1) 地裁判決と審判所の裁決の相違点

　審判所の判断の基準は、一つ一つ見れば、一般的には、すべて正しい判断基準であるといえる。例えば、債務者の財産の減少をもたらした債権者については債権回収の努力をしているとはいえないであろうし、債権の回収ができないという前提として、一般的には、可能な限り債権の満足を得るような行動を債権者に要求するのも当然である。

　しかしながら、貸倒損失の判断基準はあくまでも、最高裁判所第二小法廷平成16年12月24日判決、平14（行ヒ）147号（以下「最高裁・平16. 12. 14」という。）が示した、①金銭債権の貸倒損失を法法22条3項3号にいう「当該事業年度の損失の額」として当該事業年度の損金の額に算入するためには、当該金銭債権の全額が回収不能であることを要する、②その全額が回収不能であることは客観的に明らかでなければならないが、そのことは、債務者の資産状況、支払能力等の債務者側の事情のみならず、債権回収に必要な労力、債権額と取立費用との比較衡量、債権回収を強行することによって生ずる他の債権者とのあつれきなどによる経営的損失等といった債権者側の事情、経済的環境等も踏まえ、社会通念に従って総合的に判断されるべきものである、というものである。

　この判決の判例解説において、「どのような事情がどの程度の重みをもって考慮されるべきかは、個別、具体的な事案における社会通念に従った総合的な判断によって決せられるべきものと考えられる。」と述べられている（最高裁判所判例解説民事篇、平成16年度（下）845頁）。

　結論が分かれたのは、審判所においては、一般的に用いられる基準を組み合わせて、事案の個々の局面に当てはめて結論を導いているのに対して、地裁は、上記最高裁判決の示した判断基準を、まさに基準として、事案全体を視野に入れて結論を導いたからであるということができる。「社

会通念に従って総合的に判断されるべき」という基準は、実務的には、非常に使いずらい基準であり、裁判所における同種事件の判断の根底にある考え方を推測する以外にそれを認識する方法はない。

最高裁の示した貸倒損失の基準は一種の規範的課税要件であり、社会通念を基準にその充足性を判断しなければならない。一般的な実務においては、回帰的に発生する事象を類型化してこれを具体的な基準（適用事例）にしているが、本件は、事業承継のために回収不能が明らかな状況を当事者が意識的に作り出しているのであるから、実務で一般的に用いている基準（具体的で使いやすい）を用いることのできない事案であったということができる。

しかしながら、非常に使いづらい基準（「社会通念に従って総合的に判断」するということは非常に難しい）であるからといって、これを基準とすることを回避することは許されない。審判所はこれを基準とすることを回避したということではなかろうか。

(2) **本件判決のポイント**

① 貸倒損失の判断に当たって、本件判決の判断の中で、次の点は今後の実務の参考にしてもよいと思われる。

　㋐ 債権回収の可能性の判断に当たっては、債務者の資産、負債、収入のみを考慮に入れるべきであり、原則として、配偶者等の資産、負債、収入は考慮されるべきではない。

　㋑ 債権回収の可能性の判断に当たって、債務者の公的年金の収入は、原則として、考慮されない。

　㋒ 債権回収の可能性の判断に当たって、債権額との比較において、回収可能額が僅少である場合には回収可能性がないという判断もある。

Ⅱ 事業承継スキーム　45

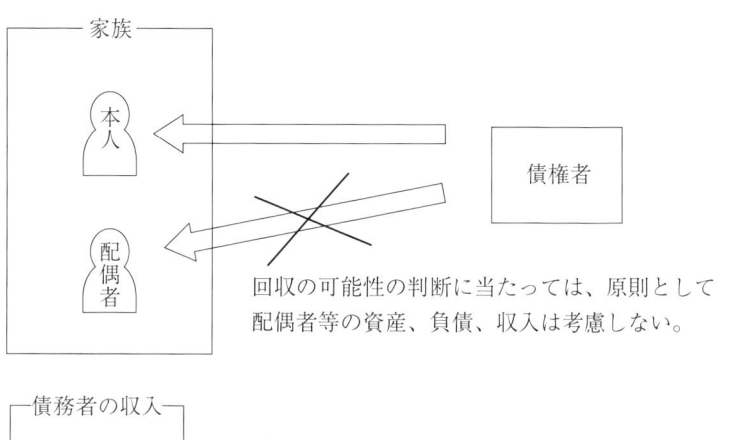

回収の可能性の判断に当たっては、原則として
配偶者等の資産、負債、収入は考慮しない。

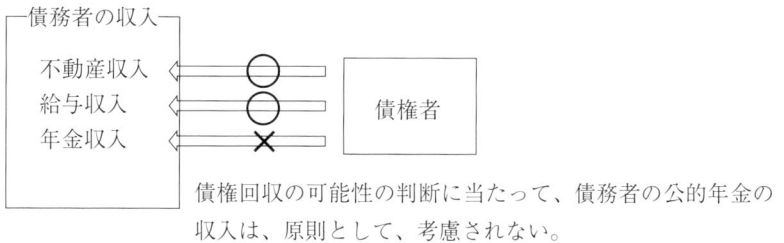

債権回収の可能性の判断に当たって、債務者の公的年金の
収入は、原則として、考慮されない。

② 本件判決を参考にする場合の注意点

　㋐　本件判決が先例とした「最高裁・平16. 12. 24」は、「債務者の資
産状況、支払能力等の債務者側の事情のみならず、債権回収に必要な
労力、債権額と取立費用との比較衡量、債権回収を強行することに
よって生ずる他の債権者とのあつれきなどによる経営的損失等といっ
た債権者側の事情、経済的環境等」も踏まえ、社会通念に従って総合
的に判断されるべきものであると判示しているが、この最高裁判決の
事案は、上場会社に係る事案であり、原告のような閉鎖会社に係るも
のではない。本件の地裁判決においては、閉鎖会社における円滑な事
業承継という事情も、この最高裁判決が考慮に入れるべきであるとす
る事情に含まれるものとしている。しかしながら、閉鎖会社における
円滑な事業承継の問題は、確かに、当該会社の利害に関わる問題であ
るが、それ以上に、会社の株主の利害に関わる度合いが強いと考えら

れる。そうすると、本件の地裁判決は、上記最高裁判決の基準を拡張的に解釈したものとも考えられる。したがって、本件の地裁判決を先例として参考にする場合においては、考慮すべき要素として、「円滑な事業承継」という要素が、将来的に必ず考慮されるとも言い切れないので、今後の同種事件の裁判所の判断を注視する必要があると思われる。

(イ) 本件を、事業承継の実務の参考にする際に注意したいのは、乙（前代表者）のK信金からの借入金には、原告の所有する土地、建物に根抵当権が設定されていたという点である。

　乙（前代表者）がK信金に任意に弁済できない状態では、根抵当権設定者である原告とS金属は何らかの出捐を余儀なくされるから、これを避けるために、乙（前代表者）に金銭を貸し付け、乙（前代表者）からK信金に返済させたのである。乙（前代表者）がK信金からの借入金債務を履行できない場合に根抵当権設定をした原告とS金属が出捐をするというのは法律上の義務であるから、これを避けるための支出であるという事実は、その支出が損金に該当するという大きな根拠になるからである。

(ウ) 本件判決は、被告（課税庁）の種々の主張に対して、一つ一つ丁寧に排斥しているが、被告（課税庁）の詐害行為取消権についての主張に対してだけ、「被告（課税庁）は、本件株式贈与について、原告が詐害行為取消権を行使する要件が満たされていることなどについて**具体的に主張を行っていないから、原告が本件株式贈与を詐害行為として取消し得るとは認めることができず、本件貸付金等が回収不能であったと認めることを妨げる主張とはいえない。**」と述べている。本件の事実関係からすると、原告は乙（前代表者）が株式を贈与した行為について詐害行為取消権を行使する意思がなかったことは容易に認定できる。乙（前代表者）に財産がなくなることを認識したうえで、本件の贈与を甲（現代表者）等が主導し、実行したからである。そうすると、その他の点についての判断と同じように、原告には詐害行為取消権を行使する意思がないことは明らかであるから、詐害行為取消権を行使した場合に本件贈与の受贈者から取り戻すことができるであ

ろう金銭は、原告の乙（前代表者）に対する債権の引き当てにはならない、と判断することも可能であったと思われる。

　それにもかかわらず、裁判所は、「被告（課税庁）は、本件株式贈与について、原告が詐害行為取消権を行使する要件が満たされていることなどについて具体的に主張を行っていないから」という理由で、被告（課税庁）の主張を「本件貸付金等が回収不能であったと認めることを妨げる主張とはいえない。」として排斥している。仮に、主張が事実であったとしても採用できない、として排斥するのではなく、具体的な主張を行っていないから採用できないとしているのである。

　このような判示を裁判所がするのは、詐害行為取消権について具体的な主張・立証をすれば、その主張を採用できる場合が少なくない。

　従って、本件の判決を事業承継の実務の参考にする場合においては、行政庁が、詐害行為取消権を行使する要件が満たされていることなどについて具体的な主張を行いかつ立証した場合には、その主張が裁判所において採用される可能性を考えておく必要があると思われる。

　その意味では、無条件で事業承継スキームを認めた先例とはできない判決であるというべきであろう。

48　判例各論

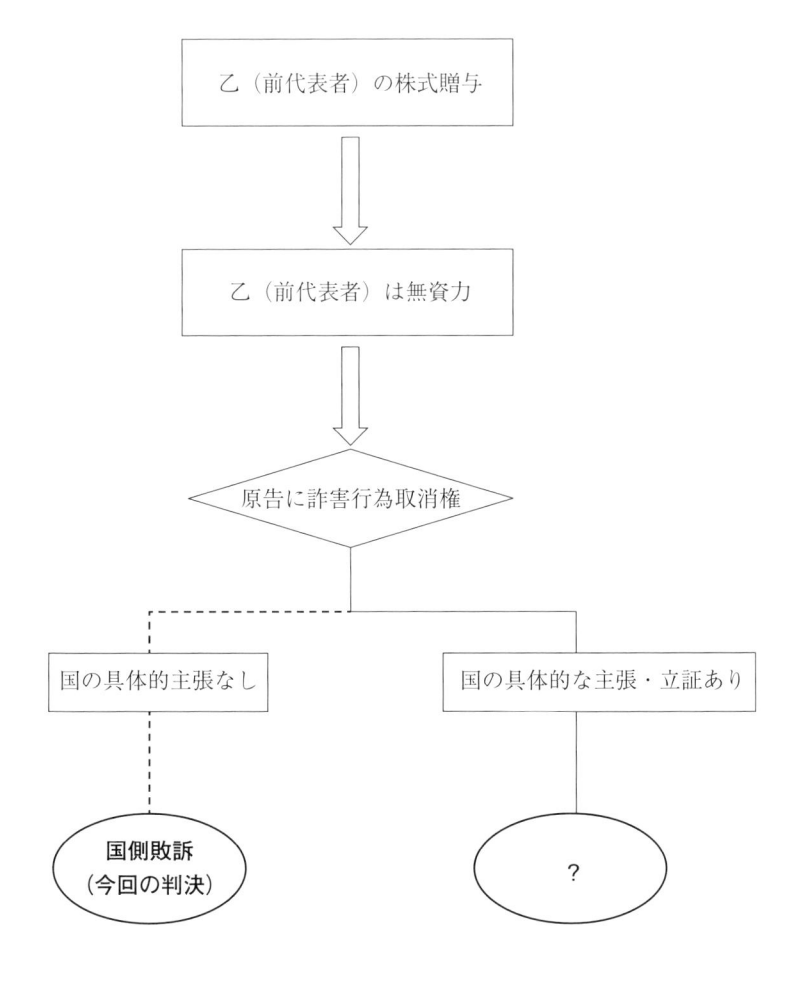

全額が回収できないとはどのような場合か？

　法人税基本通達９－６－２は、「法人の有する金銭債権につき、<u>その債務者の資産状況、支払能力等からみてその全額が回収できないことが明らかになった場合</u>には、その明らかになった事業年度において貸倒れとして損金経理することができる。この場合において、当該金銭債権について担保物があるときは、その担保物を処分した後でなければ貸倒れとして損金経理をすることはできないものとする。」と定めている。

　金銭債権の相手方である債務者が法人ではなく、個人である場合に、<u>どのような状況であれば債権の全額が回収できないことが明らかになったといえるか</u>が問題となる。本件においても債務者本人に公的年金の収入があり、また、債務者の同居の妻にもある程度の収入がある。

　判決は、公的年金は差し押さえることができず（国民年金法24、厚生年金保険法41①）、債務者の配偶者であっても債務者とは別人格を有しているから、債務者の配偶者に収入が存在することをもって、結論が左右されるものではないとし、債務者に公的年金があることや債務者の配偶者の収入や資産の有無は、債務者に対する債権の回収可能性の判断には関係しないとの考えを採っている。このことは、原則的には、債権の回収可能性の有無は、債権を強制的に実現した場合を想定して判断するということであると思われる。換言すると、債権の任意の弁済を想定して、債権の回収可能性を判断することはしないということである。すなわち、支給されている公的年金の一部でも債務者は十分に生活できるのであるから、その結果、年金の残った部分は債務の弁済に回せるから、債権の回収は可能であるという判断や、債務者の家族には多額の収入や資産を有している者がいるのであるから、家族が有無融通し協力すれば債権の回収は可能であるという判断はしないということである。債務者が公的年金の一部を債務の返済に回すかどうか、あるいは、債務者の家族が、債務者の債務の返済に協力するか否かは、法律上は、もっぱら債務者あるいは債務者の家族が任意になしうるところであるからである。仮に債務者あるいはその家族の義務であるとしても、それは道義的な義務にとどまり、法律上の義務ではないからである。

　法が、差押禁止財産を定め、資産や収入の帰属主体を家族ではなく、個人個人と定めたことの当然の帰結である。

50 判例各論

Ⅲ 会員制リゾートクラブに入会した会員から入会時に収受した金員のうち返還されることとされている部分以外の金額は課税資産の譲渡等に該当するとした課税庁の主張を否定し、不課税取引であるとした事例

　会員制リゾートクラブが入会した会員から入会時に収受した金員のうち、預託金として返還することとされている部分以外の部分は、課税資産の譲渡等の対価に該当するとして、原処分庁が更正処分及び過少申告加算税の賦課決定処分をしたのに対し、本件法人（破産会社）の破産管財人が、本件金員の収受はいわゆる不課税取引であるから、これらの各処分は違法であると主張してその取消しを求め、裁判所が納税者の主張を認めた事例。

〔東京地方裁判所・平成26年2月18日判決・平成25年（行ウ）第23号〕〔納税者勝訴、確定〕

〔平成24年7月20日裁決・東裁（諸）平24-21〕

1 事案の概要

　会員制リゾートクラブであるO倶楽部を主宰していた本件法人が、消費税及び地方消費税について、O倶楽部に入会した会員から入会時に収受した金員のうち預託金として返還することとされている部分以外の部分（本件金員）は、課税資産の譲渡等の対価に該当するとして、原処分庁から更正処分及び過少申告加算税の賦課決定処分を受けたことに対し、本件法人（破産会社）の破産管財人が、本件金員の収受はいわゆる不課税取引であるから、これらの各処分は違法であると主張して、その取消しを求めた事案である。

2　事実関係

(1)　当事者等

①(ア)　本件法人は、平成18年10月にリゾート施設会員組織の運営、管理、会員権の管理、販売等を目的として設立された法人であり、会員制リゾートクラブであるО倶楽部を主宰していた。

(イ)　О倶楽部は、入会した会員（本件各会員）が、本件法人との間の入会契約等に基づいて、本件各運営会社が運営している国内11か所のホテルにおいて、宿泊サービス等の提供を受けることができるという会員制組織である。

②　本件法人の債権者である本件各会員の一部は、平成22年5月、東京地方裁判所に対し、本件法人に係る破産手続開始の申立てを行った。同裁判所は、同年6月、破産手続開始決定を行い、原告を本件法人の破産管財人として選定した。

(2)　О倶楽部の事業概要

①　О倶楽部の会員募集は、第1次から第4次までに分かれているところ、それぞれの募集次において、ブロンズ会員、シルバー会員、ゴールド会員及びプラチナ会員の会員区分が存在していた。また、第4次募集においては、上記4つの会員区分に加えて、ハーフ会員（準会員）及びダイヤモンド会員の会員区分も存在していた。

②(ア)　本件各会員が入会時に本件法人に支払う金員（本件入会時費用）のうち、本件金員を除く部分は、預託金として、入会時から5年後に本件各会員に返還されるものとされていた（本件預託金）。

ただし、第1次募集においては、本件入会時費用の全額が預託金とされているため、本件金員に相当する部分は存在しない。

(イ)　本件法人は、本件各会員に対し、**本件各ホテルにおいて現金と同様に使用する**ことができ、1ポイント当たり1円の価値を持つポイント（宿泊ポイント）を5年間にわたって発行することとしており、入会時に支払う金員（本件入会時費用）が多額であるほど、発行される宿泊ポイントも多額になることとされていた。

(ウ)　本件各会員が入会時に支払う本件入会時費用の額及び本件各会員が

52 判例各論

入会後に受けられるサービス内容等は、その募集次及び会員区分に応じて異なっている。

③ 本件法人は、複数のホテルを所有しており、本件各運営会社との間で、それぞれ賃貸借契約を締結し、宿泊客あっせんに係る覚書を締結した。同覚書において、本件法人は、本件各運営会社が運営する各ホテルに宿泊客として本件各会員をあっせんし、本件各会員は、本件法人が発行した宿泊ポイントを用いて各ホテルから宿泊サービス等の提供を受けることができるとした上で、本件法人が、本件各運営会社に対し、本件各会員が各ホテルで使用した宿泊ポイント数相当額を支払うとともに、本件各運営会社が、本件法人に対し、本件各会員により使用された宿泊ポイント数の20％相当額をあっせん手数料として支払うことなどを約していた。

(3) **本件法人と本件各会員との間における入会契約の内容等**

① 本件各会員は、本件法人との間において入会契約を締結していたところ、第2次募集における契約書には、以下の内容が記載されていた（なお、第3次及び第4次募集における契約書にも、おおむね同じ内容が記載されていた。）。

(ア) 目的（2条）

O倶楽部は、本件各ホテルを会員の利用に供し、このホテルの相互利用を通じて、親睦と快適なリゾートライフを促進することを目的とする。

(イ) クラブの運営管理（3条）

本件法人は、O倶楽部の運営及び管理を行う。

(ウ) 会員資格の取得（4条）

O倶楽部へ入会しようとする者は、所定の入会申込手続を行い、本件法人との入会契約を締結し、本件法人に会員としての「**施設使用料**」（**本件金員**）及び「**施設使用預託金**」（**本件預託金**）の払込みを終えたとき、**会員資格を取得する**。また、会員資格を取得した者は、本件各ホテルを利用することができる。

(エ) 施設使用預託金（7条）

Ｏ倶楽部に入会しようとする者は、本件法人に対し、無利息にて「施設使用預託金」（本件預託金）を預託し、本件法人は、この預託債権について預り証を発行する。

㈰　会員へのサービス内容（8条）

本件法人は、本件各会員に対し、各会員・コースに相当する宿泊ポイントを付与し、本件各ホテルにおいて、会員以外の者の宿泊料金の20％割引にて宿泊し、宿泊ポイントにより宿泊料金等を支払うことができる。

㈪　会員カードの利用方法（9条）

本件法人は本件各会員に対し、上記㈰の会員の種類に応じ、ポイントカードを発行する。このポイントカードは、会員カードを兼用し、電磁的に記入され、ポイントカードを利用する際には、必ずこれを利用しなければならない。本件各会員が、この会員カード兼ポイントカードを持参しなかった場合は、会員としての利用はできず、一般宿泊客と同様の取扱いとなる。

㈫　宿泊予約（10条）

本件各会員は、1年前から宿泊予約をすることができる。

㈬　退会（15条）

本件各会員が退会する場合は、本件法人に対し、3か月前までに文書で退会の申出をするものとする。ただし、本件預託金は、入会後3年未満の場合は50％、3年以上5年未満の場合は75％、5年以上の場合は100％の割合により返還するものとする。

（太字等は著者による）

②　本件契約書においては、宿泊ポイントの有効期間を会員資格の有効期間内とすること、本件各会員が健康上の理由等により、宿泊ポイントを消化できない場合には、本件各会員は、本件法人に対し、所定の「残ポイント払戻し率」による買取り（払戻し）を要求することができることが付記されていた（ただし、第3次募集における契約書には、残った宿泊ポイントの買取りに関する記載部分はない。）。本件法人は、本件入会契約に基づき、本件各会員から未使用の宿泊ポイント（既に発行済みのもの）

54　判例各論

の買取りに応じていたが、途中退会時に発行されていない宿泊ポイントの取扱いについては特段定めておらず、未発行の宿泊ポイントを払い戻すことは予定されていなかった。

③　本件契約書は、宿泊ポイントを本件カードに電磁的に記入して管理することとしているところ、第1次募集及び第2次募集の途中までは、宿泊ポイントは、カードに電磁的に記入する方法ではなく、本件各会員に対して紙製のチケットを交付する方法によって発行することとされていた。

(4)　宿泊ポイントの発行から精算までの流れ

本件各会員に対する宿泊ポイントの発行から、本件法人と本件各運営会社との間における宿泊ポイントの精算までの流れは、以下の①ないし④のとおりである。

①　本件法人は、本件各会員になろうとする者から、本件入会時費用（第2次会員の場合、合計100万円）を収受し、本件各会員に対して、本件カードを交付する。

②(ア)　本件各会員に対しては、入会時において、所定の宿泊ポイント（第2次会員の場合、28万円分）が付与され、本件カードに電磁的に記録される（ただし、チケットが発行される場合には、宿泊ポイントは、同チケットの交付による。）。

(イ)　本件各会員は、2年目以降5年目（最終年）までの間、所定の宿泊ポイント（第2次会員の場合、各年8万円分）が毎年付与されて本件カードに電磁的に記録される。

③　本件各会員は、宿泊ポイントを用いて、本件各ホテルに宿泊することができる。ただし、宿泊ポイントは、本件カード（本件チケットが発行されている場合には、当該チケット）を持参して、これを利用しなければならない。

④　本件各会員が本件各ホテルにおいて宿泊ポイントを使用した場合、以下のとおり、本件法人と本件各運営会社との間において、宿泊ポイント等の精算が行われる。

(ア)　本件各運営会社は、覚書に基づき、本件法人に対し、本件各会員が本件各ホテルにおいて使用した宿泊ポイントに相当する金額を請

求する。

　　(ｲ)　本件法人は、覚書に基づき、本件各運営会社に対し、宿泊料の20％に相当する額（宿泊あっせん手数料）を請求する。

　　(ｳ)　上記(ｱ)及び(ｲ)は差引計算され、本件法人が本件各運営会社に対して所定の金額を支払い、宿泊ポイントの精算は完了する。

(5)　その他の事実関係（裁判所が認定した事実）

　①(ｱ)　本件法人は、それぞれの募集次において、Ｏ倶楽部の会員権について説明し、入会を勧誘する内容を記載したパンフレットを作成して、勧誘時の説明に使用していた。

　　(ｲ)　各パンフレットには、Ｏ倶楽部への入会時に要する費用に関し、「Ｏ倶楽部ご入会にあたり年会費・管理費等は一切不要です。５年満期の施設利用預託金をお預けいただくだけです。」（第２次募集）、「入会金・年会費・管理費が一切不要！！」（第３次及び第４次募集）との記載がされていた。

　　(ｳ)　本件金員は、各パンフレット（第２次ないし第４次募集）において、本件契約書と同様、「施設使用料」と表記されていたが、宿泊ポイントが紙チケットで発行されていた当時においては、「チケット代」と表記されていた。

　②(ｱ)　本件法人は、営業担当者（テレホンアポインター）が、主に高齢者を対象として電話を架けて、Ｏ倶楽部への入会を勧誘するという営業手法を用いていた。本件法人は、電話等による勧誘時の説明や会話の流れ（いわゆるセールストークの内容等）を記載した内部資料（説明台本資料）を作成し、営業担当者は同資料に沿った内容での勧誘を行っていた。

　　(ｲ)　説明台本資料には、本件金員（施設使用料）が宿泊ポイントの形で戻ってくるという説明内容が記載されており、第２次募集について、例えば、新規お客様テルアポトークと題する資料には、「ブロンズコースですと100万円のうち80万円が預託金、こちらは５年後にお手元に戻ります。残り20万円がチケット、金券になります。ご入会されるとすぐに毎年プレゼントされる８万円のチケットを足した28万円分がお手元に届きます。」等の記載があり、「コース説明」と題する資料

には、「例えばブロンズ会員様ですと、始めにお客様から100万円お預かりいたします。80万円はお預かり金ですので、5年満期後には全額お返し致します♪そして毎年利息代わりにO各ホテルで現金と同じように使用できる金券をプレゼント致します★初年度はお預かりしました80万円の一割の8万円と、施設使用料の20万円を合わせました28万円分の金券をプレゼント致します♪」等の記載があった。

③㋐　本件法人は、顧客との面談時等において、O倶楽部の会員権の内容を分かりやすく説明するために、一覧表や図にまとめるなどした営業説明用の資料を作成しており、本件法人の営業担当者は、同資料を用いた勧誘を行っていた。

㋑　説明用資料のうち、他社の会員権との対比表には、O倶楽部の利点として、(a)他社の会員権の入会金が「30万〜300万（返金無しor規定引き）」、年会費・管理費が「3万〜」であるのに対し、O倶楽部は入会金及び年会費・管理費（入会金等）が不要であること、(b)他社の会員権は「ご利用清算他・施設利用」時において、現金等による支払が必要であるのに対し、O倶楽部は「完全ポイント制」、「残ポイント払い戻し制」であること等が記載されていた。

㋒　説明用資料には、第2次募集に関して、本件金員（施設使用料）が、本件金員と同額の宿泊ポイントとして初年度（入会時）に付与されることを、図（本件金員と、初年度に付与される宿泊ポイント〔本件金員相当額〕とを矢印で結び付けたものなど）や太字で強調するなどしたものが複数含まれており、例えば、「投資的に考えてみよう！5年間トータル還元率」と題する資料には、「ブロンズ会員の場合　100万円分→預託金80万円分　5年後に返金されます。入会諸費用20万円分はそのままチケット　宿泊チケット代20万円分　初年度に加算されます」、「100万円分中、チケット代が20万円、預託金が80万円分となり、20万円分のチケットは初年度に加算され、80万円は5年後に返金されます。」などと記載されていた。

④　宿泊ポイントが紙チケットにより付与されていた当時（第2次募集当初）の会員規約（3条）には、以下の内容が記載されていた。
「会員の種類には、

ブロンズ会員（預託金80万円、チケット代20万円）

宿泊チケット20万円分＋毎年8万円分×5年間＝60万円分支給

シルバー会員（預託金255万円、チケット代45万円）

宿泊チケット45万円分＋毎年30万円分×5年間＝195万円分支給

ゴールド会員（預託金450万円、チケット代50万円）

宿泊チケット50万円分＋毎年63万円分×5年間＝365万円分支給

プラチナ会員（預託金920万円、チケット代80万円）

宿泊チケット80万円分＋毎年147万円分×5年間＝815万円分支給

を設定しております。各会員に応じた宿泊券等のサービスチケットを発行しております。」

⑤ 本件金員は、本件契約書において「施設使用料」と表記されているものの、「施設使用料」の具体的内容が定義付けられてはおらず、本件契約書を精査しても、本件法人が本件金員をいかなる趣旨で収受したのか（本件金員が何の対価であるか）を直接規定した部分はない。

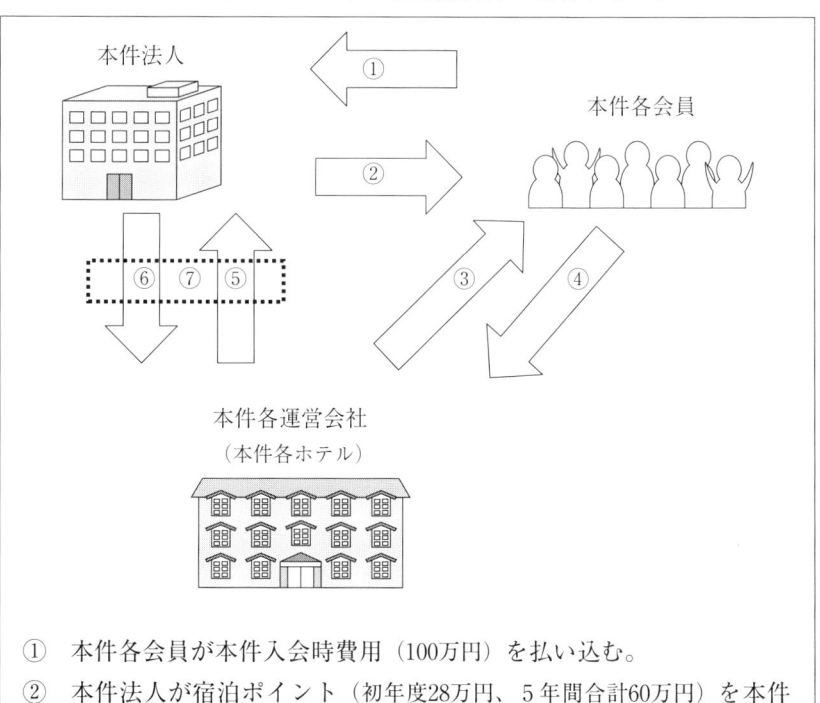

① 本件各会員が本件入会時費用（100万円）を払い込む。

② 本件法人が宿泊ポイント（初年度28万円、5年間合計60万円）を本件

58 　判例各論

　　　　各会員に与える。
③　本件各運営会社（本件各ホテル）は、本件各会員に対して、宿泊サー
　　ビス等を提供する。
④　本件各会員は、宿泊ポイントを用いて、宿泊料金等を支払う。
⑤　本件各運営会社は、本件法人に対して、本件各会員が使用した宿泊
　　ポイントの支払いを請求する。
⑥　本件法人は、本件各運営会社に対し、あっせん手数料（宿泊料金の
　　20％）を請求する。
⑦　本件会社は、本件各運営会社に対して、⑤及び⑥を差引計算した金
　　額を支払う（精算完了）。

3　争点

本件金員は何に対する対価であるか。

4　審判所の判断と裁判所の判断

審判所の判断	裁判所の判断
本件金員が、何に対する対価であるかの検討は示されていない。	課税の対象である経済活動ないし経済現象は、第一次的には私法によって規律されているところ、課税は、租税法律主義の目的である法的安定性を確保するという観点から、原則として私法上の法律関係に即して行われるべきである。そして、本件金員は、O倶楽部の会員になろうとする者が、本件入会契約に基づき、本件法人に対して支払うものであるから、本件金員が何に対する対価であるかについては、本件各会員及び本件法人の両者を規律している本件入会契約の解釈によって定まるというべきである。 　さらに、本件法人及び本件各会員が、本件入会契約について、本件契約

書を作成していることに鑑みれば、本件入会契約の解釈は、原則として、本件契約書の解釈を通じて行われるべきものであるが、その際、本件入会契約の前提とされていた了解事項（共通認識）や本件法人による勧誘時の説明内容といった、本件入会契約の締結に至る経緯等の事情をも総合的に考慮して判断する必要があるというべきである。

　入会を希望する者は、入会諸費用である預託金等と本件金員の払込みを終えたときに会員資格を取得する旨が取り決められている。

　本件会員資格条項は、Ｏ倶楽部の会員になろうとする者が「施設使用料及び施設使用預託金の払込みを終えたとき、会員資格を取得する」と規定しているにすぎず、「施設使用料」（本件金員）の具体的内容が定義付けられているわけではない以上、本件会員資格条項が、会員資格の取得時期ないし取得要件に加え、本件金員の対価関係までをも定めたものであると直ちには解し難い。

　そこで、本件入会契約の締結に至る経緯等をも踏まえて検討するに、本件法人は、第１次募集において、本件入会時費用の全てを本件預託金としており、本件１次会員から入会金等を収受していなかったことは明らかである。さらに、本件法人は、第２次ないし第４次募集においても、一貫して入会金等が不要である旨を宣伝して、各パンフレット及び説明用資料においても、その旨を明記していたのであるから、このような経緯に鑑みれば、本件法人及び本件各会員が、本件入会契約の締結時において、Ｏ倶楽部に入会する際には入会金等が不要であるとの共通認識を有していたことは優に推認することができる。

この点、被告（課税庁）は、本件金員が消基通5－5－5にいう「入会金」に該当する旨主張しているが、上記検討によれば、本件契約書における**施設使用料（本件金員）を「入会金」と解釈するのは困難である**といわざるを得ない。

　本件各会員の大半は、第2次募集に応じてO倶楽部に入会した会員であるところ、本件法人が、第2次募集の際、本件金員について同額の宿泊ポイントを初年度（入会時）に付与する旨を説明し、本件説明用資料においても同趣旨を強調していたことが認められる。さらに、本件法人が、本件チケットを発行していた当時（第2次募集当初）において、本件金員が（本件金員と同額の）「チケット代」である旨をパンフレット及び会員規約に明記していたことを併せ考えれば、本件金員（施設使用料）は、第2次募集において、初年度（入会時）に付与される宿泊ポイント（少なくとも本件金員と同額分）の対価として収受されたものであると認めることができる。

　本件契約書の文言（施設使用料）の解釈という観点からみても、本件各ホテルの使用料（宿泊代金等）は、宿泊ポイントを用いて支払われることが予定されており、本件各会員は、本件入会時費用を払い込みさえすれば、5年間にわたり、新たな支出を全くすることなく、本件各ホテルを使用することができることに鑑みれば、**本件金員が宿泊ポイントの対価であると解釈することに、特段不自然、不合理な点はない**というべきである。

この点、被告（課税庁）は、本件法人が、O倶楽部への勧誘時において本件金員と宿泊ポイントの対価関係を説明していたのは、その損失と利益の関係を説明していたものにすぎないなどと主張するが、説明台本資料や説明用資料の記載内容に照らせば、勧誘時における本件法人の説明内容が、**単に損失と利益の関係を説明したものであるなどと解することはできず、本件入会契約の内容として、本件金員が宿泊ポイントの対価である**とされていたということができる。

第3次及び第4次募集について検討するに、本件金員と宿泊ポイントとの間の対価関係に直接言及した資料は提出されていないものの、第3次及び第4次募集においても、各パンフレットには、入会金等が不要である旨が明記されていたのであり、本件金員が入会金等として収受されたと解するのは困難である。

また、本件金員は、第2次ないし第4次募集において、一貫して「施設使用料」と表記されているのであるから、特段の事情がない限り、第2次ないし第4次募集において、本件金員（施設使用料）の意味する内容は同一であると解するのが自然である。

さらに、本件金員が、第3次及び第4次募集において、第2次募集と異なる趣旨で収受されていたことをうかがわせる事情ないし証拠もないことを併せ考えれば、本件金員は、宿泊ポイントの対価として収受されたものであると認めることができる。

会員資格を取得した会員は、入会し	第3次及び第4次募集においては、

62　判例各論

た年から5年の間の各年にそれぞれ宿泊ポイントが付与され、提携ホテルの利用に当たり宿泊ポイントを決済手段として使用できる。	本件金員を超える金額の宿泊ポイントが初年度（入会時）に付与されるわけではなく、第2次募集と異なり、本件金員と宿泊ポイントの対応関係を記載した資料等も見当たらないことから、本件金員を対価とする宿泊ポイントが、5年間において、どのように分割して発行されるのかは必ずしも明らかではない。しかしながら、この点は、O倶楽部への入会時に払い込む本件金員が宿泊ポイント（少なくとも本件金員と同額分）の対価であるとの認定（評価）を覆すべき事情には当たらないというべきである。 　したがって、本件金員は、第3次及び第4次募集においても、第2次募集と同様、宿泊ポイント（少なくとも本件金員と同額分）の対価として収受されたものであると認めることができる。
会員としての特典は、宿泊ポイントの付与（宿泊ポイントは本件各会員に対する**無償の**サービス内容の一つにすぎない）、料金割引での宿泊及び宿泊ポイントを使用した宿泊料金等の決済が認められることのほか、募集用パンフレットに記載された各種の特典が与えられる。	本件契約書は、「会員に対するサービス内容」という標題の下、本件各会員の種類や宿泊ポイントの発行方法等について規定しているものの、本件会員資格条項の内容も踏まえれば、本件契約書は、会員資格を有することを前提とした上で、会員に対するサービス内容を規定しているというべきである。そうである以上、宿泊ポイントの付与が本件各会員に対するサービス内容の一つであるということは否定できないとしても、このことは、宿泊ポイントの付与と本件金員とが対価関係にあることと何ら矛盾するものではない。 　さらに、O倶楽部の会員に対する具体的サービス内容についてみるに、本件契約書の内容及び本件各パンフレットの記載によれば、本件各会員は、宿

泊ポイントの付与を受けて、本件各ホテルの宿泊料金等の支払に使用することができ、未使用の宿泊ポイントを換価することができるほか、無償の会員特典として、①通常の20％割引の宿泊料金、②駐車料金が無料（第３次会員を除く。）、③チェックアウトが午前11時、④本件各ホテルの最優先（早期）予約、⑤特別価格での季節の特別料理の提供（第３次会員を除く。）、⑥ウェルカム・モーニングのドリンクサービス（本件第２次及び第３次会員についてはシルバー会員以上）、⑦本件各ホテルの最寄りの駅からの無料送迎（シルバー会員以上）、⑧夕食時に特製ワイン等を１本無料サービス（ゴールド会員以上）、⑨自宅からの送迎サービス（有料ではあるが、宿泊ポイントの利用が可能。本件第４次会員については、プラチナ会員以上）といったサービスを受けることができるものとされていたことが認められる。

　しかしながら、前述したとおり、本件各会員が、５年間にわたり宿泊ポイントの付与を受けた上で、宿泊ポイントを本件各ホテルの宿泊代金等として使用したり、未使用の宿泊ポイントを現金に換価したりすることは、これらにより、本件各会員が本件入会時費用を払い込んだことによる経済的利益を取得するものであって、本件入会契約の**本質的かつ根幹的な要素**であるというべきである。これに対し、本件のその他の特典は、いずれも本件各会員が現実に宿泊ポイントを使用する際の特典であり、本件各会員以外の一般客との関係においても想定し得るものであ

64   判例各論

	ることに鑑みれば、いわば**付随的なも**のにすぎない。そうである以上、本件各会員に対する宿泊ポイントの付与等を、本件その他特典と同視して、無償の会員特典の一つにすぎないと評価することはできないというべきである。
本件各会員がＯ倶楽部を5年未満で退会した場合には、本件法人からその後の各年分の宿泊ポイントを付与されることはなく、付与されなかった宿泊ポイントに応じて本件金員の一部が払い戻されるわけでもないから、**実態的にみても**、本件金員と宿泊ポイントとの間に直接的な対価関係を認めることはできない。	ある会員制組織が会員から金品を収受した上で会員に対して物品切手等を発行するという場合、物品切手等の発行方法は、当事者の合意に応じて異なり得ると解される。例えば、ある会員制組織が、最初に物品切手等の対価を収受した上で、会員に対して複数年度に分けて物品切手等を発行することとし、さらに、会員が途中で当該組織から脱退した場合には、それ以降に予定されていた物品切手等の発行をしない旨を合意することも可能であるというべきである（なお、同方法は、会員制組織にとってみるならば、会員が物品切手等を使用することによる経費支出を複数年度に分散しながら、会員に対して会員制組織にとどまるインセンティブを付与するという利点があるものと解される。）。そうである以上、本件法人が、退会後における宿泊ポイント（未発行分）を払い戻すこと等を予定していなかったからといって、本件金員と宿泊ポイントとの対価関係を否定することはできない。

5　解　説

⑴　本件のような取引の把握の仕方

　本件のような取引の評価には2通りのものが考えられる。

	審判所の考え方	裁判所の考え方
会員の入会時に支払われる金銭の性格	入会に際して支払われた金銭は、入会の対価であり、ポイント発行の対価ではない。 したがって、この金銭の受領によって本件法人に課税売上が発生する。	入会に際して支払われた金銭は入会時のポイント発行の対価である。
入会時に発行されたポイントの性質	入会した会員に対して与えられる特典である。	入会時に支払われた金銭に対応して与えられた物品切手等である。 したがって、この金銭の受領によって本件法人に課税売上は発生しない。
会員が本件各ホテルに宿泊する行為	会員がホテルに宿泊してサービスを受ける行為は、会員が入会することによって取得した特典を行使する行為である。 本件法人にとっては、物品切手等を販売したことによって負担した債務の履行ではなく、入会した会員に対して負担した債務の履行であり、会員がポイントを行使しても、本件法人に課税売上は発生しない。	入会時に金銭を支払って取得した物品切手等に表彰された権利（ホテルに宿泊するという役務提供を受ける権利）を行使する行為である。 本件法人にとっては、入会時に各会員に物品切手等であるポイントを販売したことによって、各会員に負担することになった債務を、本件各運営会社を通じて履行する行為である。 この時点で、本件法人には各会員に対する課税売上が発生する。
本件法人が、本件各運営会社に、各会員が使ったポイント相当の金銭を支払う行為	本件法人が本件各運営会社に対して各会員に対する役務を提供することを委託し、その対価を支払う行為であり、本件法人にとって課税仕入れになる。	

各会員が5年未満で退会した場合に、その各年分のポイントが付与されることはなく、付与されなかったポイントに応じて金銭が払い戻されることになっていないこと	本件金員とポイントに対価関係がないことの根拠である。	物品切手等の発行方法は、当事者の合意に応じて異なりうるのであり、本件法人が、退会後における宿泊ポイント（未発行分）を払い戻すこと等を予定していなかったからといって、本件金員と宿泊ポイントとの対価関係を否定することはできない。

(2)　裁判所の判断と審判所の判断を分けたもの

　(1)に示したように、本件のような取引については2通りの把握の仕方が考えられる。

　本件判決は、上記の2(5)の①ないし⑤の契約に至る事情を詳細に認定したうえで、「課税の対象である経済活動ないし経済現象は、第一次的には私法によって規律されているところ、課税は、租税法律主義の目的である法的安定性を確保するという観点から、原則として私法上の法律関係に即して行われるべきである。そして、本件金員は、O倶楽部の会員になろうとする者が、本件入会契約に基づき、本件法人に対して支払うものであるから、**本件金員が何に対する対価であるかについては、本件各会員及び本件法人の両者を規律している本件入会契約の解釈によって定まるというべきである。**さらに、本件法人及び本件各会員が、本件入会契約について、本件契約書を作成していることに鑑みれば、本件入会契約の解釈は、原則として、本件契約書の解釈を通じて行われるべきものであるが、その際、**本件入会契約の前提とされていた了解事項（共通認識）や本件法人による勧誘時の説明内容といった、本件入会契約の締結に至る経緯等の事情をも総合的に考慮して判断する必要がある**というべきである。」と、判断するうえでの原則論を述べて、課税庁側の「本件会社がO倶楽部への勧誘時において本件金員と宿泊ポイントの対価関係を説明していたのは、その損失

と利益の関係を説明していたものにすぎない」などとする主張を排斥している。契約に至る経緯から契約当事者（本件では本件法人と本件各会員）の意思を認定した上で、本件入会契約の解釈をし、その結果を上記(1)の各要素に付加してみると、判断は裁判所の判断に大きく傾くのではないだろうか。審判所が裁判所と異なる判断をしたのは、この契約に至る経緯を踏まえた本件入会契約の解釈を判断要素として軽視した結果なのではなかろうかと思われる。課税庁側の「本件会社がO倶楽部への勧誘時において本件金員と宿泊ポイントの対価関係を説明していたのは、その損失と利益の関係を説明していたものにすぎない」との主張は、「本件金員は入会の対価である」という前提に立つならば確かにその通りということになるが、本件で判断すべきなのは、「本件金員は入会の対価なのか宿泊ポイント付与の対価なのか」という点であり、当事者の締結した本件入会契約の解釈は、その最終的な判断に先行して行われ、その結果はその最終的な判断の基礎とされなければならないという論理的な関係にあるから、上記の課税庁の主張（＝審判所の判断）は結論に至る推論の順序が正しくないと思われる。

　本件の判決は一審で敗訴した課税庁側が控訴することなく確定していることも考えると、本件のような事案は審判所において処分を取り消して早期に納税者の救済を図ってもよかった事案であろうと思われる。

68   判例各論

課税要件

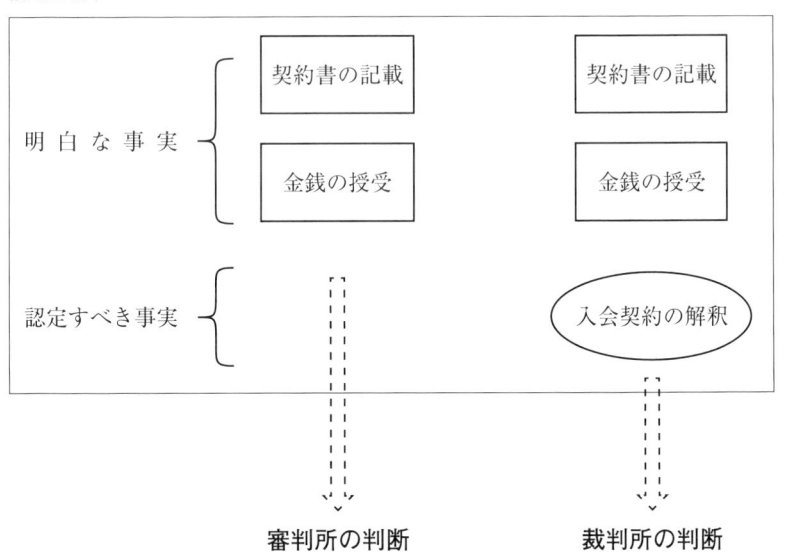

契約解釈の必要性

　裁判所は、課税は原則として私法上の法律関係に即して行われるべきであり、本件金員が何に対する対価であるかについては、本件入会契約の解釈によって定まる、と判示している。これは、課税関係を判断するに際しては、課税の対象になる事実関係の私法上の法律関係の判断をせずに、いきなり、租税法規の適用を判断すべきでないということである。本件についていうと、本件の契約の当事者が、どのような趣旨で金員を授受したのかを租税法規を離れて、一度、確定すべきであるということである。そのような判断を、租税法規を離れて行うことによって、本件金員が、入会金として支払われたのか宿泊ポイントという物品切手の購入の対価として支払われたのかを的確に判断することができることになる。

　このように私法上の法律関係を確認することをすることなく租税法規の適用を考えると、本件金員の授受の趣旨は、入会金とも考えられるし、また、宿泊ポイントという物品切手の取得の対価とも考えられるということになってしまうのである。

　また、本件のような金員の授受があった場合には、金員を受領した側の消費税の課税関係が問題になる（本件）と同時に、金銭を支払った法人あるいは個人の法人税、所得税、消費税の課税関係が問題になる。このような課税関係が問題になった場合においても、課税の客体である金銭の授受の趣旨を私法的に整理・確認することによって、金銭を受領した当事者にとっては入会金として課税売上になるが、金銭を支払った当事者にとっては物品切手の購入であり課税仕入れにならないという首尾一貫しない判断を回避することができる。判決は、私法上の法律関係は、契約の解釈によって定まるとしているが、契約書に記載しさえすれば、例外なく、記載通りの法律上の効果が発生するというものでもない。契約の内容は、当事者の意思の合致によって成立し、契約が成立すると、原則として、契約内容は契約当事者を法律上拘束する。しかしながら、ここでいう意思の合致というのは当事者の真意の合致である。実際の取引では、租税目的等で当事者の真意と異なる内容の契約書が作成されることがあるが、このような場合においては、契約は合致した真意に基づいて効力を発生することになる。虚偽通謀表示と呼ばれているものである。虚偽通謀表示として内容が当事者の真意と異なる契約書を作成する行為は契約内容の仮装行為となる。

70 判例各論

Ⅳ 同じ最高裁判決を先例としながら地裁と高裁が正反対の判断（地裁は原処分適法、高裁は原処分違法）をした事例（法人税）

青色申告に係る更正の理由付記について先例とされている最高裁判所第三小法廷・昭和60年4月23日判決・昭和56（行ツ）36号（以下、「最高裁・昭60.4.23」という。）について、国側が、法の解釈の問題や収入・支出の法的評価ないし法的判断の問題については、結論のみを示せば足り、結論に到達した理由ないし根拠を示す必要はないと解されている、この点、同判決の事案においては、更正通知書の理由には、法的判断の結論のみが記載されていたのであって、判断過程、下位法規の検討結果の記載はもとより、適用条文についても具体的に記載されていなかったものであり、更正に付記すべき理由として、法規の適用や下位法規の検討結果を指摘することまでは求められていないというべきであると主張したのに対して、高裁が、詳細に国側の主張を排斥した事例
大阪高等裁判所・平成25年1月18日判決・平成24年（行コ）第32号（国側敗訴・確定）
大阪地方裁判所・平成24年2月2日判決・平成21年（行ウ）第192号（国側勝訴）

1　事案の概要

　本件は、財団法人が、処分行政庁から本件各事業年度の法人税について更正処分及び過少申告加算税の賦課決定処分を受けたところ、これらの処分は非収益事業に対する課税であり違法であるなどとして、更正処分のうち申告額を超える部分及び賦課決定処分の取消しを求めた事案である。

2 前提事実

(1) 当事者

原告（納税者）は、東大阪市が全額寄附をし、昭和47年5月11日に大阪府から設立許可を受けて、民法34条（平成18年法律第50号による改正前のもの。この章において、以下「旧民法」という。）の規定により設立された財団法人であって、法法2条6号、別表第二（ただし平成20年法律第23号による改正前のもの。この章において、以下、本件当時のものを「旧法法」という。）に該当する公益法人等である。また、原告（納税者）は、遅くとも昭和51年3月31日に処分行政庁から法人税の青色申告の承認を受けた。

(2) 確定申告等

原告（納税者）は、その行う事業を平成16年3月期及び平成17年3月期は、公益事業会計、収益事業会計及び不法投棄調査収集事業会計の3つの事業に区分して経理し、平成18年3月期及び平成19年3月期は、公益事業会計及び収益事業会計の2つの事業に区分して経理していた。

原告（納税者）は、本件各事業年度において、公益事業会計及び不法投棄調査収集事業会計につき、東大阪市等からし尿収集運搬業務等の委託を受け、収入を得た。他方、原告（納税者）は、本件各事業年度において、これらの業務に係る事業に必要な経費を支出した。原告は、本件各事業年度において、上記収入金額と上記経費合計の差額にほぼ相当する金員（平成16年3月期1億3000万円、平成17年3月期1億3000万円、平成18年3月期1億2000万円、平成19年3月期1億4000万円）を、東大阪市からの一時借入金の返済に充てた。

そして、原告は、本件各事業年度において、収益事業会計として区分していた事業のみを旧法法2条13号に規定する収益事業に該当するとして、本件各事業年度の法人税の確定申告をした。

(3) 本件各更正処分等

処分行政庁は、原告（納税者）が営む事業のうち、平成16年3月期及び平成17年3月期において公益事業会計及び不法投棄調査収集事業会計に区分して経理していた事業並びに平成18年3月期及び平成19年3月期において公益事業会計に区分して経理していた事業についても収益事業に該当す

72　判例各論

るとして、平成19年11月28日付けで、原告に対し、更正処分及び過少申告
加算税賦課決定処分をした。

⑷　不服申立手続

　　原告（納税者）は、本件更正処分等を不服として、平成20年1月25日付
けで処分行政庁に対して異議申立てをしたが、処分行政庁は、同年4月23
日付けで同異議申立てを棄却する決定をした。

　　さらに原告は、同年5月21日、異議決定を不服として国税不服審判所長
に審査請求をしたが、国税不服審判所長は、平成21年4月30日付けでこれ
を棄却する裁決をした。

3　更正の理由

⑴　平成16年3月期

加算	1　収益事業収入計上漏れ・・・・・・・・・・・・・・・　○○円 　　貴法人が東大阪市と締結した各種委託契約に基づき受ける委託料及び 民間の者からの委託に基づき行った自動車の撤去により受ける受託料並 びに東大阪市補助金交付指令により、派遣職員の人件費及び社屋の賃貸 料に充当あるいは補助することに使途を限定されて受ける補助金は、法 人税法第2条第13号に規定する収益事業の収入に該当します。したがっ て、当事業年度の所得金額に加算しました。
減算	1　収益事業に係る損金の計上漏れ・・・・・・・・・・・・　○○円 　　貴法人の「平成15年度公益事業会計収入支出明細書」及び「平成15年 度不法投棄調査収集事業決算報告書」に記載された各種費用のうち、ご みゼロ事業支出における貴法人内の会計間の振替処理である平成16年2 月27日計上の借上料1,060,000円を除いた次の金額は、収益事業の費用と 認められます。したがって、当事業年度の所得金額から減算しました。

⑵　平成17年3月期

加算	1　収益事業収入計上漏れ・・・・・・・・・・・・・・・　○○円 　　貴法人が東大阪市と締結した各種委託契約に基づき受ける委託料及び 民間の者からの委託に基づき行った自動車の撤去により受ける受託料並 びに東大阪市補助金交付指令により、派遣職員の人件費及び社屋の賃貸 料に充当あるいは補助することに使途を限定されて受ける補助金は、法

人税法第 2 条第13号に規定する収益事業の収入に該当します。したがって、当事業年度の所得金額に加算しました。

減算	1　収益事業に係る損金の計上漏れ・・・・・・・・・・・・・・・　○○円 　　貴法人の「平成16年度公益事業会計収益費用明細書」及び「平成16年度不法投棄調査収集事業会計決算報告書」に記載された各種費用のうち、ごみゼロ事業支出における貴法人内の会計間の振替処理である平成17年1 月28日計上の借上料1,597,050円を除いた次の金額は、収益事業の費用と認められます。したがって、当事業年度の所得金額から減算しました。

(3)　平成18年 3 月期

加算	1　収益事業収入計上漏れ・・・・・・・・・・・・・・・・・・　○○円 　　貴法人が東大阪市と締結した各種委託契約に基づき受ける委託料及び東大阪市補助金交付指令により、派遣職員の人件費及び社屋の賃貸料に充当あるいは補助することに使途を限定されて受ける補助金は、法人税法第 2 条第13号に規定する収益事業の収入に該当します。したがって、当事業年度の所得金額に加算しました。
減算	1　収益事業に係る損金の計上漏れ・・・・・・・・・・・・・・・　○○円 　　貴法人の「平成17年度公益事業会計収益費用明細書」に記載された各種費用のうち、所得の計算上損金の額に算入されない退職給与引当金の繰入額と認められる退職給与金を除いた次の金額は、収益事業の費用と認められます。したがって、当事業年度の所得金額から減算しました。

(4)　平成19年 3 月期

加算	1　収益事業収入計上漏れ・・・・・・・・・・・・・・・・・・　○○円 　　貴法人が東大阪市と締結した各種委託契約に基づき受ける委託料及び東大阪市補助金交付指令により、派遣職員の人件費及び社屋の賃貸料に充当あるいは補助することに使途を限定されて受ける補助金は、法人税法第 2 条第13号に規定する収益事業の収入に該当します。したがって、当事業年度の所得金額に加算しました。
減算	1　収益事業に係る損金の計上漏れ・・・・・・・・・・・・・・・　○○円 　　貴法人の「平成18年度公益事業会計正味財産増減計算書」に記載された各種費用のうち、所得の計算上損金の額に算入されない退職給与引当金の繰入額と認められる退職給付費用を除いた次の金額は、収益事業の費用と認められます。したがって、当事業年度の所得金額から減算しました。

74 判例各論

(5) 本件事案と「最高裁・昭60. 4. 23」との比較

本件事案の付記理由（違法）	最高裁・昭60. 4. 23（適法）
収益事業収入計上漏れ‥○○○○円　貴法人が東大阪市と締結した各種委託契約に基づき受ける委託料及び民間の者からの委託に基づき行った自動車の撤去により受ける受託料並びに東大阪市補助金交付指令により、派遣職員の人件費及び社屋の賃貸料に充当あるいは補助することに使途を限定されて受ける補助金は、法人税法第2条第13号に規定する収益事業の収入に該当します。したがって、当事業年度の所得金額に加算しました。	昭和48年6月取得の冷暖房設備について機械として特別償却されていますが、内容を検討した結果、建物附属設備と認められ、特別償却の適用はありませんので、次の計算による償却超過額は損金の額に算入されません。

4　裁判所の判断

(1)　地裁の判決

①　青色申告に係る法人税について更正をする場合の理由付記の程度

　法法130条2項が青色申告に係る法人税について更正をする場合には更正通知書に更正の理由を付記すべきものとしているのは、法人税法が、青色申告制度を採用し、青色申告に係る所得の計算については、それが法定の帳簿組織による正当な記載に基づくものである以上、その帳簿の記載を無視して更正されることがないことを納税者に保障した趣旨に鑑み、更正処分庁の判断の慎重、合理性を担保してその恣意を抑制するとともに、更正の理由を相手方に知らせて不服申立ての便宜を与える趣旨に出たものというべきであり、したがって、帳簿書類の記載自体を否認して更正をする場合において更正通知書に付記すべき理由としては、単に更正に係る勘定科目とその金額を示すだけではなく、そのような更正をした根拠を帳簿記載以上に信憑力のある資料を摘示することによって具体的に明示することを要するが、帳簿書類の記載自体を否認することなしに更正をする場合においては、かかる更正は納税者による帳簿の記載を覆すものではないから、更正通知書記載の更正の理由が、そ

のような更正をした根拠について帳簿記載以上に信憑力のある資料を摘示するものでないとしても、更正の根拠を前記の**更正処分庁の恣意抑制及び不服申立ての便宜という理由付記制度の趣旨目的を充足する程度に具体的に明示するものである限り**、法人税法の要求する更正理由の付記として欠けるところはないと解するのが相当である（最高裁・昭60.4.23）。この点、原告（納税者）は、更正処分庁が青色申告者に対し、納税者の法的評価が誤りであることを理由として更正をする場合にも、その判断過程を具体的に示す必要がある旨を主張する。しかし、法人税法が青色申告者に対しては更正の理由を付記すべきとしている趣旨は、上記のとおり、法定の帳簿組織による正当な記載に基づいて青色申告がされていることに鑑み、帳簿の記載を無視して更正されることがないことを納税者に保障していることから、かかる帳簿の記載を否認して更正するに際しては、帳簿の記載よりも信頼できる根拠を提示する必要があるという点にあるのであって、それと異なり、帳簿の記載を否認するのではなく、青色申告者の法的評価の当否が問題となる場面においては、納税者の法的評価が特に信用できるという特段の担保もないのであるから、上記保障の趣旨やそれに基づく根拠提示の必要性がそのまま当てはまるものとはいえない。そして、**大量反復的に行われる課税処分において、その法適用関係や適用要件の解釈を逐一明らかにしなければならないものとすれば、更正処分庁の負担は多大なものとなりかねない**。以上の観点からすれば、帳簿の記載自体は否認せず、納税者の法的評価の誤りを理由として更正をする場合においては、前記のとおり更正の根拠を具体的に明示している限り、それを超えて更正処分庁がその判断過程を具体的に示さなかったとしても、それをもって直ちに違法となると解することはできない。

② あてはめ

　本件各更正処分に係る各法人税額等の更正通知書に付された更正の理由は、収益事業収入計上漏れとして、原告（納税者）が東大阪市と締結した各種委託契約に基づき受ける委託料及び民間の者からの委託に基づき行った自動車の撤去により受ける受託料並びに東大阪市補助金交付指令により、派遣職員の人件費及び社屋の賃貸料に充当あるいは補助する

ことに使途を限定されて受ける補助金は、旧法法2条13号に規定する収益事業の収入に該当するというものである。かかる更正の理由の記載が、処分行政庁の更正の理由が原告（納税者）の帳簿の記載を否認するものではなく、本件各事業の収入が旧法法2条13号の**収益事業の収入に当たらないことを前提としてされた原告（納税者）の確定申告が法人税法等の解釈を誤っていることを指摘するもの**であることは明らかである。そして、処分行政庁は、本件各更正に係る各法人税額等の更正通知書の「計上漏れ収益事業収入一覧表」をもって、本件各事業年度ごとに、「清掃業務収入」、「集金業務収入」、「ごみ業務収入」、「その他業務収入」及び「ごみゼロ事業収入」等の区分に従い、契約等年月日及び委託契約等ごとに加算すべき収入額の内訳を明らかにしているのであって、原告（納税者）がどの委託契約等が問題とされたかについて**具体的に知ること**は可能である。

　したがって、本件各更正処分に係る各法人税額等の更正通知書に付された更正の理由は、更正処分庁の判断の慎重、合理性を担保してその恣意を抑制するとともに、更正の理由を相手方に知らせて不服申立ての便宜を与えるという理由付記制度の趣旨目的を充足する程度に具体的に明示されているといえるから、法人税法が要求する更正理由の付記として十分であり、本件各更正処分に係る理由付記は法法130条の要件を満たすものと解するのが相当である。

(2)　**高裁の判決**

①　青色申告に係る法人税の更正に付記すべき理由の程度について

　法法130条2項は、青色申告に係る法人税について更正をする場合には、更正通知書にその更正の理由を付記すべきものとしている。これは、更正処分庁の判断の慎重、合理性を担保してその恣意を抑制するとともに、更正の理由を相手方に知らせて不服申立ての便宜を与える趣旨によるものと解される。

　そして、一般に法が行政処分に理由を付記すべきものとしている場合に、どの程度の記載をすべきかは、処分の性質と理由付記を命じた各法律の規定の趣旨・目的に照らして決定すべきである（最高裁判所第二小法廷・昭和38年5月31日判決・昭和36(オ)第84号。「以下、「最高裁・昭38.5.

IV　先行する最高裁判決に対する判断　77

31」という。）ところ、帳簿書類の記載を否認して更正をする場合におい
ては、法人税法が青色申告制度を採用し、青色申告に係る所得の計算に
ついては、それが法定の帳簿組織による正当な記載に基づくものである
以上、その帳簿の記載を無視して更正されることがないことを納税者に
保障した趣旨に鑑み、単に更正に係る勘定科目とその金額を示すだけで
はなく、そのような更正をした根拠を帳簿記載以上に信憑力のある資料
を摘示することによって具体的に明示することを要するものというべき
である。

　他方、帳簿書類の記載自体を否認することなしに更正をする場合にお
いては、その更正は納税者による帳簿の記載を覆すものではないから、
そのような更正をした根拠について帳簿記載以上に信憑力のある資料を
摘示することは要しないが、更正の根拠を、上記の更正処分庁の恣意抑
制及び不服申立ての便宜という理由付記制度の制度目的を充足する程度
に具体的に明示するものであることを要すると解され、**更正処分庁が当
該評価判断に至った過程を検証しうる程度に記載する必要がある**という
べきである（最高裁・昭60．4．23）。

　また、更正の理由付記は、単に納税者に更正の理由を示すに止まら
ず、更正の妥当公正を担保する趣旨をも含むものであるから、更正の理
由を納税者が推知できる場合であっても、その理由を納税義務者が推知
できると否とにかかわりがなく、付記すべき理由の程度が緩和されるも
のではないというべきである（最高裁判所第二小法廷・昭和38年12月27日
判決・昭和37㈸第1015号。以下、「最高裁・昭38．12．27」という。）。
②　本件各更正処分は帳簿記載を否認しないでしたものであること
　本件各更正処分は、いずれも控訴人（納税者）の受託業務、当該業務
の契約年月日及び計上漏れとなっていた金額についての帳簿上の記載を
覆すことなく、これらをそのまま肯定した上で、かかる業務が法人税法
上の収益事業に該当するという法的評価により更正したものであること
が認められるので、本件各更正処分は、帳簿書類の記載自体を否認する
ことなしにされた更正処分である。
③　本件各更正処分に必要な法適用に関する判断
　㈎　はじめに

本件各更正処分は、処分行政庁が、財団法人である控訴人（納税者）の本件各事業について、収益事業に該当するとして、法法7条（平成22年法律第6号による改正前のもの。）により課税の対象となる旨判断したものである。

処分行政庁の上記判断に際しては、以下述べる法令及び通達に関する判断が必要となる。

(イ) 法人税法の規定する収益事業の範囲

法法7条に規定する「収益事業」については、旧法法2条13号において、「販売業、製造業その他政令で定める事業で、継続して事業場を設けて行われるものをいう。」と定義されている。

これを受けて、法令5条1項は、収益事業に該当する事業を列挙し、法令5条1項10号において、「請負業（事務処理の委託を受ける業を含む。）のうち、次に掲げる」が収益事業に含まれるものとしている。そして、同号イにおいて、「法令の規定に基づき国又は地方公共団体が事務処理を委託された法人の行うその委託に係るもので、その委託の対価がその事務処理のために必要な費用を超えないことが法令の規定により明らかなこと、その他の財務省令で定める要件に該当するもの」は収益事業に含まれないものと定めている。

さらにこれを受けた法規4条の3は、法令5条1項10号イの「財務省令で定める要件」として、(a)その委託の対価がその事務処理のために必要な費用を超えないこと（1号）、(b)その委託の対価がその事務処理のために必要な費用を超えるに至った場合には、法令の規定により、その超える金額を委託者又はそれに代わるべきものとして主務大臣の指定する者に支出することとされていること（2号）、(c)その委託が法令の規定に従って行われていること（3号）を定めている。

(ウ) 実費弁償通達

さらに、法基通15-1-28《実費弁償による事務処理の受託等》は、「公益法人等が、事務処理の受託の性質を有する業務を行う場合においても、当該業務が法令の規定、行政官庁の指導又は当該業務に関する規則、規約若しくは契約に基づき実費弁償（その委託により委託者から受ける金額が当該業務のために必要な費用の額を超えないことを

いう。）により行われるものであり、かつ、そのことにつきあらかじ
め一定の期間（おおむね5年以内の期間とする。）を限って所轄税務署
長の確認を受けたときは、その確認を受けた期間については、当該業
務は、その委託者の計算に係るものとして当該公益法人等の収益事業
とはしないものとする。」と定めている。

④ 本件各付記理由について

㋐ 本件各付記理由の内容

控訴人（納税者）の行う本件各事業が収益事業に該当するとの判断
をするにあたっては、上記の法令及び通達に関する判断を経る必要が
あると解される。

ところが、本件各付記理由は、上記のとおり、収益事業の収入に該
当すると認定した収入の金額については、各契約書に基づきその算定
過程について具体的に記載するものであるが、法適用に関しては、
「法人税法2条13号に規定する収益事業の収入に該当する」との結論
を記載するにとどまり、なぜ収益事業の収入に該当するのかについて
の法令等の適用関係や、何故そのように解釈するのかの判断過程につ
いての記載が一切ない。

㋑ 本件各更正処分の理由等

本件訴訟における被控訴人（課税庁）の主張等に照らすと、処分行
政庁は、本件各更正処分をした理由として、(a)本件各事業がいずれも
法令5条1項10号に規定する「請負業（事務処理の委託を受ける業に含
む。）」に該当するものであり、(b)また、控訴人（納税者）が受領する
対価が事務処理のために必要な費用を超えないこと等について法令の
規定が存在しないため、本件各事業は、法規4条の3が定める要件
（実費弁償原則）を満たさず、(c)さらに、本件各事業の契約書等をみて
も、実費弁償により行われる旨の規定が存在せず、剰余金を原資とし
て借入金を返済しても、それが実費弁償に当たるものではないうえ、
本件各事業について処分行政庁の事前確認も得ていないので、**本件各
事業は、実費弁償通達が定める実体要件及び手続要件の双方を満たす
ものではない旨を判断したことが認められる。**

ところが、本件各付記理由には、法令5条1項10号、法規4条の3、実費弁償通達の各規定や、その適用関係についての判断過程の記載が一切ないことから、本件各付記理由の記載自体からは、処分行政庁が本件各更正処分をするに当たり、そうした**法令等の適用関係やその判断過程を経ていることを検証することができない**。

なお、青色申告理由付記は、納税義務者が更正理由を推知できる場合でも記載が必要であるから（最高裁・昭38.12.27）、控訴人（納税者）が本件各更正処分の更正理由を推知できるか否かは、上記結論に影響を及ぼさないものである。

(ウ)　控訴人（納税者）に対する税務調査等

特に、本件各更正処分については、次の(a)ないし(c)の事実を指摘することができ、これらの事実に照らせば、行政処分庁の判断の慎重、合理性を担保してその恣意を抑制するともに、更正の理由を相手方に知らせて不服申立ての便宜を与える必要があるのは、主として、本件各事業が実費弁償により行われているといえるのか、実費弁償通達が適用されるのかとの点にあったものと考えられるところ、本件各付記理由にはこの点について何ら記載するものではなく、行政処分庁の判断過程を検証することができない。

(a)　控訴人（納税者）は、昭和47年の設立後事業を始めた当初から平成19年までの長年にわたり、公益事業部門に区分して経理していた事業については、非課税であることを前提に税務申告を行ってきたこと。

(b)　処分行政庁担当者は、平成7年の税務調査時においても、控訴人（納税者）が、公益事業部門については収益事業に該当せず、非課税であることを前提に税務申告を行ってきたことについて、是正指導をしなかったこと。

(c)　処分行政庁担当者は、平成19年4月の税務調査に際して、控訴人（納税者）が受け取っていた委託料が実費弁償かどうか等を中心に調査を行い、調査後、行政処分庁担当者においても、控訴人（納税者）に対し、いったんは、公益事業部門については非課税の方向である旨の見解を示していたこと。

⑤　まとめ

　以上の認定判断を総合すると、本件各付記理由は、法法130条の求める理由付記として不備があるものといわざるを得ない。

⑥　被控訴人（課税庁）の主張の検討

　㈠　被控訴人（課税庁）の主張

　　被控訴人は、本件各付記理由は法法130条の求める要件を満たすものであるとして、次のとおり主張する。

　　(a)　法の適用については結論のみを示せば足りる

　　　　更正の理由には、㈠更正の原因となる事実、㈡それへの法の適用、㈢結論の３つを含むところ、㈡に関連して生ずる法の解釈の問題や収入・支出の法的評価ないし法的判断の問題については、結論のみを示せば足り、結論に到達した理由ないし根拠を示す必要はないと解されている。

　　　　この点、「最高裁・昭60. 4. 23」の事案においては、更正通知書の理由には、法的判断の結論のみが記載されていたのであって、判断過程、下位法規の検討結果の記載はもとより、適用条文についても具体的に記載されていなかったものであり、更正に付記すべき理由として、法規の適用や下位法規の検討結果を指摘することまでは求められていないというべきである。

　　(b)　判断過程を逐一容易に検証することができる

　　　　本件各付記理由には、㈠「更正の原因となる事実」について、更正処分の対象として個々の業務について、契約等年月日、契約書名及び計上漏れとなっていた金額が記載され、更正の原因となる事実は全て網羅されており、㈢「結論」についても、「収益事業収入計上漏れ」として、「当該事業年度の所得金額に加算しました。」と記載されている。

　　　　そして、㈡「法の適用」についても、公益法人等は、収益事業から生じた所得についてのみ法人税が課され（旧法法７）、その収益事業の範囲については、旧法法２条13号において定められているところ、本件各付記理由には、上記更正の原因となる事実について、法法２条13号に該当する旨を明記していることから、更正理由の付

記として欠けるところはない。

　さらに、請負業であっても、例外的に非収益事業に該当するのは、法令の規定等により実費弁償的に行われている場合であるところ、本件各付記理由を見れば、「収益事業収入計上漏れ」の金額が、「収益事業に係る損金の計上漏れ」の金額を大幅に超過して、毎年度所得が発生し、実費弁償となっていないことは明白であり、処分行政庁の当該事業が収益事業に該当するかどうかの判断過程を逐一容易に検証することが可能であるから、下位法規の検討結果が理由に記載されていなくとも、更正の理由付記として欠けるところはない。

(ｲ)　検討

(a)　法の適用については結論のみを示せば足りるのか

(一)　本件裁判所の判断

　被控訴人（国側）は、法の適用については結論のみを示せば足りるものである旨を主張する。

　しかしながら、更正通知書に更正の理由を付記すべきものとされているのは、更正処分庁の判断の慎重、合理性を担保してその恣意を抑制するとともに、更正の理由を相手方に知らせて不服申立ての便宜を与える趣旨によるものであるところ、法の適用について課税庁と納税者との間で見解が対立する場合等においては、課税庁の恣意の抑制や納税者の不服申立ての便宜等の要請は、法の適用判断の過程について生ずるものと考えられる。

　事実関係を示すことで法の適用関係が一義的に明らかである場合やこれを容易に推測することができる場合等、法の適用については結論のみを示せば足りる事案が存することは否定できないが、**一般的に法の適用については常に結論のみを示せば足りるとする被控訴人（納税者）の主張は採用しがたい。**

(b)　「最高裁・昭60.4.23」について

(一)　被控訴人（課税庁）の主張

　この点に関し、被控訴人（課税庁）は、「最高裁・昭60.4.23」の事案においては、法的判断の結論のみが記載され、判断過

程や下位法規の検討結果、適用条文についても具体的に記載され
ていなかった旨主張する。

(二) 「最高裁・昭60.4.23」の判示からの検討

A 「最高裁・昭60.4.23」の判示

しかしながら、「最高裁・昭60.4.23」は、次のとおり判示
している（要旨）。

Ⅰ 帳簿書類の記載自体を否認することなしに更正をする場合
においても、**更正の根拠を課税庁の恣意抑制及び不服申立て
の便宜という理由付記制度の趣旨目的を充足する程度に具体
的に明示する必要がある。**

Ⅱ 本件事案での更正理由の記載は、本件更正における上告人
（課税庁）の判断過程を省略することなしに記載したものと
いうことができ、上告人としては、前記のような内容の記載
をすることによって、本件更正による自己の判断過程を逐一
検証することができるのであるから、その判断の慎重、合理
性を確保するという点について欠けるところはなく、上記の
程度の記載でも処分庁の恣意抑制という理由付記制度の趣旨
目的を損なうことはないというべきである。

Ⅲ また、本件更正理由の記載を上記のような趣旨のものと解
することが可能であるならば、本件更正の理由は、理由付記
制度のもうひとつの目的である「不服目的の便宜」という面
からの要請に対しても、必要な材料を提供するものというこ
とができるのであって、前記の内容を有する本件更正理由の
記載は法法130条2項の要求する更正理由の付記として欠け
るところはない。

B 被控訴人の上記(一)主張の当否

このように、「最高裁・昭60.4.23」は、付記理由が、課税
庁の判断過程を省略することなしに記載しており、課税庁が自
己の判断過程を逐一検証できることが、課税庁の恣意抑制とい
う理由付記制度の趣旨目的に合するところであるとしているこ
とから、帳簿記載を否認しない更正の理由付記においても、課

税庁の判断過程すなわち下位法規の検討結果や適用条文についても記載することが必要との前提をとっていることが明らかである。

すなわち、「最高裁・昭60.4.23」の事例は、被控訴人（課税庁）が主張するように、「**理由付記の程度としては、法的判断の結論のみが記載され、判断過程や下位法規の検討結果、適用条文についても具体的に記載されていなかった**」ものではなく、被控訴人（課税庁）の上記㈠の主張は採用できない。

C　本件各付記理由の適否

そして、本件各付記理由は、法適用に関しては、「法人税法2条13号に規定する収益事業の収入に該当する」との結論を記載するにとどまり、法令5条1項10号、法規4条の3、実費弁償通達の各規定や、その適用関係についての判断過程の記載が**すっぽりそのまま欠落しており、本件各事業がなぜ収益事業の収入に該当するのかについての法令等の適用関係や、何故そのように解釈するのかの判断過程についての記載が一切ない。**

そのため、本件各付記理由では、本件各更正処分における処分行政庁の判断過程を省略することなしに記載したものということができないので、処分行政庁としては、本件各付記理由を記載することによって、本件各更正処分による自己の判断過程を逐一検証することができないし、その判断の慎重、合理性を確保するという点について欠けるところはないなどとは到底いえない。それゆえ、本件各付記理由として、「法人税法2条13号に規定する収益事業の収入に該当する」との結論を記載しただけでは、処分行政庁の恣意抑制という理由付記制度の趣旨目的を損なうことはないと評価することもできない（「最高裁・昭60.4.23」の上記AⅡの判示事項の検討結果）。

また、本件各付記理由として、上記のような結論が記載されているだけでは、理由付記制度のもうひとつの目的である「不服目的の便宜」という面からの要請に対しても、必要な材料を提供するものということもできない（「最高裁・昭60.4.23」の

上記ＡⅢの判示事項の検討結果）。

　　したがって、本件各付記理由は、更正の根拠を課税庁の恣意抑制及び不服申立ての便宜という理由付記制度の趣旨目的を充足する程度に具体的に明示されているものと評価することができず（「最高裁・昭60.4.23」の上記ＡＩの判示事項の検討結果）、「最高裁・昭60.4.23」の判示からも、本件各更正処分の付記理由の記載は法法130条２項の要求する理由付記として不備があり、違法であるといわざるを得ない。

③　「最高裁・昭60.4.23」の具体的な事案からの検討

㋐　具体的事案の内容

　　「最高裁・昭60.4.23」の具体的な事案は、納税者が、工場に設置した冷房機が措置法45条の２（昭和49年法律第17号による改正前のもの。以下、「旧措置法」という。）所定の「機械」にあたり、その減価償却費の計算については、特別償却規定が適用されるとの見解の下に、その減価償却費を算定して損金に計上したのに対し、課税庁が、上記冷房機は旧法法２条24号、法令13条１号所定の建物附属設備にすぎないから、上記特別償却規定は適用されないとして、更正処分及び過少申告加算税賦課決定をした事案である。

　　そして、その更正の理由には、「48年６月取得の冷暖房設備について機械として特別償却されていますが、内容を検討した結果、建物附属設備と認められ、特別償却の適用はありませんので、次の計算による償却超過額は損金の額に算入されません。」との記載がある。

㋑　法律上及び事実上の根拠を具体的に示しているか

　　このように、上記事案における更正理由には適用条文の具体的な摘示こそないものの、上記冷房機が旧法法２条24号、法令13条１号所定の「建物附属設備」である「冷房設備」にあたり、したがって、これが特別償却規定の適用のある「機械」にあたるとは認められないから、上記冷房機の減価償却費は普通償却の限度において算定されるべきであるとする趣旨を記載したものと容易に理解することができ、課税庁がなにゆえ損金算入を否認したかについて、その法律上及び事実上の根拠を具体的に示しているものということができる。

もっとも、「最高裁・昭60.4.23」は、上記更正理由の記載は、上記冷房機であるゆえに「機械」にあたらないとするかについて、判断の基礎となった具体的事実関係を明示してはいないが、冷房機についての一般的理解を前提として、上記冷房機が、上記「冷房設備」にあたることを認めた趣旨を記載したものと解することができ、上記更正における課税庁の判断課程を省略することなく記載したものということができると判示していることから、「最高裁・昭60.4.23」自身が判断の基礎となった具体的事実関係を納税者が理解できると解しているものである。

したがって、「最高裁・昭60.4.23」について、被控訴人（課税庁）が主張するように、法的判断の結論のみを記載することを是認した判決と解することはできない。

(c) 判断過程を逐一容易に検証することができるか

さらに、被控訴人（課税庁）は、本件各付記理由を見れば、「収益事業収入計上漏れ」の金額が「収益事業に係る損金の計上漏れ」の金額を大幅に超過して、本件各事業年度に所得が発生し、実費弁償となっていないことは明白であり、更正処分庁の判断過程を逐一容易に検証することができる旨主張する。

しかしながら、本件各付記理由の「**収益事業収入計上漏れ**」、「**収益事業に係る損金の計上漏れ**」の記載は、**本件各事業が収益事業に該当するとの判断を前提として、その所得金額ひいては税額を算出する判断過程を記載したものであって、本件各事業が収益事業に該当するかについてや、実費弁償となっているかについての判断過程を記載したものとは解されない。**

本件各付記理由の上記記載によって、実費弁償となっていないとする処分行政庁の判断過程を検証することが可能であるとは認めがたいところであるし、処分行政庁の判断過程が控訴人（納税者）に示されたとみることは困難である。

5 解 説

(1) 最高裁の判例

更正の理由付記についての判例理論はおおむね次のように要約できる。

① 青色申告制度は、申告に係る所得の計算が法定の帳簿組織による正当な記載に基づくものである以上、帳簿の記載を無視して更正されることがない旨を納税者に保障したものであるから、これを否認して更正をする場合には、そのような更正をした根拠を、帳簿記載以上に信憑力のある資料を摘示することにより具体的に明示しなければならない（最高裁・昭38. 5. 31）。

② 帳簿書類の記載自体を否認することなしに更正をする場合においては、資料を摘示する必要はなく、更正の根拠を処分庁の恣意抑制及び相手方の不服申立ての便宜という理由付記制度の趣旨目的を充足する程度に具体的に明示すれば足りる（最高裁・昭60. 4. 23）。

③ 付記の内容及び程度は、相手方において理由を推知し得ると否とに関わりがなく、相手方が、いかなる事実関係に基づき、いかなる法規を適用して当該処分がされたのかを、原則として記載自体から了知し得るものでなければならず、**根拠規定を示せば適用の原因となった具体的事実関係をも当然に知り得るような例外を除いて、根拠規定を示すだけでは足りない**（最高裁判所第一小法廷・昭和49年4月25日判決・昭和48年(オ)第234号）。

(2) 本件における地裁判決と高裁判決

本件の地裁判決と高裁判決は、上記(1)の②の判例理論を根拠にしながら、正反対の判断をしている。地裁判決は、「大量反復的に行われる課税処分において、その法適用関係や適用要件の解釈を逐一明らかにしなければならないものとすれば、更正処分庁の負担は多大なものとなりかねない。」と、執行機関に対する一定の理解を示したうえで、本件の理由付記は上記(1)の②の判例理論の要求を満たしているとして国側の主張を認めている。更正の理由付記についてのこれまでの裁判例の流れから見ると、流れから外れた特異な判決とは思われない。

これに対して、高裁判決は、更正処分に至った経緯を認定し（上記4(2)

④(ウ)の(a)～(c))、上記(1)の①の判例理論に照らして、この基準を満たしていないことを丁寧に判示している。

　さらに、この高裁判決で注目したいのは、被控訴人（国側）の主張を丁寧に排斥している点である（上記4(2)⑥）。

　高裁において、被控訴人（国側）は、

①　法の適用については結論のみを示せば足りる。更正の理由には、(ア)更正の原因となる事実、(イ)それへの法の適用、(ウ)結論の3つを含むところ、(イ)に関連して生ずる法の解釈の問題や収入・支出の法的評価ないし法的判断の問題については、結論のみを示せば足り、結論に到達した理由ないし根拠を示す必要はないと解されている。

②　この点、「最高裁・昭60. 4. 23」の事案においては、更正通知書の理由には、法的判断の結論のみが記載されていたのであって、判断過程、下位法規の検討結果の記載はもとより、適用条文についても具体的に記載されていなかったものであり、更正に付記すべき理由として、法規の適用や下位法規の検討結果を指摘することまでは求められていないというべきである。

と主張をしている（上記4(2)⑥(ア)(a)）。

　この被控訴人（国側）の主張に対して、高裁判決はこれを正面から否定している。

　即ち、上記①の被控訴人（国側）の主張に対しては、「事実関係を示すことで法の適用関係が一義的に明らかである場合やこれを容易に推測することができる場合等、法の適用については結論のみを示せば足りる事案が存することは否定できないが、**一般的に法の適用については常に結論のみを示せば足りるとする被控訴人の主張は採用しがたい。**」との判断を示し、上記②の被控訴人（国側）の主張に対しては、「最高裁昭和60年判決は、付記理由が、課税庁の判断過程を省略することなしに記載しており、課税庁が自己の判断過程を逐一検証できることが、課税庁の恣意抑制という理由付記制度の趣旨目的に合するところであるとしていることから、帳簿記載を否認しない更正の理由付記においても、課税庁の判断過程すなわち下位法規の検討結果や適用条文についても記載することが必要との前提をとっていることが明らかである。すなわち、最高裁昭和60年判決の事例

は、被控訴人（課税庁）が主張するように、「**理由付記の程度としては、法的判断の結論のみが記載され、判断過程や下位法規の検討結果、適用条文についても具体的に記載されていなかった**」ものではなく、被控訴人（課税庁）の主張は採用できない。」との判断を示している。

高裁判決は、被控訴人（国側）の主張をことごとく、かつ、丁寧に排斥しているが、高裁において、被控訴人（国側）が「最高裁・昭60. 4. 23」を独自に評価し、その評価に基づいて課税処分の適法性を主張したのに対して、高裁はその被控訴人（国側）の評価を根本的に受け入れることができなかったのではなかろうかと思われる。仮に、国側が主張したように課税庁が「最高裁・昭60. 4. 23」を理解しているのであれば、裁判所はその判断は受け入れないので理解を改めるよう求める、裁判所からのメッセージと考えるべきであろう。

「最高裁・昭60. 4. 23」の付記理由は、「48年6月取得の冷暖房設備について機械として特別償却されていますが、内容を検討した結果、建物附属設備と認められ、特別償却の適用はありませんので、次の計算による償却超過額は損金の額に算入されません。」というものであり、上記3に記載した本件の附記理由と比較しても、高裁判決がいうほどの違いがあるとは思われない。仮に、そうであるとすれば、「最高裁・昭60. 4. 23」が国側の主張を認め、本件高裁判決が国側の主張を認めなかった理由は、国側が「最高裁・昭60. 4. 23」を独自に（意図的かどうかはともかく）解釈し、執行していることへの裁判所のメッセージであるということになると思われる。

見方を変えると、本件高裁判決は、上記(1)の①ないし③の最高裁の判例理論を従来よりも、より厳格に適用した異色な判決であるということもできよう。

更正の理由付記について、最高裁の判例をより厳格に適用するように、今後裁判所全体が変わっていくのかどうか、今後の裁判例を注視する必要があろう。

(3) 類似の裁判例

更正の理由附記の不備を根拠に課税処分を取り消した判決に「東京地方裁判所・平成5年3月26日判決・平成2年（行ウ）第120号」（国側敗訴確定）

がある。

　この事件で争点となった付記理由は次のとおりである。

　「A、B、Cの３名に対する報酬は、実質的にDに対する報酬と認められるので、同人の役員報酬に加算した結果、その支給限度を超える○○万円を過大役員報酬として当期の益金の額に算入しました。」

　これについて裁判所は、「被告（課税庁）は、本件訴訟において、本件役員報酬がDに支払われたとする理由について、本件役員報酬の私法上の受給者がDであることと、行為計算の否認により右報酬がDに支払われたものとみるべきであることの双方の主張をしている。しかるに、本件付記理由はその記載に照らし、右のいずれの趣旨であるのか必ずしも判然としないけれども、右付記理由は、いずれも単にAらに支給したとされる本件役員報酬が実質的にDに対する報酬と認められるとするのみであって、反対資料を摘示していないのみならず、なにゆえかような判断に至ったのかという判断過程の具体的説明も全くしていないのであって、本件付記理由の趣旨を右のいずれに解するにしても、更正処分庁の恣意の抑制及び相手方の不服申立ての便宜という理由付記制度の趣旨に照らし、法の要求する程度を満たさず、不十分なものといわざるを得ない。」と判示している。

(4)　まとめ

　以上を総括してみると、次のことがいえるであろう。

①　帳簿書類の記載を否認して更正をする場合には、そのような更正をした根拠を、帳簿記載以上に信憑力のある資料を摘示することにより具体的に明示しなければならない。

②　帳簿書類の記載自体を否認することなしに更正をする場合においては、資料を摘示する必要はなく、更正の根拠を処分庁の恣意抑制及び相手方の不服申立ての便宜という理由付記制度の趣旨目的を充足する程度に具体的に明示すれば足りる。

③　帳簿書類の記載自体を否認することなしに更正をする場合においても、課税庁の判断過程すなわち下位法規の検討結果や適用条文についても記載することが必要であり、法の解釈の問題や収入・支出の法的評価ないし法的判断の問題については、結論のみを示せば足りるというものではなく、結論に到達した理由ないし根拠を示す必要がある。

IV　先行する最高裁判決に対する判断　　91

　あとは、この基準を、今後裁判所が、本件高裁判決のように厳格に適用するのかどうかということになるが、本件判決が、大阪高裁の判決で、かつ一審の判決を覆した上でのものであるということは、非常に重い判決であるということができるので、納税者としては、今後、本件と同種の「適用条文を記載しただけである」というような更正通知書を受け取った場合には、仮に、税務調査の経過からその趣旨を理解することができるような場合であっても、本件の高裁判決を根拠に、不服申立てをすることを考えてもよいのではないかと思われる。そうすることによって、課税庁に適正な更正の理由附記の記載を徹底させることにもつながると思われる。

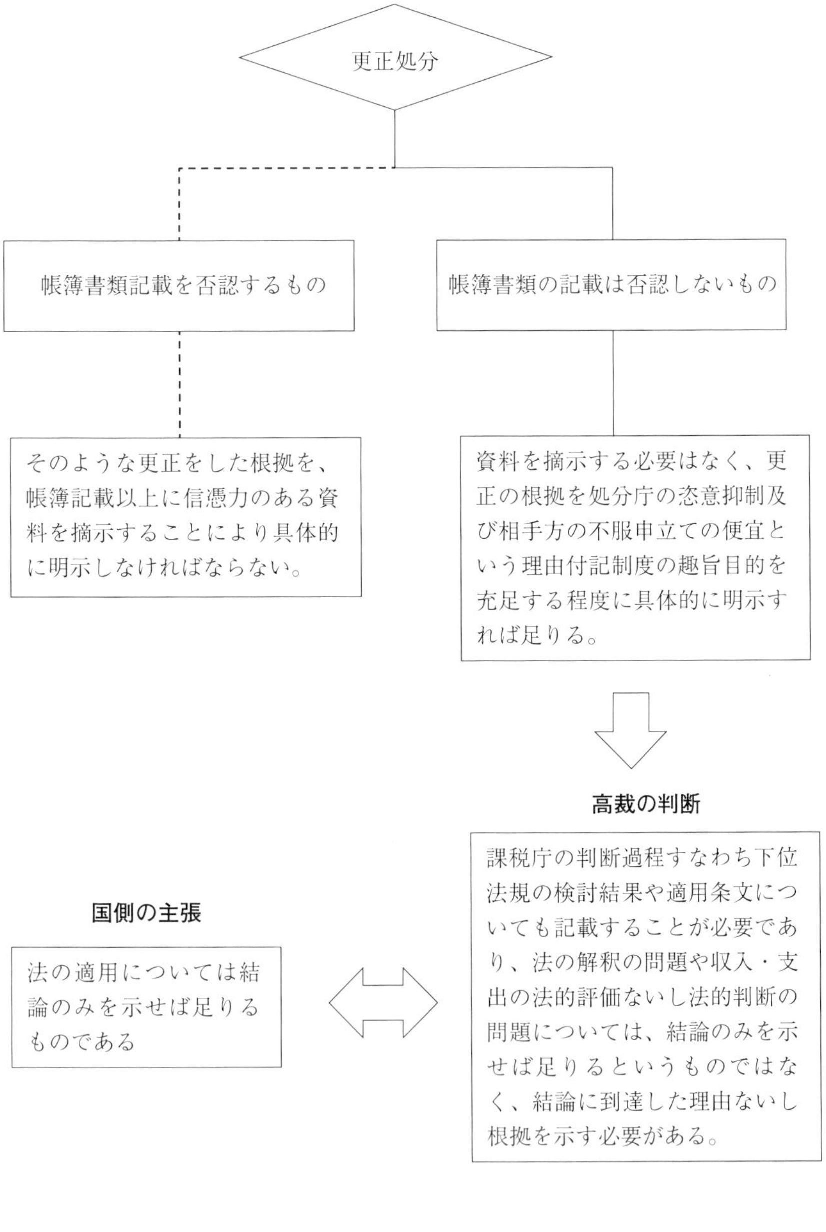

92　判例各論

```
                    ┌─────────────┐
                    │   更正処分    │
                    └──────┬──────┘
          ┌────────────────┴────────────────┐
  ┌───────────────────┐          ┌───────────────────────┐
  │ 帳簿書類記載を否認するもの │          │ 帳簿書類の記載は否認しないもの │
  └───────────────────┘          └───────────────────────┘
```

そのような更正をした根拠を、帳簿記載以上に信憑力のある資料を摘示することにより具体的に明示しなければならない。

資料を摘示する必要はなく、更正の根拠を処分庁の恣意抑制及び相手方の不服申立ての便宜という理由付記制度の趣旨目的を充足する程度に具体的に明示すれば足りる。

高裁の判断

課税庁の判断過程すなわち下位法規の検討結果や適用条文についても記載することが必要であり、法の解釈の問題や収入・支出の法的評価ないし法的判断の問題については、結論のみを示せば足りるというものではなく、結論に到達した理由ないし根拠を示す必要がある。

国側の主張

法の適用については結論のみを示せば足りるものである

実体的違法と手続的違法

　課税処分の取消しを求める訴訟でその請求が認められ、その判決が確定すると、課税処分の違法は確定し、課税庁はこれと異なる主張ができなくなる。判決の既判力という。

　また、行政事件訴訟法33条は、「処分又は裁決を取り消す判決は、その事件について、処分又は裁決をした行政庁その他の関係行政庁を拘束する。」と規定している。これを、「取消判決の拘束力」という。

　拘束力は、請求認容判決を受けた原告（納税者）の権利救済を実効あらしめるために、行政庁側に判決確定後の将来の行動を判決の趣旨に従って行うよう義務づけ、判決の趣旨を行政庁の規範としたものである。拘束力の内容として重要なのは、裁判所が違法と判断したのと同一の事情の下で、同一の理由で、同一人に対し、同一の内容の処分はできないということである。これは、一般に「同一過誤反復の禁止効」と呼ばれている。

　「取消判決の拘束力」は、処分の違法事由とされた具体的な事由に限定して及ぶとされているので、たとえば、Aという理由でした更正処分が、判決で理由がないとして取り消された場合に、行政庁が、適正な手続きを踏んで、Aとは別のBという理由で更正処分をして、同一の結果になったとしても、判決の拘束力に抵触することにはならない。

　課税処分を違法ならしめる事由には、実体的違法と手続的違法がある。実体的違法とは、課税処分の実体上の適法要件を欠くことをいう。実体上の適法要件とは、納税義務が成立するための要件であり、一般に課税権者、納税義務者、課税物件、課税物件の帰属、課税標準及び税率があげられる。手続的違法とは、処分の主体、方式、手続等、抽象的納税義務を具体的納税義務として確定させるための手続上の要件についての違法をいう。更正の理由付記の不備は、手続的違法である。

　実体的違法については、当該違法を治癒して、再度、同じ納税者に課税処分をすることはできないが、手続的違法については、取消判決後、課税庁が適正な手続を踏んで、再度、同一の納税者に課税処分をすることは可能である。

　国税通則法70条は更正、決定の期間制限（除斥期間）を定めているが、更正の理由付記が不備であるとして判決によって更正処分が取り消されても、それが除斥期間内であれば、課税庁は、再度不備のない理由を付記して、新たに更正処分をすることができる。判決によって取り消された課税処分に付記されたのと同一の理由を付記して課税処分をしてはならないという拘束を課税庁は判決によって受けているにすぎないからである。手続的違法を理由として課税処分の取消しを求める場合には、当該課税処分の除斥期間にも注意をする必要がある。

94 判例各論

V 所得税法第51条第4項《資産損失の必要経費算入》の規定の解釈について、裁判所が所得税基本通達51－7と同趣旨の解釈を示し、納税者が救済された事例（所得税）

　雑所得の基因となる資産について生じた損失について後日損害賠償金の支払があった事案について、所令30条本文かっこ書きの規定により、損害賠償金を取得した時点で損害賠償金は所得金額の計算上必要経費に算入される金額を補填するための金額として課税の対象とされるとする課税庁の主張を排斥し、所基通51－7の定めているとおり、損失の生じた年分の所得金額を遡及して訂正すべきであるとして課税処分を取消した事例。

〔神戸地方裁判所・平成25年12月13日判決・平成24年（行ウ）第6号〕〔納税者勝訴、確定〕

〔平成23年12月2日裁決・大裁（所）平23－25・26〕

1　事案の概要

　原告（納税者）は、平成18年、保有していた株式会社Cの株式が有価証券報告書の虚偽記載の公表により暴落して、損害を被ったため、平成21年、Cから損害賠償金等、Cの取締役であった丙から和解金の各支払を受けた。本件は、処分行政庁が、原告に対し、本件損害賠償金等及び和解金は平成21年分の一時所得、雑所得に当たるとして、それぞれ更正処分及び過少申告加算税賦課決定処分を行ったことから、原告が、更正処分のうち更正の請求により減額を求めた金額を上回る部分の取消し及び過少申告加算税賦課決定の取消しを求めた事案である。

2 事実関係

(1) 当事者及びC株式の売買

① 原告・甲は税理士業を営む者、原告・乙はその事業専従者として勤務する者であるが、原告らは税理士業務の傍ら、営利を目的として継続的にC株式の取引を行っていた。

② 原告らは、平成18年1月18日時点でC株式を保有していたが、同日、Cが関東財務局長に提出していた平成16年9月期の有価証券報告書中の重要事項の部分に虚偽記載があることが公表されたため、C株式の株価は暴落した。

③ 原告らは、平成18年1月25日及び同月26日、同月18日時点において保有していたC株式の全てを売却した

(2) 別件事件の経緯

① 原告らを含む多数人は、Cらを被告とする損害賠償請求事件（別件事件）を提起し、裁判所は、平成21年7月9日、Cらに対し、原告らを含む別件事件の原告らに損害賠償金を支払うことを命じる判決を言い渡した。

② 裁判所は、別件事件判決において、Cが平成16年9月期の有価証券報告書を提出した後に原告らが取得したC株式のうち平成18年1月18日当時原告らが保有していたものについて、証券取引法21条の2第2項（現在、金融商品取引法という。）により推定される額から、同法第5項により相当な額を減じたC株式1株当たりの損害額を200円（ただし、証券取引法19条1項の例により算出した額を超えない限度）と認定した上で、原告らのCらに対する請求について、(ア)1株当たり200円に平成18年1月18日当時原告らが保有していた株式数を乗じ、後述のG和解金を控除した金額（本件損害賠償金）、(イ)弁護士費用のうち、相当因果関係の範囲内にある損害として、本件損害賠償金の5％相当額（本件弁護士費用賠償金）、(ウ)本件損害賠償金及び本件弁護士費用賠償金の合計金額に対する平成18年5月28日から支払済みまで年5分の割合による遅延損害金の支払を求める限度でこれらを認容した。

③ 原告らは、別件事件判決に先立つ平成19年12月12日、Cの取締役で

あった丙との間で裁判上の和解を成立させ、同和解に基づき、原告・甲は4,321,095円、原告・乙は1,248,265円の和解金を取得した（G和解金）。

④ 原告らは、別件事件判決後の平成21年7月23日、Cとの間で、Cが原告らに対し、別件事件判決で認容された本件損害賠償金及び本件弁護士費用賠償金並びにこれらに対する平成18年5月28日から平成21年7月23日まで年5分の割合による遅延損害金（本件遅延損害金）を、同日限り、別件事件における原告らの訴訟代理人の指定する銀行口座に振込み、両者間の紛争を解決する旨合意をした（本件和解合意）。

⑤ 別件事件における原告ら訴訟代理人は、本件和解合意に基づいて、Cから支払われた本件損害賠償金等から同代理人に係る報酬金及び訴訟費用等（本件弁護士費用実費）を控除した金額を、原告・甲については平成21年8月10日及び12日の2回に分けて、原告・乙については、同月7日に、各人の銀行口座にそれぞれ振り込んだ。

(3) **課税の経緯等**

① 確定申告

原告らは、平成22年3月15日付けで、処分行政庁に対して、平成21年分の所得税の確定申告書を提出した。確定申告書において、原告らは、本件遅延損害金に係る所得を雑所得に含める一方、**本件損害賠償金、本件弁護士費用賠償金及びG和解金については、確定申告の対象としなかった。**

② 修正申告

原告らは、平成22年6月1日付けで、処分行政庁に対し、平成21年分の所得税の修正申告書を提出した。本件修正申告書において、原告らは、翌年以降に繰り越される上場株式等に係る譲渡損失の金額を平成18年分について減額したが、納付すべき税額に異同はなかった。

③ 更正の請求

原告らは、平成22年6月9日付けで、処分行政庁に対して、それぞれ更正の請求を行った。この更正の請求において、原告らは、本件遅延損害金に係る所得についても非課税所得であるとして、同所得に係る所得金額を、本件確定申告書における雑所得の金額から除外した。

④ 通知処分

処分行政庁は、平成22年6月22日付けで、各更正の請求に対して、更正をすべき理由がない旨の各通知処分を行った。

⑤　更正処分及び加算税賦課決定処分

処分行政庁は、平成22年6月24日付けで、原告らの平成21年分所得税について、所得税額等を更正する旨の更正処分及び過少申告加算税賦課決定処分を行った。本件更正処分において、処分行政庁は、本件遅延損害金に相当する金額を雑所得の金額に含め（必要経費の金額は0円）、本件損害賠償金、本件弁護士費用賠償金及びG和解金に相当する金額を、**一時所得に係る総収入金額**として（本件弁護士費用実費を、収入を得るために支出した金額として、一時所得の金額の計算上、総収入金額から控除している。）認定した。また、原告らが本件修正申告書において減額した翌年以降に繰り越される平成18年分の上場株式等に係る譲渡損失の金額については、減額前の確定申告書における金額を、当該譲渡損失の金額として認定した。

⑥　異議申立て及び異議決定

原告らは、平成22年8月20日付けで、処分行政庁に対し、それぞれ異議申立てを行い、本件通知処分並びに本件更正処分及び本件加算税賦課決定処分の取消しを求めた。

これに対し、処分行政庁は、原告らに対し、同年11月16日付けで、異議申立てをそれぞれ棄却する旨の異議決定を行った。

⑦　審査請求及び裁決

原告らは、異議決定を不服として、平成22年12月14日付けで、国税不服審判所長に対し、審査請求を行い、各通知処分並びに各更正処分及び各加算税賦課決定処分の取消しを求めた。

国税不服審判所長は、平成23年12月2日付けで、審査請求を棄却する旨の裁決を行った。

裁決において、国税不服審判所長は、G和解金に係る所得について、その帰属年分を平成21年分ではなく平成19年分であるとして原告らの平成21年分の所得から除外したが、**本件損害賠償金等に係る所得を、いずれも、原告らの平成21年分の課税所得に該当するとし、その所得区分については雑所得と認定した。**

98   判例各論

⑧ 本件訴訟の提起

原告らは、平成24年1月31日、訴えを提起した。

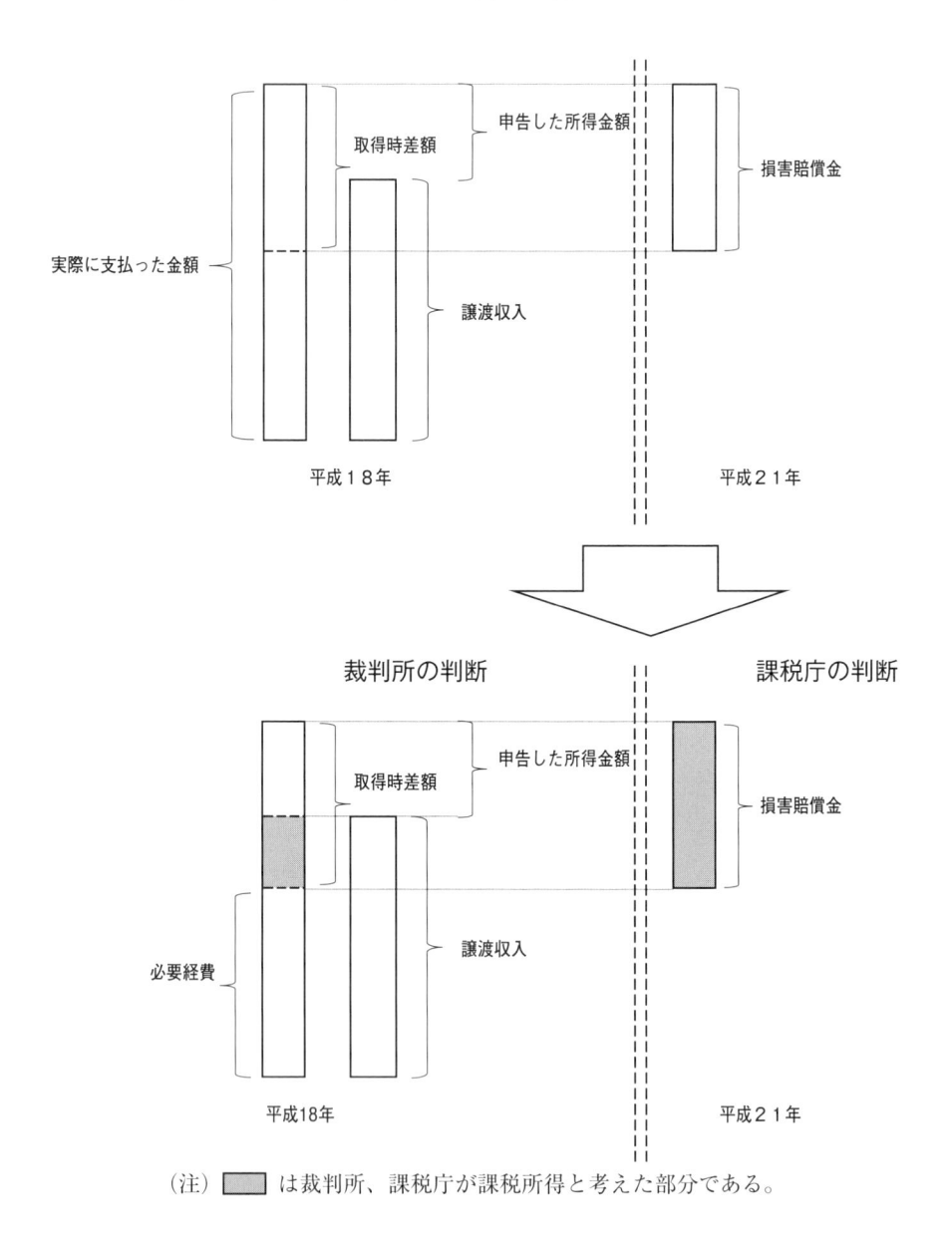

(注) ■ は裁判所、課税庁が課税所得と考えた部分である。

V 損害賠償金の取扱い　99

3　争点

本件損害賠償金が所令30条柱書きのかっこ書きが規定する「各種所得の金額の計算上必要経費に算入される金額を補てんするための金額」に該当するか。

4　審判所の判断と裁判所の判断

(1)　所令30条柱書きかっこ書きについて

審判所の判断	裁判所の判断
所令30条本文かっこ書きの規定は、同条所定の損害賠償金等が損害を受けた者の各種所得の金額の計算上必要経費に**算入される**金額を補填する内容、性質のものである場合には、その者において当該補てんの対象となる金額を必要経費に算入したか否かを問わず、当該損害賠償金等を非課税とはしない旨を規定したものであると解されるのであり、本件損害賠償金を取得した時点でC社株式を譲渡していなかった者についても、その者がC社株式を譲渡した場合には、当該譲渡に係る所得がその者の事業所得又は雑所得に該当する限り、当該株式の取得価額はその者の当該所得の金額の計算上必要経費に算入される金額となり、本件損害賠償金は当該金額を補填するための金額として、課税の対象とされる。 　本件株式は、その半数以上が信用取引により取得されたものであり、平成18年1月26日にそ	所令30条柱書きかっこ書きは、同条所定の非課税所得に例外的に課税をする趣旨の規定であるところ、所法9条1項16号（平成22年所得税法改正前のもの、現行の9条1項17号。以下この章において、「旧所法」いう。）が、損害賠償金で突発的な事故により資産に加えられた損害に起因して取得するものその他の政令で定めるものを非課税とし、これを受けた所令30条2号が、不法行為その他突発的な事故により資産に加えられた損害につき支払を受ける損害賠償金（所令94の規定に該当するものを除く。）について、非課税と定めているのは、上記のような損害賠償金は、納税者が被った損害を回復させるものにすぎず、納税者に担税力のある利得をもたらすものではないことに基づくものと解される。 　原告らは、本件虚偽記載という不法行為に起因する取引所市場の評価の誤りに基づいて、C株式の取得時に、本件虚偽記載がなかったならば支払う必要のなかった**取得時差額**を支払っており、これによる損害が、本件公表によりC株式の市場価額が暴落したときに、その下落部分の中に現実の損害として発生したことになる。そして、原告らは、本件損害賠償金により、その補てんを受けたものであって、本件損害賠償金は、C株式の価値

の全てが譲渡された現物株式についても、その全てが平成17年12月下旬に購入されたもので、所有期間は1か月にすぎない。このことに加えて、請求人（納税者）は、平成16年から平成18年1月26日に本件株式を全て譲渡するまでの間、取引所市場において本件株式を含め、上場株式の取引を信用取引をも含めて活発に行っていたことを併せ考えると、請求人（納税者）の平成18年分の本件株式の譲渡による所得の所得区分は、譲渡所得ではなく、営利を目的とする継続的の行為から生じた事業所得又は雑所得と認められる。そして、請求人は株式等の取引に当たり特に設備等を保有し人員を投下するなどしているとは認められないから、結局、請求人の本件株式の譲渡による所得の所得区分は、雑所得と認められる。

本件損害賠償金は、本件株式の取得価額の一部を補てんするものであり、また、請求人（納税者）の本件株式の譲渡による所得の所得区分は、上記のとおり、雑所得であるところ、これらを所令第30条本文かっこ書きの適用関係に当てはめると、本件損害賠償金は、請求人（納税者）の株式等の譲渡に係る雑所得の金額の計算上、株式等の取得価額の一部、すなわち、必要経費に算入される金額を補填する損害賠償金に該当するから、所令第

が失われることによって原告らが被った損害を回復させたものにすぎず、原告らに担税力のある利得をもたらすものではないから、本件損害賠償金については、正に、旧所法9条1項16号及び所令30条が損害賠償金を非課税所得とした趣旨が当てはまるものというべきである。

もっとも、所令30条柱書きかっこ書きは、「これらのものの額のうちに同号の損害を受けた者の各種所得の金額の計算上必要経費に算入される金額を補てんするための金額が含まれている場合」には、「当該金額を控除した金額に相当する部分」を非課税所得とすることとしている。そして、被告（課税庁）は、本件損害賠償金について、「取得時点において、本来あるべき市場株価と現実の市場株価（取得株価）の差額（取得時額）相当の損害」を補てんするものと主張し、これが取得時差額に相当する損害を補てんするとの前提に立ちつつ、それがC株式の「取得費」を補てんするものであり、当該**「取得費」が、C株式の譲渡による原告らの雑所得の金額の計算上、必要経費に算入される**ことを根拠として、本件損害賠償金は、所令30条柱書きかっこ書きに該当すると主張している。

原告らは営利を目的としてC株式を継続的に売買しており、原告らのC株式の譲渡から生じる所得は、譲渡所得や一時所得には該当せず、その他の雑所得以外の所得に該当すると認めるような事情もないから、雑所得に当たるものと解される（所法35①）。

そうすると、その所得金額は、総収入金額から必要経費を控除して算定されることとなるから（所法35②二）、本件損害賠償金が補てんした取得時差額に相当する損害が、原告らの雑所得に係る必要経費に算入されるもので

30条本文かっこ書きの「各種所得の金額の計算上必要経費に算入される金額を補てんするための金額が含まれている場合」に該当し、非課税所得には該当しないこととなる。

あれば、本件損害賠償金は所令30条柱書きかっこ書きに該当することになる。

　被告（課税庁）は、それが必要経費に算入されると主張するが、その根拠は、本件損害賠償金がC株式の「取得費」を補てんするものであり、当該「取得費」が原告らのC株式の譲渡による雑所得の金額の計算上、必要経費に算入されるものであるという点にある。しかし、被告（課税庁）が主張する「取得費」とは、その用語の通常の意味及び被告（課税庁）の主張からして、原告らがC株式の取得に実際に要した費用を意味するものと解されるものの、所得税法には、雑所得に関して、被告（課税庁）が主張する「取得費」の意義やこれが必要経費に含まれること及びその含まれる範囲を明らかにする規定はない。したがって、**本件損害賠償金が所令30条柱書き括弧書きに規定する「必要経費に算入される金額を補てんするための金額」に当たるか否かは、直接、「必要経費」の意義やその範囲に関する所得税法の規定に即して検討するよりほかはない。**

　そこで検討すると、所法37条1項によれば、「必要経費」とは、「別段の定め」があるものを除き、「収入金額を得るため直接要した費用」をいうところ、原告らがC株式の取得に実際に要した費用は、収入金額を得るため直接要した費用たり得るものとは解される。

　ところで、別段の定めである**所法51条4項**は、「雑所得を生ずべき業務の用に供され又はこれらの所得の基因となる資産」の損失の金額で、損害賠償金により補てんされる部分の金額は、その損失の生じた日の属する年分の雑所得の金額の計算上、必要経費に算入しない旨を定めるところ（所法51④2つ目のかっこ書き）、C株式が原告らの「雑所得を生ず

べき業務の用に供され又はこれらの所得の基因となる資産」に当たることは明らかである。

　そして、本件損害賠償金が補てんした取得時差額に相当する損害は、失われたC株式の価値に係る損失であり、それが本件損害賠償金により補てんされる以上、別段の定めである所法51条4項により、その損害が発生した本件公表の日の属する**平成18年分の雑所得の金額の計算上、必要経費には算入されないものとなると解される**。

　原告らがC株式の取得に実際に要した費用のうち、本件損害賠償金により補てんされた取得時差額に相当する損害が必要経費に算入されないと解することは、所法37条1項が必要経費を控除することとした本来の趣旨にも合致する。すなわち、課税所得の計算上必要経費の控除を認めることは、所得の源泉となる収入金額のうち投下資本の回収部分に課税が及ぶことを避ける趣旨と解されるが、原告らがC株式の取得に実際に要した金額のうち、本件虚偽記載がなければ支払う必要のなかった取得時差額に相当する部分は、本件公表後のCの譲渡による収入金額には寄与しておらず、その収入金額によって回収されたものでもなく、単に、譲渡以前に失われたC株式の価値を本件損害賠償金によって回収したにすぎないものであるからである。

　また、以上の理解は、所令30条柱書き括弧書きの趣旨にも合致する。すなわち、同かっこ書きは、非課税所得の中に、各種所得の金額の計算上必要経費として算入される金額を補てんするための金額が含まれている場合に、当該金額が必要経費として控除されるとともに非課税として控除されることにより二重の控除がされることを防ぐ趣旨に出たものと解されるが、所法51条4項の2つ目のかっ

こ書きの損害賠償金が非課税所得であること
は明らかであり、同項は、「雑所得を生ずべ
き業務の用に供され又はこれらの所得の基因
となる資産」の損失について受ける損害賠償
金について、必要経費に含めた上で所令30条
柱書きかっこ書きにより損害賠償金に課税す
るのではなく、所法51条4項において先に必
要経費の方から除くことによって、二重の控
除を回避していると解されるからである。
　以上のとおり、「必要経費」の意義及び範
囲に関する所得税法の規定に即して検討すれ
ば、本件損害賠償金によって補てんされる部
分の金額は、所法37条1項の「別段の定め」
である所法51条4項（2つ目のかっこ書き）
に基づき、必要経費から除かれることになる
から、本件損害賠償金は、「必要経費に算入
される金額を補てんするための金額」（所令
30柱書きかっこ書き）に該当するものではな
い。

(2)　平成18年分の申告との関係について

　審判所においては、判断を示さなかった。

　裁判所では、所法51条4項により取得時差額が必要経費から除かれる場
合、原告らのC株式の譲渡による収入からは、原告らがC株式の取得の際に
実際に要した費用から本件損害賠償金を控除した金額が、必要経費として控
除されることになるところ、①原告らがC株式を譲渡した年に本件損害賠償
金を受けた場合や、②原告らが本件損害賠償金を受けた後の年にC株式を譲
渡した場合には、C株式の取得に実際に要した費用のうち取得時差額に相当
する部分が本件損害賠償金によって回収される時期が譲渡収入を生じた年
（①）又はそれ以前の年（②）となるため、譲渡収入を生じた年分の課税所
得の計算では、譲渡収入を得るために直接要した費用（必要経費）として、
これを控除した後の金額が残ることになって、必要経費との関係でも、特段
の問題は生じないものと解される。

　これに対し、本件では、原告らは、C株式の譲渡収入が生じた平成18年に

本件損害賠償金を受けておらず、同年分の本件各確定申告において、Ｃ株式の取得に実際に要した費用の全額を必要経費に計上したことがうかがわれる。しかし、本件損害賠償金により補てんされたＣ株式の損失が、所法51条4項により、原告らの平成18年分の譲渡所得の計算上必要経費に算入されないと解されることは、これまで説示したとおりであって、原告らが過去に上記のような申告をしたとしても、そのことから、本件損害賠償金により補てんされる金額が必要経費に算入されると解する理由になるとは思われない。

　この点について、被告（課税庁）は、いったん申告された「取得費」を後から否認する根拠はないと主張するが、所得税法に、雑所得について、被告（課税庁）が主張する「取得費」の意義等についての規定がないことは、前記説示のとおりである上、所得税の確定申告後に、確定申告時に前提とされていた事実関係とは異なる事実関係が生じることは、通常あり得ることであり（通則法23）、所法51条4項により必要経費に算入された損失に係る金額につき、後になって損害賠償金を得た場合、遡って損失が生じた年分の必要経費の金額を修正することは、同項が当然に予定していると解される。

　被告（課税庁）は、実際に必要経費として申告された取得費を事後になって否認しようとするとき、損害賠償金が、譲渡収入を減算させた損害額を補てんするものであるのか、翌年以降に繰り越された損害額を補てんするものであるのかが判断できないという不都合が生じ得るとも主張するが、本件損害賠償金は、所法51条4項に基づき、その全額が、原告らの平成18年分の雑所得の計算上必要経費から控除されるのであり、繰越損失を翌年以後の所得の計算において株式譲渡にかかる所得金額から控除していた場合には、その分も併せて修正すれば足りるものと解され、被告が主張する不都合が生じるとも認められない。

　仮に被告（課税庁）の主張によるとすれば、本件損害賠償金は、本来は非課税所得として原告らに担税力のある利得をもたらすものではなく、原告らのＣ株式の譲渡による収入金額に寄与したわけでも、その収入金額によって回収されたわけでもなく、(a)原告らがＣ株式を譲渡した年に本件損害賠償金を収受した場合や、(b)原告らが本件損害賠償金を受けた後の年に本件Ｃ株式を譲渡した場合には、これに課税されることはなかったと解されるのに、原告らが本件損害賠償金を受けたのがＣ株式を譲渡した平成18年より後の年で

あり、原告らが、過去の年分の確定申告でこれを「取得費」として必要経費に算入していたというのみで、所令30条柱書きかっこ書きに当たるものとして、原告らは課税を免れないことになる。

しかし、前記のとおり、一方で、所得税法に雑所得について被告（課税庁）が主張する「取得費」の意義等についての規定がなく、他方で、**所法51条4項があるのに、過去の確定申告の是正を一切許さないとする合理的な根拠は見出し難い**。

この点について、被告（課税庁）は、権利確定主義の下で、本件損害賠償金に対する課税が問題となるのが平成21年分であるとも主張するが、本件では、権利確定主義の下で平成21年に損害賠償金を収入すべき権利が確定したことから、過去の課税関係の修正が問題とされているのであって、権利確定主義から直ちにその修正が許されないと解する根拠も見当たらない。

5 解 説

(1) 法人税における「他の者から支払を受ける損害賠償金」の取扱い（法人税基本通達2－1－43）

法人税の取扱いでは、「他の者から支払を受ける損害賠償金の額は、その支払を受けるべきことが確定した日の属する事業年度の益金の額に算入するのであるが、法人がその損害賠償金の額について実際に支払を受けた日の属する事業年度の益金の額に算入している場合にはこれを認める。

(注) 当該損害賠償金の請求の基因となった損害に係る損失の額は、保険金又は共済金により補てんされる部分の金額を除き、その損害が発生した日の属する事業年度の損金の額に算入することができる。」とされている。

不法行為又は債務不履行などによって受けた損害について、その相手方に対して損害の賠償を請求し、損害賠償金の支払を受ける場合のその損害賠償金の収益計上時期については、税務上、大別して2つの考え方がある。

一つは、その行為によって損害を受けた時点で自動的に民事上の損害賠償請求権を取得することになるのであるから（民法709）、当該損害に係る損失の計上と同時に、これに対応して損害賠償請求権を収益計上すべきで

106　判例各論

あるという考え方であり、他の一つは、損失は損失としてその発生時点で計上し、損害賠償金はこれと切り離してその支払いを受けるべきことが確定した時点で収益計上すれば足りるという考え方である。

　法人税においては、法人が他の者から支払を受ける損害賠償金については、原則としてその支払を受けることが確定した時の収益とし（潜在的な損害賠償請求権の収益計上は要求しない。）、法人がこれについて実際に支払を受けた時点で収益計上することとしているときは、税務上もこれを認めることとしている。

　上記通達は、損害賠償の基因となった損害に係る損失については、その損害の発生した時点で損金算入することができることとし、**損害賠償金収入との対応関係を切断して処理してよい**旨を明らかにしている。これは、損害賠償金の確定ないしは実際の給付に極めて不安定な面があるという事情を考慮したものである。

　法人税における益金の基本的な認識基準である権利確定主義の観点からの取扱いである。

(2)　所得税法第51条第1項、第3項、第4項に規定する「保険金、損害賠償金その他これらに類するもの」についての取扱い

　所基通51－7は「法第51条第1項、第3項又は第4項に規定する「保険金、損害賠償金その他これらに類するもの」の額が損失の生じた年分の確定申告書を提出する時までに確定していない場合には、当該保険金等の見積額に基づいてこれらの規定を適用する。この場合において、**後日、当該保険金等の確定額と当該見積額とが異なることとなったときは、そ及して各種所得の金額を訂正する**ものとする。」としている。

　保険会社の保険金額の査定が遅延していることや損害賠償についての加害者との交渉が妥結しないことなどのため、損害の生じた年分の確定申告書提出時までに保険金等の額が最終的に確定しない場合がある。保険金等に係る所得の中には非課税所得となるもの（旧所法9①十七）と課税所得とされるものがあるが、保険金等に係る所得の収入金額は、保険金等の額が確定した年分の収入金額とされるものが原則である（所法36）。しかし、これは収入金額についての原則であり、必要経費に算入される損失の金額の計算上控除すべき保険金等については、この収入金額に関する原則をそ

のまま適用することは適当でない。損失の金額はその損失の生じた年分の必要経費に算入されるものであり、損失の金額を補てんするための保険金等は、この損失の金額の計算上控除すべきものとされているからである。

(3) **検討**

上記(2)のとおり、所得税についての行政庁の解釈である所得税基本通達が示す所法51条4項が規定する「保険金、損害賠償金その他これらに類するものにより補てんされる」の解釈は裁判所の見解と同じである。国税不服審判所は必ずしも通達に拘束されるものではないが、通達と異なる法令解釈をするのであれば、通達の内容を明らかにし、そのうえで、通達通りの解釈をすべきでない根拠を明らかにすべきである。本件においては、通達通りの法令解釈をすべきでない事情は見当たらないから、国税不服審判所において納税者の権利を救済すべきであったということができよう。

本件においては、国税不服審判所において、上記の所得税基本通達を看過した可能性も考えられ、審査請求人においても、通達の存在を具体的に主張（指摘）すれば裁判所の判断を待つまでもなく、国税不服審判所で権利救済を受けることができたともいえるのではなかろうか。

(4) **参考事項**

法人税においては、法人が永続的に存在するという前提で、基本的に権利確定主義、債務確定主義によって益金、損金を認識することとされているが、所得税においては、各種所得が必ずしも毎年継続的に発生するとは限らないことから、法人税とは異なる規定を置いている。日常業務の大半が法人税に関わるものである場合には注意すべきであろう。

① 所得税法64条1項の規定

所法64条1項は、その年分の各種所得の計算の基礎となる収入金額若しくは総収入金額の全部若しくは一部を回収することができないこととなった場合又は政令（所令180）で定める事由により当該収入金額若しくは総収入金額の全部若しくは一部を返還すべきこととなった場合には、政令で定めるところにより、当該各種所得の金額の合計額のうち、その回収することができないこととなった金額又は返還すべきこととなった金額に対応する部分の金額は、当該各種所得の金額の計算上なかったものとみなす（事業所得、不動産所得又は山林所得を生ずべき事業

108　判例各論

から生じたものは除かれる）と規定している。

　これに対して、所法51条2項は、不動産所得、事業所得又は山林所得を生ずべき事業について、その事業の遂行上生じた売掛金、貸付金、前渡金その他これらに準ずる債権の貸倒れその他政令（所令141）で定める事由により生じた損失の額は、その者のその損失の生じた日の属する年分の不動産所得の金額、事業所得の金額又は山林所得の金額の計算上、必要経費に算入する、と規定している。

②　所得税法63条の規定

　所法63条は、不動産所得、事業所得又は山林所得を生ずべき事業を廃止した後において、当該事業に係る費用又は損失で当該事業を廃止しなかったとしたならばその者のその年分以降の各年分の不動産所得の金額、事業所得の金額又は山林所得の金額の計算上必要経費に算入されるべき金額が生じた場合には、当該金額は、政令（所令179）で定めるところにより、その者のその廃止した日の属する年分（同日の属する年においてこれらの所得に係る総収入金額がなかった場合には、当該総収入金額があった最近の年分）又はその前年分の不動産所得の金額、事業所得の金額又は山林所得の金額の計算上、必要経費に算入する、と規定している。

③　所得税法152条の規定

　所法152条は、所法63条又は64条に規定する事実その他これに準ずる政令（所令274）で定める事実が生じたことにより通則法23条1項各号《更正の請求》の事由が生じたときは、当該事実が生じた日の翌日から2月以内に限り、税務署長に対し、通則法23条1項の規定による更正の請求をすることができる、と規定し、所法63条、64条に規定する事実その他これに準ずる事実が生じたときは、更正の請求によって是正することを定めている。

④　所得税法施行令274条の規定

　所令274条は、所法152条の規定により、更正の請求によって是正すべき事由として以下の場合を定めている

㋐　確定申告書を提出し、又は決定を受けた居住者の当該申告書又は決定に係る年分の各種所得の金額（事業所得の金額並びに事業から生じた

不動産所得の金額及び山林所得の金額を除く。下記②(イ)において同じ。）の計算の基礎となった事実のうちに含まれていた無効な行為により生じた経済的成果がその行為の無効であることに基因して失われたこと。

(イ)　(ア)に掲げる者の当該年分の各種所得の金額の計算の基礎となった事実のうちに含まれていた取り消すことのできる行為が取り消されたこと。

事業所得、不動産所得又は山林所得を生ずべき事業から生じた所得	事業所得、不動産所得又は山林所得を生ずべき事業から生じた所得以外の所得
事業遂行上生じた売掛金、貸付金前渡金その他これらに準ずる債権の貸倒れその他政令（所令141）で定める事由により生じた損失 ※政令で定める事由 　所得税法施行令第141条 ①販売した商品の返戻又は値引き（これに類する行為を含む）により収入金額が減少することとなったこと ②保証債務の履行に伴う求償権の全部又は一部を行使することができないこととなったこと ③所得の計算の基礎となった事実のうちに含まれていた無効な行為により生じた経済的成果がその行為の無効であることに基因して失われ、又はその事実に含まれていた取り消すことのできる行為が取り消されたこと	所得計算の基礎となる収入金額若しくは総収入金額の全部若しくは一部を回収することができないこととなった場合又は政令（所令180）で定める事由により収入金額若しくは総収入金額の全部若しくは一部を返還すべきこととなった場合

110   判例各論

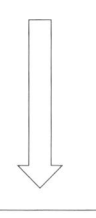

損失の生じた年分の必要経費に算入
する（所法51②）

所得税法施行令第274条
① 確定申告書を提出し、又は
　決定を受けた居住者の当該申
　告書又は決定に係る年分の所
　得金額の計算の基礎となった
　事実のうちに含まれていた無
　効な行為により生じた経済的
　成果がその行為の無効である
　ことに基因して失われた場合
② ①に掲げる者の当該年分の
　所得金額の計算の基礎となっ
　た事実のうちに含まれていた
　取り消すことのできる行為が
　取り消された場合

政令（所令180）で定めるところによ
り、当該各種所得の金額の合計額の
うち、その回収することができない
こととなった金額又は返還すべきこ
ととなった金額に対応する部分の金
額は、所得金額の計算上なかったも
のとみなす（所法64①）

所法63条、64条に規定する事実その
他これに準ずる政令（所令274）で定
める事実が生じたことにより通則法
23条1項各号《更正の請求》の事由
が生じたときは、当該事実が生じた
日の翌日から2月以内に限り、税務
署長に対し、通則法23条1項に規定
する更正の請求をすることができる
（所法152）。

通達の定め

本件においては、平成18年分の所得税の申告内容に変更をもたらす損害賠償金が平成21年に確定している。平成18年分の所得税の法定申告期限（通則法2⑦）は平成19年3月15日であり、更正決定は、更正又は決定に係る国税の法定申告期限から5年を経過した日以後においてはすることができないと定められている（通則法70①一）から、課税庁は平成21年に損害賠償金が確定した時点において、その事実に基づいて平成18年分の所得税の更正処分をすべきであるというのが裁判所の判断である。

しかしながら、実際には、損害賠償請求の訴訟が必ずしも更正の期間制限（除斥期間）内に確定するとは限らず、除斥期間経過後に確定することも起こり得る。その場合においては、過去の年分の所得金額を修正すべき事由（たとえば損害賠償額の確定）が発生した時点では、更正の除斥期間経過後であるから、行政庁は過去の年分の所得計算を是正することができないことになる。換言すると、除斥期間経過後に損害賠償額が確定したものについては、課税庁は所得金額の是正をする機会を全く持つことがなく、過去の申告内容が確定してしまうことになる。損害賠償額がいつ確定するかという偶然的な事情により、課税庁から更正処分を受けたり、受けなかったりすることをどう考えるのか、それを是認するとして、どのような根拠で是認するのかということが問題になろうと思われる。所得税法51条4項の解釈が、損害賠償額の確定の時期が除斥期間内なのかその経過後なのかによって異なることはないから、それは立法上の割り切りということになるのではなかろうか。

所基通51-7は、「確定申告書を提出するまでに確定していない場合には、当該保険金等の見積額に基づいてこれらの規定を適用する。この場合において、後日、当該保険金等の確定額と当該見積額とが異なることとなったときは、そ及して各種所得の金額を訂正するものとする。」と定めている。そ及して訂正する手続については定めていないが、当然のことながら、国税通則法の定める除斥期間の定めの範囲内においてということになるだろう。そうすると、この通達は、除斥期間経過後に所得金額を訂正すべき事由が発生した場合には、訂正しないということも定めているということになる。当該法令の執行に際しては、当該法令をそのように解して執行するということである。これも執行上の割り切りということになるのであろう。

112　判例各論

VI

従業員が受領したリベートは法人の収入ではなく、従業員個人の収入であるとして裁判所が課税処分を取り消し、納税者(法人)を救済した事例(法人税)

　原告の従業員らが関係業者からリベートとして受領していた手数料を原告が総勘定元帳の雑収入科目に計上しなかったとして、課税庁が青色申告の承認の取消処分を行うとともに、法人税の更正処分、消費税及び地方消費税の更正処分及び各重加算税の賦課決定処分を行ったのに対し、本件手数料に係る収益は従業員ら個人に帰属するものであって原告には帰属せず、隠ぺい又は仮装を行った事実もないとの原告の主張を裁判所が認めた事例

〔仙台地方裁判所・平成24年2月29日判決・平成21年(行ウ)第33号〕(納税者勝訴、確定)
〔平成21年6月26日裁決・仙裁(法・諸)平20-28〕

1　事案の概要

　本件は、原処分庁が、原告(納税者)に対し、平成12年5月1日から平成18年4月30日までの6年間にわたる各事業年度の間に、原告の従業員らが関係業者からいわゆるリベートとして受領していた手数料合計97,863,000円に関し、そのうち平成12年5月1日から平成13年4月30日までの事業年度(平成13年4月期)に受領した手数料6,099,000円を総勘定元帳の雑収入科目に計上しなかったとして、青色申告の承認の取消処分を行うとともに、本件手数料につき、本件各事業年度の益金の額に算入せずに法人税を申告し、また、本件各事業年度に対応する各課税期間の課税資産の譲渡の対価の額に算入せずに消費税及び地方消費税を申告した上、本件手数料に係る収益を益金の額に算入せず、原告に属する手数料を費消して横領した従業員に対する損害賠償請求権の額を課税資産の譲渡等の対価の額に算入せずに隠ぺい又は仮装を

行ったとして、本件各事業年度の法人税の更正処分及び本件各課税期間の消費税及び地方消費税の更正処分及び各重加算税の賦課決定処分を行ったのに対し、原告が、本件手数料に係る収益は従業員ら個人に帰属するものであって原告には帰属せず、隠ぺい又は仮装を行った事実もない旨主張して、本件各処分の取消しを求めた事案である。

2　前提事実

(1)　当事者等

(ｱ)　原告（納税者）は、旅館業及び飲食業などを目的として昭和35年に設立され、その肩書所在地において、旅館「Ｔ」を経営してきた会社で、平成13年4月期以前から、青色申告の承認をされていた内国法人である。

(ｲ)　訴外甲は、平成8年10月1日に原告に入社した後、平成12年3月21日付けで和食、洋食及び中華料理部門の総責任者である調理部調理課長（和食調理長兼務）に就任し、その後、平成14年1月に調理部副支配人、平成15年5月21日に総料理長兼調理部支配人を経て、平成17年9月21日には副総支配人（料飲部・調理部所管、調理部支配人等兼務）、平成18年9月21日には副総支配人（営業部、料飲部担当、料飲部支配人、料飲課長等兼務）に就任するとともに、調理部支配人の職を解かれ、その後、平成19年12月20日付けで原告を退職した者である。

(ｳ)　訴外乙（訴外甲と併せて「訴外甲ら」という。）は、平成16年11月4日に原告に入社した後、平成17年2月21日付けで訴外甲の後任として調理部和食調理課長に、平成18年9月21日付けで同じく和食調理部支配人（和食調理課長兼務）に就任し、平成19年8月21日付けで総料理長（和食調理長兼務）に就任した者である。

(ｴ)　有限会社Ｋ商事（以下「訴外会社」という。）は、加工食品の製造販売等を目的とする法人であり、有限会社Ｃを通じて、本件各事業年度において原告にお膳料理用等の食材（本件食材）を納入していた株式会社Ｇ商会に本件食材を納入していたものである。

(2)　原告による確定申告

原告は、原処分庁に対し、本件各事業年度の法人税について、青色申告

により法定申告期限までに確定申告書を提出し、本件各課税期間の消費税
等については、法定申告期限までに確定申告書を提出した。

(3) 本件各処分の経緯等

(ア)　S税務署の所部係官は、平成19年9月ないし12月ころ、原告の帳簿書
類を調査するとともに、本件手数料に関し、訴外甲ら及び訴外会社の代
表取締役である訴外丙から事情を聴取し、訴外会社が、訴外甲に対し、
本件食材納入時に訴外甲からの指示に基づいて、いわゆるリベート分を
上乗せした価格で取引を行い、納入後の代金からリベート分を訴外甲に
渡すという形で本件手数料を支払っていた事実を報告した。

　　　また、本件手数料の額は、平成13年4月期につき6,099,000円、平成14
年4月期につき12,114,000円、平成15年4月期につき15,073,000円、平成
16年4月期につき21,093,000円（以上につき、全て訴外甲の受領分）、平成
17年4月期につき22,266,000円（このうち訴外甲の受領分が19,827,000円、
訴外乙の受領分が2,439,000円）、平成18年4月期につき21,218,000円（この
うち訴外甲の受領分が526万円、訴外乙の受領分が15,958,000円）であるとの
事実が報告された。なお、本件手数料に係る収益の額については、再調
査の結果、本件各処分後にそれぞれ増額補正されている。

(イ)　原処分庁は、平成20年3月21日付けで、下記の理由により、原告の平
成13年4月期以降の法人税に係る青色申告の承認の取消処分を行い、通
知書により通知した。

記

　　　平成13年4月期において、Tの料理素材の製造元である訴外会社か
ら、Tの料理長である訴外甲に対して現金で支払われた手数料6,099,000
円を原告の総勘定元帳の雑収入科目に計上しないで、これによって得た
資金を訴外Aが個人的に消費していたこと

(ウ)　原処分庁は、同日付けで、原告に対し、本件各事業年度の法人税につ
いては、更正処分及び重加算税の賦課決定処分を行い、本件各課税期間
の消費税等については、それぞれ更正処分及び重加算税の賦課決定処分
を行い、それぞれ通知書により通知した。なお、本件各更正処分につい

ては、更正通知書に更正の理由が附記されていない。

⑷　行政不服審査請求等及び本件訴訟の提起

　　原告が、本件取消処分、本件各更正処分及び本件各賦課決定処分を不服として、平成20年5月7日付けで異議申立てを行ったところ、異議審理庁であるS税務署長は、同年7月9日付けでこれを棄却する旨の決定を行った。

　　これを受けて、原告が、同年8月5日に審査請求をしたところ、国税不服審判所長は、平成21年6月26日付けで、同審査請求を棄却する旨の裁決を行った。

　　原告は、以上の経緯を経て、同年12月2日、本件訴訟を提起したものである。

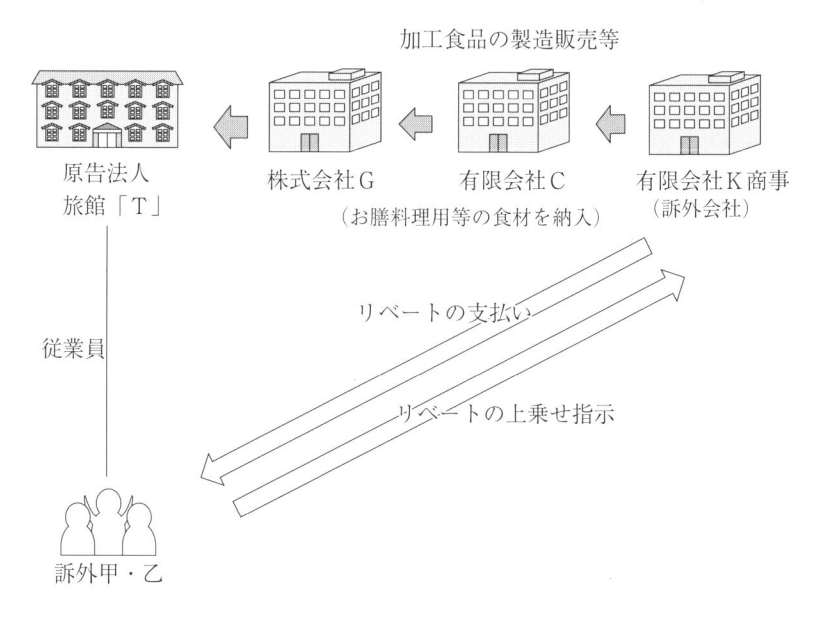

3　争点及び争点に関する当事者の主張

　本件各処分のうち、本件各更正処分は、本件手数料に係る収益が原告に帰属することを理由に行われ、本件取消処分及び本件各賦課決定処分は、いず

116　判例各論

れも本件手数料に係る収益が原告に帰属することを前提に、その事実を原告
が隠ぺい又は仮装したことを理由に行われているため、本件各処分の適法性
に関しては、⑴本件手数料に係る収益が原告に帰属するか否か【争点①】及
び⑵本件手数料に係る収益が原告に帰属するとした場合、その額はいくらか
【争点②】が共通の争点となり、このほか、本件取消処分及び本件各賦課決
定処分の適法性に関しては、⑶原告による仮装又は隠ぺい行為の有無【争点
③】が争点となる。

　争点に関する当事者の主張の要旨は以下のとおりである。

⑴　【争点①】「本件手数料に係る収益が原告に帰属するか否か」について

①　被告（課税庁）の主張の要旨

　　訴外甲は、平成12年3月に原告の調理部調理課長に就任していると
こ　ろ、当時から、訴外甲が調理部門の責任者として重要な職責を担ってお
り、拡大役員会議等に出席して食材の原価等について自らの判断で発言
していたことや、訴外甲の意向に従って訴外会社の加工品が本件食材に
採用された結果、原告における入札制度が機能していなかったことから
すれば、訴外甲は、原告における本件食材の納入業者の選定及び購入価
格の決定に関して広範かつ包括的な権限を有していたといえる。

　　そして、訴外会社は、上記のような訴外甲及びその後任者である訴外
Bの地位、権限を見込んで本件手数料を含むリベートを支払っていたの
であって、その額も平成13年4月期から平成18年4月期までで合計約
9800万円にのぼるなど、訴外甲ら個人が受領する金額としては著しく高
額であることからすれば、本件手数料を含むリベートは、訴外会社が原
告との間で取引を継続するための対価として原告に支払われたものにほ
かならないというべきである。

　　また、原告の代表取締役である丁（原告代表者）は、原告において過
去にリベート問題が存在し、リベート授受の慣行を認識していながら、
リベートを禁止する具体的な防止策を講じず、訴外甲らのリベート受領
を示唆する告発文書に対しても表面的な調査にとどめ、訴外甲のリベー
ト受領発覚後も訴外甲を就業規則に従って解雇することはせずに、依願
退職させるにとどめているほか、訴外甲らに対し「おまえらも何か悪い
ことをやってんだろう。」などとリベート受領を黙認するかのような発

言をしているのであって、これらの事実からすれば、原告代表者は、**訴外甲らが本件手数料を含むリベートを受領することを黙認していた**というべきであるから、本件手数料に係る収益は原告に帰属するというべきである。加えて、訴外甲らは、本件手数料を含むリベート全体の３割程度を原告の備品購入等に使用していたのであるから、このことからも本件手数料に係る収益は原告に帰属するというべきである。

そして、このように原告に帰属した本件手数料を**訴外甲らが費消して横領した**ことにより、原告は、本件手数料相当額の損失を被ると同時に、訴外甲らに対し、不法行為に基づいて同額の損害賠償請求権を取得することになるから、本件手数料相当額を、訴外甲らによる横領があったときに対応する本件各事業年度の益金及び本件各課税期間の課税資産の譲渡等の対価の額（以下、益金及び課税資産の譲渡等の対価を総称して「益金等」という。）にそれぞれ算入すべきである。

② 原告（納税者）の主張の要旨

　(a)原告が、平成10年ころ、当時の和食調理長が取引業者からリベートを受け取っていたことが発覚したことを受けて、リベート受領を禁止する旨を会社の内外に周知徹底した上、就業規則にも会社の許可なく職務上の地位を利用して外部の者から金品等のもてなしを不当に受けたときは解雇する旨規定していたこと、(b)訴外甲らがリベート受領の禁止を明確に認識した上で、原告に隠れて本件手数料を受領していたこと、(c)原告における食材購入に関しては、指名納入業者による入札制度を実施し、食材納入業者の選定権限は原告代表者及び原告常務取締役戊に与えられている上、食材購入の代理権も、訴外甲らの所属していた調理部調理課ではなく、総務部仕入課仕入係に与えられていたこと、(d)訴外甲ら及び訴外会社も上記(c)の事実を認識していたこと、(e)原告は平成８年ころから実質的に甚大な経営上の損失を出し、資金繰りが極めて困難な状況となったことから、役員や従業員の報酬カットを含め、大幅な経費削減をしており、合計約9800万円にのぼる本件手数料を訴外甲らに与えられるような財政状況ではなかったことからすれば、訴外甲らが本件食材の購入に関して本件手数料を受領したからといって、本件手数料に係る収益が原告に帰属することはないというべきである。

118 判例各論

(2) 【争点②】「本件手数料に係る収益が原告に帰属するとした場合、その額はいくらか」について

争点①についての判断で被告（課税庁）の主張が排斥されたので省略

(3) 【争点③】「原告による仮装又は隠ぺい行為の有無」について

【争点①】についての判断で被告（課税庁）の主張が排斥されたので省略

4 判 断

(1) 裁判所の判断【争点①】「本件手数料に係る収益が原告に帰属するか否か」について）

① 本件各処分は、本件手数料に係る収益が原告に帰属することを前提に、訴外甲らが本件手数料を横領したことを理由にしているものであるから、本件手数料に係る収益が原告に帰属したといえない場合には、訴外甲らによる横領はその前提を欠くこととなり、原告の訴外甲らに対する損害賠償請求権も発生しなくなる結果、原告には本件手数料相当額の益金等が生じないこととなる。

そして、収益の帰属について、法法11条が、法律上収益が帰属する者が単なる名義人であって、それ以外の者が実質的に収益を享受する場合に、その者を収益の帰属主体とする旨を定め、消法13条も同様の規定を設けている趣旨（実質所得者課税の原則）に鑑みれば、本件手数料に係る収益が原告に帰属するか否かの判断に当たっては、本件手数料を受領した訴外甲らの法律上の地位、権限について検討するとともに、訴外甲らを単なる名義人として実質的には原告が本件手数料を受領していると見ることができるか否かを検討することが相当である。

そこで、以下、このような見地から検討する。

② 証拠等によれば、以下の事実が認められる。

(a) 本件手数料は、訴外丙が、訴外甲らの指示に従って商品原価にリベート額を上乗せした額で本件食材を納入し、納入後に訴外会社が受領した代金からリベート相当額を訴外甲らに支払う形で交付されていた。

(b) 原告においては、本件食材の仕入れに関して入札制度を採用し、総

務部仕入課仕入係が発注業務を担当しているため、調理場から直接納入業者に発注をすることは禁止されており、調理部調理課に所属する訴外甲らに仕入業者の選定権限や仕入金額の決定権限は付与されていなかった。なお、本件食材の仕入れに係る入札制度は、訴外会社以外の業者が入札しなくなったため、事実上行われなくなった。

(c)　原告においては、就業規則上、「会社の許可なく、職務上の地位を利用して、外部の者から金品等のもてなしを不当に受けた時」は解雇する旨の規定があるほか、訴外甲らを含む従業員にもリベートの受領が禁止されている旨が周知されていた。

(d)　訴外甲らは、訴外丙からリベートを受領するに際し、S市やR町等、Tの建物からは離れた所在地にある飲食店の、あまり人目につかないような場所で授受を行っていた。

(e)　訴外甲らは、受領した本件手数料を部下との食事会やコンペ等に費消していたほか、原告の指示なく、自らの判断でTにおける備品等の購入に充てていた。

(f)　原告は、Tの建物新築後の平成8年ころから本件各事業年度までに、売上げ減少が続く一方、金融機関に対する借入金返済の増加等もあって、経営成績が悪化し、損失を累積させて、資金繰りも困難な状況となったことから、金融機関との取引関係維持のために、役員報酬等のカットを含む大幅な経費削減を行いつつ、減価償却費の計上を一部にとどめるなどをして対応してきた。

③　上記②の認定事実を基に検討するに、本件手数料は、原告における本件食材の仕入れに関して授受されていたものであるところ、原告における本件食材の仕入れに関しては入札制度が設けられていることや、仕入課仕入係に発注権限が存在しており、調理課に所属する訴外甲らには本件食材の発注権限がないことからすれば、訴外甲らが、本件食材の仕入れに関する決定権限を原告から与えられていたとは認められない。これらの事実に加え、原告においては、就業規則上もリベートの受領が禁止されており、訴外甲らを含む従業員にその旨周知されていたこと、訴外甲らは、訴外丙からリベートを受領する際、S市やR町等、Tの建物からは離れた所在地にある飲食店の、あまり人目につかないような場所で

授受を行っていたことなどを併せ考えると、**訴外甲らが、本件食材の仕入れに関して授受されていた本件手数料について、原告から法的な受領権限を与えられていたと認めることはできない。**

　そうすると、訴外甲らは、個人としての法的地位に基づき訴外丙から本件手数料を自ら受け取ったものと認められるところ、自己の判断により、受領した本件手数料を費消していたというのであるから、訴外甲らが単なる名義人として本件手数料を受領していたとは認め難い。

　したがって、本件手数料に係る収益は原告に帰属するものとは認められない。

④　これに対し、被告（課税庁）は、原告における本件食材に係る入札制度は機能しておらず、訴外甲らが本件食材の納入業者の選定及び購入価格の決定に関して広範かつ包括的な権限を有していたとして、本件手数料に係る収益が原告に帰属する旨主張する。しかしながら、上記の認定事実によれば、本件食材の仕入れに係る入札制度は、当時、他の業者が入札しなくなったとの理由により事実上機能しなくなっていたものの、このことによって本件食材の仕入れに関する決定権限が原告の仕入課仕入係から訴外甲らに移ったと見ることはできないから、被告の主張は採用できない。

　このほかに、被告は、訴外甲らの食材の仕入れに関する決定権限を根拠付ける事実として、訴外甲らが拡大役員会議等に出席していたことを主張するが、その主張に係る事実から、訴外甲らが、食材の仕入れに関し、意見の具申の範囲を超えて、決定権まで認められていたと見ることはできないから、被告の上記主張も採用できない。

　また、被告は、訴外会社が訴外甲らの地位や権限を見込んで本件手数料を支払っていることや、本件手数料の額が個人の受領する金額としては著しく高額であることから、本件手数料に係る収益が原告に帰属する旨主張する。しかし、その主張に係る訴外甲らの地位、権限については、外部業者の推測の域を超えて、これを裏付ける客観的証拠があるわけではなく、かえって、上記認定事実によれば、訴外甲らは、客観的に見て、本件食材の仕入れに関する決定権限や本件手数料の受領権限を有していたとは認め難いから、訴外会社に、被告が主張するような意図が

あったとしても、そのことから、上記権限に関する認定が左右されるものではない。本件手数料が高額であるとの指摘について見ても、本件各事業年度当時、原告の経営成績は著しく悪化していて、金融機関との取引上も、経費を過大に計上するような余裕はなく、むしろ減価償却費の計上を一部にとどめていたことに照らせば、原告が、自社に帰属すべき高額の手数料収入について、訴外甲ら個人による費消を認めるとは考え難いから、本件手数料が高額であることが、上記結論を左右するものとはいい難い。

　被告は、原告代表者による本件手数料受領に関する対応策が不十分であることや、原告代表者の訴外甲らに対する発言などを根拠に、原告代表者が、訴外甲らによる本件手数料の受領を黙認していた旨を主張するが、訴外甲らが、自らのリベート受領については、原告代表者に知られていなかったと思う旨を供述し、原告代表者も、原告の業務の詳細を直接把握していたわけではなく、訴外甲らが上記リベートを受領していたことを知らなかった旨を供述していることに加え、先に見たとおり、本件各事業年度当時、原告は、経営成績悪化の状態にあったことから、リベートの金額の分だけ食材の仕入れ額（費用）を過大に計上するような必要も余裕もなかったと見られること、原告における懲戒の種類及び程度については、就業規則上も懲戒解雇のほかに諭旨退職などが規定されており、情状に応じた対応が認められていること、訴外Bに対する処分は現在も留保されている状態であることに照らせば、被告が指摘する事実を踏まえても、原告代表者が訴外甲らによる本件手数料の受領を知って、これを黙認していたと認めるには足りないというべきである。

　さらに、被告は、訴外甲らが本件手数料の一部を原告の備品等の購入に充てていた事実があるとして、本件手数料に係る収益が原告に帰属する旨主張するが、上記購入行為が原告の指示なく行われていたものである以上、上記備品等の購入は、訴外甲らが自らに帰属した本件手数料の使途を自己の判断に基づき決定したことによるものであって、結果的に原告の利益になった部分があったとしても、そのことから、訴外甲らが単なる名義人として、訴外会社から本件手数料を受領したものということはできないから、被告の上記主張も採用できない。

122　判例各論

　　他に、前記認定を覆すに足りる事実及び証拠はない。

　⑤　以上より、本件手数料に係る収益が原告に帰属するとは認められず、原告が訴外甲らに対して損害賠償請求権を有しない結果、原告については、本件手数料相当額の益金等が存在しないことになるから、本件各処分には取消事由となる違法があるというべきである。

(2)　審判所の判断

　　①総料理長らは請求人の重要な会議に出席する立場にあり、②仕入先選定についての絶対的な権限を有し、③約7年間の長期にわたって給与の2倍ないし5倍に相当する多額の金員を受領していたものであり、**④総料理長らが請求人（納税者）従業員の職を離れて役務提供していたような特別な事情は認められない**ことから、当該金員は、取引関連業者から請求人（納税者）に対するリベートとみるのが相当であり、請求人（納税者）に帰属すべきものと認められる。

5　解　説

(1)　会社組織における不正の類型

　　会社組織で事業をしていると、多かれ少なかれ、そこに従事する者が不正な行為をして個人の利得を得ようとする行為が発生する。

　　本件も、そのような事象の一つである。

　　このような事象が発生すると、そのような行為をした者の刑事責任、そのような行為をした者の会社に対する民事上の責任が発生するが、多くの場合、それに伴ってそのような行為をした個人及び法人の課税上の問題が発生する。そして、不正な行為には通常、何かを隠ぺいするような行為が伴うから重加算税の賦課の問題が発生する。

　　このような事象は大きく次のように分類することができよう。

　①　会社に帰属している財産を、事業に従事する者が個人で事実上領得してしまう。

　②　会社に帰属している財産を、事業に従事する者が会社を騙して、会社に何らかの法律行為をさせ、個人のものとしてしまう。

　③　事業に従事する者が、会社外の者から、事業に関連して金銭等の経済的利得を得る。

本件では、裁判所は本件の行為は③の類型のものであると判断し、審判所と課税庁は①の類型のものであると判断したものである。

裁判所は、種々の間接事実を認定した上で、「訴外甲らが、本件食材の仕入れに関して授受されていた本件手数料について、原告から法的な受領権限を与えられていたと認めることはできない。そうすると、訴外甲らは、個人としての法的地位に基づき訴外丙から本件手数料を自ら受け取ったものと認められる。」と判断している。

実際には、同一人（本件では訴外甲）の行為が、法人の従事者としての行為なのか、個人としての法的地位に基づくのかを判断することは、必ずしも容易ではない。

本件のような状況で、訴外甲らが原告の裏金作りの一環として、リベートを受領し、その受領した金銭を領得したということであれば、審判所や課税庁が判断したとおり、収受したリベートは原告の収入となると思われる。

本件においては、「訴外甲らは、訴外丙からリベートを受領するに際し、Ｓ市やＲ町等、Ｔの建物からは離れた所在地にある飲食店の、あまり人目につかないような場所で授受を行っていた。」という事情もうかがわれるので、客観的な事情から、比較的容易に、訴外甲らは、個人としての法的地位に基づき訴外丙から本件手数料を自ら受け取ったものと判断することができたように思われる。

倫理的には、このようにして訴外甲らが訴外丙から受領したリベートは、回りまわってＴの仕入金額に反映しているのであり、本来甲らの所得になるべきものではなく、これらのリベートに相当する金額はＴの所得になっているべきものである。

しかしながら、このような**倫理的な評価と、支払われたリベートが法律的に原告に帰属すべきものなのか、訴外甲らに原始的に帰属すべきものなのかは必ずしも一致するものではない。**

124 判例各論

①及び②の類型（会社の収益が発生）

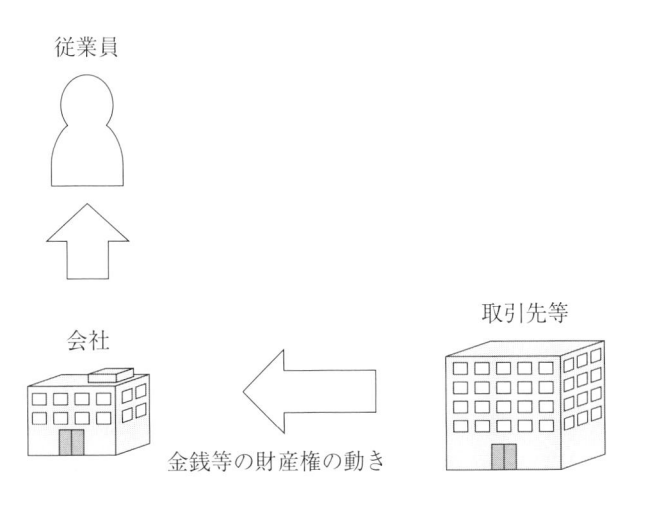

③の類型（従業員の収益）

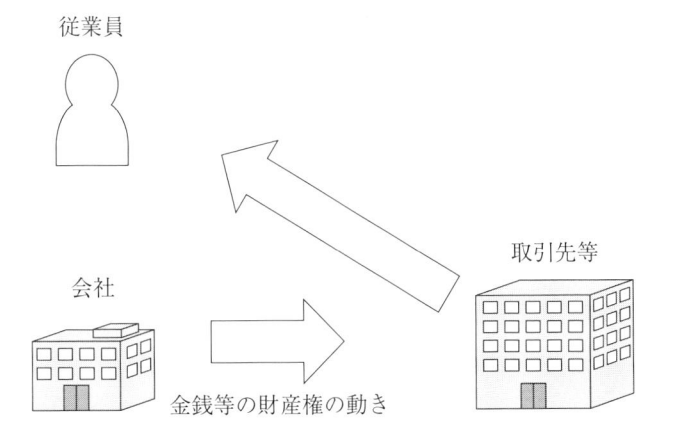

(2) 類型別の課税関係

① (1)の①と②の類型については、民事上、損害の発生と同時にその損害をもたらした従事者に対する損害賠償請求権が発生するが、その損害賠償請求権の取得に係る益金計上時期が問題となる。

「東京地裁判所・平成20年2月15日判決・平成18年（行ウ）第496号」は、所轄税務署長が原告の外注費の架空計上を理由としてした法人税の更正処分及び重加算税の賦課決定処分について、原告会社が、本件架空計上は、**原告の従業員の詐欺行為**によるものであり、同従業員に対する損害賠償請求権は回収が困難なこと等から益金に算入すべきでない等と主張した事案において、「権利が法律上発生していても、その行使が事実上不可能であればこれによって現実的に処分可能性のある経済的利益を客観的かつ確実に取得したとはいえないから、不法行為による損害賠償請求権は、その行使が事実上可能となった時、すなわち、**被害者である法人が損害及び加害者を知った時に、権利が確定したものとして、その時期の属する事業年度の益金に計上すべきである**」、として原告の請求を認めた。
（太字は著者による）

「東京高裁判所・平成21年2月18日判決・平成20年（行コ）第116号」（上告棄却、上告不受理確定）は、同一事件の控訴審であるが、「不法行為による損害賠償請求権については、通常、損害が発生した時には、損害賠償請求権も発生、確定しているから、これらを同時に損金と益金に計上するのが原則であるが、税負担の公平や法的安定性の観点から、通常人を基準にして、損害賠償請求権の存在、内容等を把握し得ず、権利行使が期待できないような客観的状況にあって未だ権利実現の可能性を客観的に認識できない場合には当該事業年度の益金に計上すべきであるとはいえず、また、損害賠償請求権が全額回収不能であることが客観的に明らかである場合には、貸倒損失としてそのような状態になった時点の属する事業年度の損金に算入することができる」とし、「前記詐取は、経理担当取締役が預金口座からの払戻し及び外注先への振込み依頼につ

いて決裁する際に、前記従業員が持参した正規の振込み依頼書をチェックしさえすれば**容易に発覚するものであったこと等を考える**と、通常人を基準とすると、当該事業年度当時において、**前記従業員に対する損害賠償請求権の存在、内容等を把握できず、権利行使を期待できないような客観的状況にあったとはいえず**、また、当該事業年度当時、前記従業員に全く弁済能力がなかったとはいえず、前記損害賠償請求権が全額回収不能であることが客観的に明らかであったとはいえないから、前記損害賠償請求権の額を、架空外注費を損金に算入した事業年度の損金に算入することは許されない。」としている（太字は著者による）。

損害賠償請求権に係る益金の計上時期については、法基通2－1－43がある。

同通達は、「<u>他の者</u>から支払を受ける損害賠償金（債務の履行遅滞による損害賠償金を含む。）の額は、その支払を受けるべきことが確定した日の属する事業年度の益金の額に算入するのであるが、法人がその損害賠償金の額について実際に支払を受けた日の属する事業年度の益金の額に算入している場合には、これを認める。」としている（下線は著者による）。

そして、同通達の解説をした『法人税基本通達逐条解説』（株式会社税務研究会　刊行）には次のように記載されている。

『「法人の役員又は使用人」が<u>使込み、横領等</u>により、当該法人に損害を与えていたことが税務調査等で事後的に発覚することがあるが、その場合、当該法人がその役員又は使用人に対して有することとなる不当利得の返還請求権又は損害賠償請求権についてはどのように取り扱われるかという問題が生ずる。この点については、例えば、役員の場合にはその行為が個人的なものなのか、それとも法人としてのものなのか峻別しにくいケースが多い上、その不法行為の態様は個別性が強く、すべてのケースについて一律に判ずることは困難な面があることから、本通達では、損害賠償請求の相手方は「他の者」である場合に限ってその取扱いが明らかにされている。

そもそも、法人税法における益金の基本的な認識基準である権利確定主義の観点からすれば、法人が損害を受け、相手方に損害賠償を請

求する場合において、その相手方が特定され損害額が算定されるな
ど、権利の内容、範囲が確定しているときには、原則的な民事法上の
法的基準の考え方に立ち、その確定した時点で益金算入すべきものと
考えられる。

　したがって、法人の役員又は使用人による横領等によって法人が損
害を受けた場合には、通常、損害の発生時におけるこれらの点が明ら
かであり、損害賠償請求権はその時において権利が確定したものとい
うことができることから、被害発生事業年度において、損失の額を損
金の額に算入するとともに、損害賠償請求権を益金の額に算入するこ
とになろう。

　ただ、相手方がその法人の役員又は使用人であっても、特許権や著
作権などの権利の帰属を巡る損害賠償請求や交通事故による損害賠償
請求のように、権利侵害の事実の確定や損害額・過失割合の算定など
を待たねばその権利が確定しない場合には、私法上の権利の取得の時
点ではなく、そのような事実などが確定した時点で損害賠償請求権を
益金の額に算入することになろう。』

（下線は著者による）

　上記高裁判決、基本通達ともに、客観的なメルクマールを必ずしも示
していないように思われる。

　基本通達は「他の者から支払を受ける損害賠償金」について、その取
扱いを定めているが、これは、その解説にもあるように、「法人の役員
又は使用人による横領等によって法人が損害を受けた場合には、通常、
損害の発生時におけるこれらの点（権利の内容、範囲）が明らかである」
という前提での取扱いであるが、実際には、法人の役員又は使用人によ
る横領等によって法人が損害を受けた場合であっても、直ちにその損害
賠償請求権の内容が確定しない場合が少なからずあるものと思われる。
そうすると、法人の役員又は使用人による横領等によって法人が損害を
受けた場合であっても、上記の基本通達の趣旨を踏まえた取扱いをすべ
き場合は、少なくないように思われる。

② （1)の③の類型については、事業に従事する者が、会社外の者から受け
取った金銭等の経済的利益は、本来は法人に帰属すべき（倫理的には）

利益であるが、会社外の者から受け取ったのは、法人の手足としての事業従事者ではなく、個人としての法的地位に基づく事業従事者個人である。

したがって、法人に課税関係は発生せず、金銭等の経済的利益を取得した事業従事者個人に所得が発生し、所得税の申告・納税義務が発生することになる。

同種の事件に、「東京地方裁判所刑事第25部・昭和45年4月7日判決・昭和43年（特わ）第226号」がある。

この事件は、法人の経理部経理課課長代理、同部管財課課長代理、同課長となったほか、勤務先法人の関連会社数社の各取締役を兼ねていた被告人（納税者）が、給与所得、配当所得のほか、勤務先法人の取引先等から供与を受ける金品等による雑所得があったのにもかかわらず、自己の所得税を免れる目的で、家屋増改築につき契約代金を実際額より少額に仮装するとともに右代金の一部を借入金で支払った如く工作し、あるいは預金および貸付信託受益証券の取得に際し無記名もしくは他人名義を用いるなどの不正な方法により所得を秘匿したとして刑事責任を問われた事件である。

この事件では、これらの所得が対価性のある雑所得であるか否かが争われ、裁判所は、一時所得の要件の一である「労務その他の役務の対価としての性質を有しないもの」（所法34①、旧所法９①九）にいう「対価性」は、弁護人のいうごとく給付が具体的な役務行為に対応する場合に限られるものではなく、本件のごとく、給付が一般的に人の地位、職務行為に対応、関連してなされる場合をも含むと解するのが相当であるから、前記収入は、同法条にいう「対価性」を備えたものであるのみならず、一時的な性質を有するものでもないから、一時所得ではなく雑所得を構成する、と判示している。

この事件において、仮に被告人の取得したとされる経済的利益が被告人の勤務先法人に帰属するものであれば、当然のことながら被告人は無罪となる。同事件においては、問題となった所得は被告人に帰属する所得であるということが当然の前提とされていたのである。

同事件は一審有罪判決後控訴され、控訴棄却の判決後確定している。

(3) コメント

課税関係を判断する際には、課税の対象である経済活動ないし経済現象が、第一次的には私法によって規律されているから、租税法律主義の目的である法的安定性を確保するという観点から、その判断は、原則として私法上の法律関係に即して行われるべきであると考えられている。

本件についていうと、訴外甲と訴外会社の間の契約の意思解釈に基づいて訴外甲と訴外会社との間の法律関係を考えれば、訴外丙からリベートを受領する際、S市やR町等、Tの建物からは離れた所在地にある飲食店の、あまり人目につかないような場所で授受を行っていたことなどから、リベートが原告法人の手足としての訴外甲等ではなく、個人としての法的地位に基づく訴外甲ら個人であったことは容易に判断できると思われる。

このような判断過程を経ることなく、通達の定めを直接生の事実に当てはめる事例が少なからず見られるが、そうすると、本件の審判所や原処分庁のような判断が下されることになる。

例えば、上記の法基通2－1－43を解説する『法人税基本通達逐条解説』の中に、『「法人の役員又は使用人」が使込み、横領等により、当該法人に損害を与えていたことが税務調査等で事後的に・・・・・』という記載があるが、本件のようなケースを使込み、横領等の「等」に該当するという判断も出てきかねないのである。

税法の適用の前に、私法上の法律関係についての判断をすれば、法人に帰属した財産を領得する行為と、原始的に会社外の者から事業に関連して金銭等の経済的利得を得る行為の私法上の法律関係の違いが見えるようになると思われる。

税法的判断の前に私法上の判断をすることが必要であることを明らかにした事例であろう。

課税要件事実は？

　課税処分が適法であるためには、法律の定めた課税要件に該当する事実（要件事実）が存在することが必要であるとされる。本件においては、訴外甲がリベートを収受した行為が、原告の行為であることが要件事実である。外部から客観的に確認できるのは、訴外甲がリベートを受領した事実であり、それが、原告の手足として受領したのか、甲個人としての法的地位に基づいて受領したのかは、リベートを受領したという甲の行為だけから判断することはできない。通常、権利があるとか、権限があるとかいうことは、直接的に立証することはできず、権利や権限を発生させる法律の定める要件に該当する事実を立証することによって証明することになる。また、要件事実を直接事実あるいは主要事実と呼び、これとの対比で、直接事実を推認させる事実を間接事実と呼んでいる。本件において課税庁は、甲にリベートを原告の手足として受領する権限があったことを推認させる間接事実として、①甲らは、拡大役員会議等に出席していたこと、②訴外会社が訴外甲らの地位を見込んで本件手数料を払っていること、③本件手数料の額は個人の受領する金額としては著しく高額であること、④甲らは本件手数料の一部を原告の備品等の購入に充てていた事実があること、を主張し指摘している。これに対して、裁判所は、①原告においては、本件食材の仕入れに関して入札制度を採用し、総務部仕入課仕入係が発注業務を担当しているため、調理場から直接納入業者に発注をすることは禁止されており、調理部調理課に所属する訴外甲らに仕入業者の選定権限や仕入金額の決定権限は付与されていなかったこと、②原告においては、就業規則上、「会社の許可なく、職務上の地位を利用して、外部の者から金品等のもてなしを不当に受けた時」は解雇する旨の規定があるほか、訴外甲らを含む従業員にもリベートの受領が禁止されている旨が周知されていたこと、③訴外甲らは、訴外丙からリベートを受領する際、Ｓ市やＲ町等、Ｔの建物からは離れた所在地にある飲食店の、あまり人目につかないような場所で授受を行っていたことなどの間接事実から、訴外甲がリベートを収受した行為が、甲個人の法的地位に基づく行為であり原告の行為でないことを認定している。課税要件は何か、要件事実は何か、主要事実は何か、間接事実は何かを意識して判決を読むと、裁判所の判断の枠組みをよりクリアーに理解できることになると思われる。さらに、異議申立てや審査請求を行う際にも、これらのキーワードを意識することによって的確な対応が可能になると思われる。

Ⅶ 事業所納税届出書の取扱い　131

Ⅶ 事業所納税届出書の提出の有無についての争いが更正処分、差押処分は無効であるとして結着した事例

　事業所納税届出書の提出の有無についての争いを契機に不服申立てをした結果、最終的に裁判所において納税者の主張が認められ、徴収された税金は不当利得であるとして、徴収された税金を納税者に支払うよう命ずる判決を勝ち取った事例

〔東京地方裁判所・平成24年11月 9 日判決・平成22年（行ウ）第682号〕（納税者勝訴、確定）

平成19年12月14日裁決（却下）

平成22年 6 月15日裁決（却下）

1　事案の概要

　本件は、横浜市内に住所を有する一方、公認会計士等として渋谷区に事務所を有していた原告（納税者）が、更正処分等に係る権限を有していたのは緑税務署長ではなく渋谷税務署長であるのに、更正処分等は緑税務署長によってされたものであって、「渋谷税務署長がした更正処分等」は不存在であり、「緑税務署長がした更正処分等」は無効又は取り消されるべきものである以上、更正処分等を前提とする滞納処分等によって徴収された税金は被告（国）の不当利得に当たるなどと主張して、(1)渋谷税務署長がした更正処分等が存在しないことの確認、又は(2)緑税務署長がした更正処分等が無効であることの確認を求めるとともに、(3)渋谷税務署長又は緑税務署長がした更正処分等の取消しを求め、(4)さらに、被告（国）に対し、不当利得返還請求権又は国家賠償法 1 条 1 項による損害賠償請求権に基づき、徴収された税金及び訴状送達の日の翌日から支払済みまでの民法所定の年 5 分の割合による遅延損害金の支払いを求めた事案である。

132　判例各論

2　前提事実

⑴　原告（納税者）は、平成13年3月25日から平成19年12月17日までは *a* 区内に住所を有していたが、同日、住所を渋谷区内に異動させた。

⑵①　原告は、渋谷税務署長に対し、平成16年3月11日、原告の平成15年分所得税についての確定申告書を提出するとともに、原告の平成15年課税期間についての消費税等の確定申告書を提出した。

　②　原告は、渋谷税務署長に対し、平成16年5月、原告の平成15年分所得税についての修正申告書を提出した。

⑶　原告は、渋谷税務署長に対し、平成17年3月14日、原告の平成16年分所得税についての確定申告書を提出するとともに、原告の平成16年課税期間についての消費税等の確定申告書を提出した。

⑷　原告は、渋谷税務署長に対し、平成19年3月13日、原告の平成18年分所得税についての確定申告書を提出するとともに、原告の平成18年課税期間の消費税等についての確定申告書等を提出した。

⑸　渋谷税務署長は、原告に対し、平成19年4月9日付けで上記⑷の所得税の確定申告書等を緑税務署長に送付した旨の通知書を、同月20日付けで前記⑷の消費税の確定申告書等を緑税務署長に送付した旨の通知書を、それぞれ送付した（本件各送付通知）。

⑹　原告は、渋谷税務署長に対し、平成19年5月15日付けで、本件各送付通知により原告の納税地を変更する旨の処分がされたとして、本件各送付通知の取消しを求める異議申立て（先行事件異議申立て）をしたが、渋谷税務署長は、原告に対し、同年6月27日付けで、これを却下する旨の異議決定をした。

⑺①　緑税務署長は、原告に対し、平成19年6月28日付けで、原告の15年分所得税につき更正処分等を、原告の15年課税期間消費税等につき各更正処分等を、原告の16年分所得税につき更正処分等を、原告の16年課税期間消費税等につき更正処分等を、それぞれした。

　②　緑税務署長は、原告に対し、平成19年6月28日、更正処分等に係る更正通知書等（本件各更正処分等通知書）を郵便により送達する手続をし、同郵便は、同日、原告のもとに到達したところ、原告は、同月29日、各

VII　事業所納税届出書の取扱い　　133

通知書を受領できない旨を記載した同日付けの文書とともに、各通知書
を郵便により緑税務署長に対して返送した。

(8)①　原告は、国税不服審判所長に対し、平成19年7月4日、本件各送付通
知の取消しを求める審査請求をしたが、国税不服審判所長は、原告に対
し、同年12月14日付けで、これを却下する旨の裁決（先行事件審査裁決）
をした。

②　原告は、平成20年6月10日、本件各送付通知の取消しを求める訴え
（先行事件訴訟）を提起したが、東京地方裁判所は、同年10月24日、訴え
を却下する旨の判決を言い渡した。原告は、これを不服として控訴を提
起したが、東京高等裁判所は、平成21年4月23日、控訴を棄却する旨の
判決を言い渡した。原告は、これを不服として上告の提起及び上告受理
の申立てをしたが、最高裁判所は、同年11月27日、上告を棄却するとと
もに事件を上告審として受理しない旨の決定をした。

(9)①　渋谷税務署長は、原告に対し、平成22年1月14日付けで、原告が本件
各更正処分等に係る所得税及び消費税等（本件各滞納国税等）を滞納し
ているものとして原告が有する債権を差し押さえる処分（本件差押処
分）をし、同月19日、これにより差し押さえた債権の取立てをした上
で、配当処分（本件配当処分）をし、本件各滞納国税等に配当した。

②　本件各滞納国税等は全額につき徴収済みとされた。

(10)　原告は、渋谷税務署長に対し、平成22年1月25日、本件各更正処分等及
び本件差押処分を不服として異議申立て（本件異議申立て）をした。

(11)　渋谷税務署長は、原告に対し、平成22年2月19日付けで、本件各更正処
分等についての本件異議申立ては、いずれも不服申立期間が経過した後に
された不適法なものであり、本件差押処分についての本件異議申立ては、
既に取立てが完了し、取消しを求める部分が存在しない不適法なものであ
るとして、これらをいずれも却下する旨の異議決定（本件異議決定）をし
た。

(12)　原告は、国税不服審判所長に対し、平成22年3月10日付けで、本件各更
正処分等並びに本件差押処分等を不服として審査請求（本件審査請求）を
した。

(13)　国税不服審判所長は、原告に対し、平成22年6月15日付けで、本件審査

134 判例各論

請求をいずれも却下する旨の裁決（本件審査裁決）をした。

⑷ 原告は、平成22年12月3日、本件訴えを提起したところ、その訴状は、同月14日、被告に送達された。

納税者が勝訴判決をもらうまでにたどった経過

日　付	不服申立てとそれに対する判断等	当事者	摘　要
平成19年4月9日付け	所得税の確定申告書等を緑税務署長に送付した旨の通知書	渋谷税務署長	
平成19年4月20日付け	消費税等の確定申告書等を緑税務署長に送付した旨の通知書	渋谷税務署長	
平成19年5月15日付け	本件各送付通知の取消しを求める異議申立て	納税者	
平成19年6月27日付け	本件各送付通知の取消しを求める異議申立てを却下する異議決定	渋谷税務署長	
平成19年7月4日	国税不服審判所長に対し、本件各送付通知の取消しを求める審査請求	納税者	
平成19年12月14日	**審査請求を却下する裁決**	国税不服審判所長	
平成20年6月10日	東京地方裁判所に対し、送付通知の取消しを求める訴えを提起		
平成20年10月24日	**訴えを却下する判決**	東京地方裁判所	原告控訴
平成21年4月23日	**控訴を棄却する判決**	東京高等裁判所	原告上告、上告受理申立て
平成21年11月27日	**上告棄却、上告不受理**	最　高裁判所	一審判決確定
平成19年6月28日付け	更正処分等、更正通知書等を送達	緑税務署長	

平成19年6月29日	更正通知書等を郵便で緑税務署長に郵便で返送	納税者	
平成22年1月14日付け	本件更正処分等に係る所得税及び消費税等を滞納しているとして原告の債権を差押え	渋谷税務署長	
平成22年1月19日	差押債権の取立てをし、配当処分をして、本件各滞納国税等に配当	渋谷税務署長	
平成22年1月25日	渋谷税務署長に対して、本件更正処分等及び本件差押処分を不服として異議申立て	納税者	
平成22年2月19日付け	異議申立てを却下する異議決定	渋谷税務署長	
平成22年3月10日付け	国税不服審判所長に対して、本件各更正処分等、本件差押処分等を不服として審査請求	納税者	
平成22年6月15日付け	審査請求を却下する裁決	国税不服審判所長	
平成22年12月3日	東京地方裁判所に本件訴えを提起	納税者	

136 判例各論

※ 裁判所が、事業所納税届出書が提出されたか否かを判断（認定）する際に、秤にかけた事実

納税者

・ 原告本人の供述
  （不自然なところはない）

・ 渋谷税務署による調査
  （平成 9 年）

課税庁

事業所納税の届出書の存在を確認できず

事業所納税の届出をした旨の磁気データなし

（注） 租税法規が規定する法律効果（本件では納税者の納税地）が発生するためには、当該税法が定める「要件」に該当する「要件事実」（本件では事業所納税届出書の提出）が存在する必要がある。

そして、要件事実の存在を課税庁や裁判所あるいは審判所が直接確認するということはなく、通常は、要件事実の存在が残した痕跡である証拠や周辺事実（間接事実）から要件事実の存在を推認することになる。

本件では、納税者が提示した事実は、要件事実の存在を推認させる積極事実、課税庁側が提出した事実は、要件事実の不存在を推認させる消極事実である。

3 争 点

争点①	渋谷税務署長がした更正処分等の不存在確認の訴えに、訴えの利益が認められるか否か
争点②	緑税務署長がした更正処分等の無効確認の訴えにつき原告に原告適格があるか否か
争点③	本件の更正処分等の取消しを求める訴えが不服申立前置の要件を満たしているか否か
争点④	本件の更正処分等及び差押処分等の適法性及び効力

VII　事業所納税届出書の取扱い　　137

4　裁判所の判断

(1)　本件不存在確認請求に係る訴えにつき訴えの利益が認められるか否か
【争点①】について

①　本件不存在確認請求に係る訴えのような処分の不存在確認の訴えにおいて、確認の訴えの一種として、確認の利益が認められるためには、(a)原告の権利又は法律上の地位に現に危険・不安が存在し、(b)その危険・不安が被告（被告に所属する当該処分をした行政庁）に起因するものであって、(c)その危険・不安を除去するために、求められている確認の対象について判決により確認をすることが必要かつ適切である場合であることを要するものと解される。

②　これを本件についてみるに、本件各更正処分等は緑税務署長によってされたものであり、渋谷税務署長によってされたものではないことは明らかであり、以上の事実は、当事者間に争いがない。そうすると、(ア)原告の権利又は法律上の地位に対する危険・不安が、「渋谷税務署長を処分行政庁とする本件各更正処分等」が存在するとされていることを前提に、そのことに起因するものであるとはいえず、(イ)また、原告において、本件各更正処分等の適法性を抗告訴訟によって争うのであれば、端的に緑税務署長によってされた本件各更正処分等の取消し又は無効確認等の訴えによるのが相当というべきであり（なお、これらの訴えにつき訴訟要件が充足されるか否かは、別論である。）、「渋谷税務署長を処分行政庁とする本件各更正処分等」の不存在を判決によって確認することが必要かつ適切であるともいい難いから、本件不存在確認請求に係る訴えに、訴えの利益は認められないものというべきである。

以上と異なる原告の主張は、独自の見解をいうものであることが明らかであって、採用することができないものというほかない。

(2)　原告に本件無効確認請求に係る訴えの原告適格があるか否か【争点②】
について

①　本件無効確認請求は、行政事件訴訟法3条4項に規定する無効等確認の訴えであるものと解されるところ、行政事件訴訟法36条は、「無効等確認の訴えは、当該処分又は裁決に続く処分により損害を受けるおそれ

のある者その他当該処分又は裁決の無効等の確認を求めるにつき法律上の利益を有する者で、当該処分若しくは裁決の存否又はその効力の有無を前提とする現在の法律関係に関する訴えによって目的を達することができないものに限り、提起することができる。」と規定している。

そして、課税処分の無効を理由とする無効等確認の訴えの原告適格については、(a)納税者が、課税処分を受け、当該課税処分に係る税金をいまだ納付していないため滞納処分を受けるおそれがある場合において、当該課税処分の無効を主張してこれを争おうとするときは、納税者は、当該課税処分の無効等確認の訴えについて原告適格を有するものと解される（最高裁判所第三小法廷・昭和51年4月27日判決・昭和50年（行ツ）第94号。以下、「最高裁・昭51.4.27」という。）一方、(b)納税者が、課税処分を受けた後、当該課税処分に係る税金を既に納付している場合には、(ア)その後に当該課税処分に続く処分がされることはないから、当該納税者は、同条にいう「当該処分…に続く処分により損害を受けるおそれのある者」に当たるとはいえない上、(イ)当該納税者は、国に対し、当該課税処分の無効を前提として、不当利得返還請求権に基づいて当該税金相当額の返還を求めることができるものと解されるから、当該納税者による当該課税処分等の無効等確認の訴えは、「当該処分…の効力の有無を前提とする現在の法律関係に関する訴えによって目的を達することができないもの」にも当たらないものと解されるから、当該納税者には当該課税処分の無効等確認の訴えの原告適格はないものというべきである（「東京高裁・昭55.11.28」。なお、この判決は、「最高裁判所第一小法廷・昭和57年3月4日判決・昭和56年（行ツ）第31号」によって維持されている。）。

② これを本件についてみるに、本件各更正処分等に係る本件各滞納国税等については、本件差押処分等に基づいてされた充当等により、その全額が徴収済みとされたものであるから、(a)現時点において、本件更正処分等に続く処分によって原告が損害を受けるおそれがあるものとはいえない上、(b)本件各更正処分等が無効であるというのであれば、原告（納税者）においては、被告（国）に対し、本件各更正処分等及びそれらを前提としてされた本件差押処分等の無効を主張して、上記のとおり本件各滞納国税等につき徴収済みとされたものが誤納金に当たるものとし

て、これに相当する額につき不当利得返還請求をすることができるものというべきであるから、本件無効確認請求に係る訴えは、本件各更正処分等の効力の有無を前提とする現在の法律関係に関する訴えによって目的を達することができないものにも当たらないものというべきである。そうすると、本件無効確認請求に係る訴えは、行政事件訴訟法36条所定の要件を満たすものとはいえないから、原告は、同訴えについての原告適格を有しないものというべきである。

(3) **本件取消請求に係る訴えが不服申立ての前置の要件を満たしているか否か【争点③】について**

① 通則法115条1項は、国税に関する法律に基づく処分で不服申立てをすることができるものの取消しを求める訴えにつき、不服申立ての前置を要件とする旨を規定している。

そして、税務署長がした処分につき不服がある者が異議申立てをするときは、当該処分があったことを知った日（処分に係る通知を受けた場合には、その受けた日）の翌日から起算して2か月以内にしなければならないとされているところ（通則法75①一、77①）、不服申立てが、不服申立期間経過後にされた等の理由により不適法であるため、不服申立手続において処分内容につき実質的な審理を受けることなく却下された場合には、不服申立ての前置の要件を満たしたものとはいえないものというべきである（最高裁判所第二小法廷・昭和30年1月28日。以下、「最高裁・昭30.1.28」という。）。

なお、通則法77条3項は、法定の不服申立期間内に不服申立てをしなかったことにつき、天災その他やむを得ない理由があるときは、当該理由がやんだ日の翌日から起算して7日以内に不服申立てをすることができる旨を定めているところ、不服申立期間が権利の救済と処分の効果ないし行政上の法律関係の早期安定という2つの要請の調和を図るという趣旨で設けられたものであることに照らすと、同項にいう「天災その他…やむを得ない理由」とは、単に不服申立てをしようとする者の主観的な事情では足りず、天災地変等による交通途絶など、不服申立期間内に不服申立てをしなかったことが社会通念上不可避であったものと認められる客観的な事情が存在することを意味するものと解される。

140　判例各論

② 本件において、緑税務署長は、原告に対し、平成19年6月28日、本件各更正処分等通知書を郵便により送達する手続をし、同郵便は、同日、原告のもとに到達したものであるから、同日をもってその送達の効力が生じたものであって、本件各更正処分等についての不服申立期間の起算日を定める基準となる原告が本件各更正処分等に係る通知を「受けた日」は、同日であるというべきであり、本件各更正処分についての本件異議申立てに係る不服申立期間は、同日の翌日から起算して2か月が経過する日である同年8月28日までであったものというべきである。ところが、原告が本件異議申立てをしたのは、平成22年1月25日であるから、本件異議申立ては、通則法77条1項所定の不服申立期間が経過した後にされたものであることが明らかである。

　また、本件全証拠を検討しても、原告が同項所定の不服申立期間内に本件各更正処分についての異議申立てをしなかったことにつき、原告の主観的事情を超えて、天災地変等による交通途絶など、不服申立期間内に不服申立てをしなかったことが社会通念上不可避であったものと認められる客観的な事情は認め難く、原告が本件各更正処分についての異議申立てを通則法77条1項の期間内にしなかったことにつき、通則法77条3項所定の「天災その他…やむを得ない理由」があったものとはいえない。

　したがって、本件各更正処分等についての異議申立ては、不服申立期間が経過した後にされた不適法なものというべきであるところ、同申立ては、本件各更正処分等の内容につき実質的な審理を受けることなく、不服申立期間の徒過を理由として却下されたものであるから、本件取消請求に係る訴えは、不服申立ての前置の要件を満たしたものとはいえないものというべきである。

(4)　各更正処分等及び差押処分等の適法性及び効力【争点④】について

①　各更正処分等がされた当時の原告の納税地について

(a)　前提事実、各証拠及び弁論の全趣旨によれば、(ア)原告（納税者）は、昭和49年12月19日に会計士補となり（登録に係る主たる事務所の所在地は、東京都足立区β×丁目の当時の原告の住所地であった。）、その後、昭和57年3月16日に公認会計士となるとともに、13年改正前税理

士法附則37項の規定により国税局長から税理士業務を行うことの許可を受け、同年9月8日にその事務所を渋谷区内の本件事務所に移し、同年12月21日に税理士となったこと、(イ)原告は、上記(ア)のとおりその事務所を渋谷区内の本件事務所に移して以降、一貫して、渋谷税務署長に対し、所得税についての確定申告書、消費税等についての確定申告書等を提出していたものであり、15年分所得税についての確定申告書及び修正申告書、16年分所得税についての確定申告書、15年課税期間の消費税等についての確定申告書並びに16年課税期間の消費税についての確定申告書も、渋谷税務署長に対して提出したものであること、(ウ)原告は、平成5年11月には、渋谷税務署職員からいわゆる税務調査(所法234、消法62)を受け、その結果に基づいて、渋谷税務署長に対し、修正申告書を提出したこと、(エ)昭和59年4月13日当時の「税務署の簿書の保存年限等に関する訓令」において、事業所納税届出書のことを指すものと解される「所得税の納税地の異動に関する届出書」及び「所得税の納税地変更に関する届出書」の保存年限は、いずれも3年とされていたこと、(オ)渋谷税務署においては、昭和45年度から、電算処理システムを利用した申告所得税及び法人税の内部事務等に係る事務処理が開始され、事業所納税届出書などの申請書については、その情報をデータに入力して管理しているところ、昭和57年当時の規程によれば、当該システムに係る磁気ファイルの保存期限は、原則として2回目の更新がされるまでの間とされており、磁気ファイルは月次で更新されていたことが認められる。

(b) 原告(納税者)は、昭和57年9月頃、所得税法16条4項の規定に従って渋谷区内を納税地とする旨の本件事業所納税届出書の提出をした旨主張し、これに沿う供述等をしているところ、前記の事実に照らせば、このような原告の主張及び供述等それ自体には、特段不自然なところはないものというべきである。

(c) 更正又は決定は、これらの処分をする際におけるその国税の納税地を所轄する税務署長が行うものとされ(通則法30①)、賦課決定もまた、その賦課決定の際におけるその国税の納税地を所轄する税務署長が行うものとされている(通則法33①)ことからすれば、税務署の職

員が納税者に対して所得税及び消費税等に係る税務調査（所法234、消法62）をする権限を有するのは、当該納税者の納税地が当該税務署の管轄区域内にある場合であるというべきであって、税務調査に当たっては、納税者の納税地が当該税務署の管轄区域内にあることを十分に確認すべきことが法令上当然に要請されているものというべきであり、そのことは、法令を遵守すべき立場にある平成5年の税務調査当時の渋谷税務署長及び同税務署の職員も、当然認識していたものというべきである。

　そして、**本件全証拠によっても、平成5年11月当時、上記のような法令上の要請にもかかわらず、納税地の確認を経ないまま税務調査を行うことが広く横行していたというような事情は、認めることができない。**

　これらの点からすれば、特段の事情のない限り、平成5年の税務調査を担当した渋谷税務署の職員において原告の納税地が渋谷税務署の管轄区域内にあることを確認した上で上記税務調査を行ったことが、推認されるものというべきである。

(d)　この点、被告は、渋谷税務署の職員が、平成18年8月ころ、㋐同税務署の書庫に保管してある事業所納税届出書のつづりを確認したが、原告による同届出書の提出を確認することができず、㋑また、同税務署において管理しているデータ上においても原告から事業所納税届出書が提出された旨の入力はされていなかった旨主張する。しかし、上記㋐については、前記のような事業所納税届出書の保存年限からすれば、平成18年8月頃の時点においては、原告の提出に係る事業所納税届出書は保存年限の経過を理由として廃棄されていたものと推認することができる。また、上記㋑の点についても、前記のとおり、渋谷税務署において事業所納税届出書などの申告書の情報をデータに入力して管理している電算処理システムに係る磁気ファイルは月次で更新されていたことなどからすれば、原告に係る事業所納税届出書のデータが更新作業上の過誤等によって欠落してしまったものとも考えられる。そうすると、上記㋐及び㋑の点をもって、前記(c)の特段の事情に当たるものとまではいい難いものというべきである。

Ⅶ　事業所納税届出書の取扱い　　143

　　また、被告（国）は、㈠原告（納税者）は、被告（国）から反対証
　拠が提出されるまで、税理士及び公認会計士として事業を開始した時
　期等につき事実とは異なる主張をし、一貫してそれに沿う供述等をし
　ていたこと、㈡原告が主張するように昭和49年12月に当時の住所地を
　主たる事務所として会計士補として登録した時点から会計士補として
　の事業を始めたとは考え難いこと、㈢平成18年の7月か8月ころに東
　京国税局査察部の査察官から3回電話があり「渋谷税務署が協力して
　くれないので困った。」と毎回原告に話したなどとする原告の本人尋
　問における供述は、上記査察官の陳述書等と食い違っていること、㈣
　本件各更正処分等に先立ち、緑税務署の担当職員が原告に対して事業
　所納税届出書の提出を促したことはない旨の原告の本人尋問における
　供述も、上記担当職員の陳述書等と食い違っていることを指摘して、
　前記①のような原告の供述等の信用性は乏しい旨主張するが、これら
　の点は、原告が事業所納税届出書を提出したか否かに直接関わる事情
　とまではいい難く、前記③において述べたような推認を覆すには足り
　ないものというべきである。

(e)　以上からすれば、原告は、昭和57年9月頃、所法16条4項の規定に
　従って渋谷区内を納税地とする旨の事業所納税届出書の提出をしたも
　のと認められる。そして、本件全証拠においても、本件各更正処分等
　がされた平成19年6月28日までの間に、原告の納税地が渋谷区内から
　異動したことを認めるに足りる証拠はないから、同日当時における原
　告の納税地は渋谷区内にあったものというべきである。そうすると、
　緑税務署長によってされた本件各更正処分等は、権限を有しない行政
　庁によってされた違法な処分であるといわざるを得ない。

②　本件各更正処分等及び本件差押処分等の効力について

(a)　前記のとおり、原告においては、昭和57年9月頃、所法16条4項の
　規定に従って渋谷区内を納税地とする旨の本件事業所納税届出書の提
　出をしたものと認められる以上、原告の納税地が渋谷区内にあること
　は法令の規定上明らかであり、**本件各更正処分等は、権限を有しない
　行政庁によってされたものといわざるを得ないものである。**したがっ
　て、本件各更正処分等の瑕疵が重大なものであることは明らかであ

144 判例各論

り、また、被告が主張するように、平成18年8月頃に確認した際に、渋谷税務署に本件事業所納税届出書が存在しておらず、同税務署において管理しているデータ上に本件事業所納税届出書が提出された旨の入力がされていなかったとしても、それは、専ら渋谷税務署側の事情によって生じた事態であるというべきことからすれば、上記の**瑕疵は、なお明白なものと評価する**のが相当である。

したがって、**本件各更正処分等は、無効なもの**といわざるを得ないものというべきである。

(b) このように本件各更正処分等が無効なものである以上、本件各滞納国税等は発生していないものであって、本件差押処分等もまた、法的には無効なものというべきである。

③ 小括

以上のとおり、本件各更正処分等及び本件差押処分等は無効なものであるから、原告（納税者）は、被告（国）に対し、不当利得返還請求権に基づき、本件差押処分等に基づく充当等によって徴収された本件各滞納国税等に相当する金額の返還を請求することができるものというべきである。

5 解 説

本件は、渋谷税務署長が原告（納税者）に対して行った申告書等の送付通知に対して不服のある原告が種々の不服申立てをし、最終的に、裁判所において更正処分等の無効を理由に、徴収された税額相当額が不当利得として返還を認められた事案である。

(1) 送付通知の取消しを求める異議申立て、審査請求、訴訟はなぜ却下されたのか。

異議申立て、審査請求は、国税に関する法律に基づく「処分」について認められた不服申立て制度であり（通則法75）、また、取消訴訟等の抗告訴訟の対象になるのは行政庁の処分である。そして、「処分」（行政事件訴訟法3②）とは、公権力の主体たる国又は公共団体（法令に基づきその権限の委託を受けた機関を含む。）が行う行為のうち、公権力の行使としてされる行為であって、その行為によって、直接国民の権利義務を形成し又はそ

の範囲を確定することが法律上認められているものをいうと解されている（最高裁判所第一小法廷・昭和39年10月29日・昭和37年(オ)第296号）。

　所得税及び消費税の納税地が課税庁の行為によって変更されるのは、現行法令上、従前の納税地が不適当であると認められる場合にその所轄の国税局長等によって納税地の指定（所法18、消法23）がされる場合に限られる。本件送付通知は、渋谷税務署長において、平成18年の原告の所得税及び消費税の納税地を当時の横浜市内の住所地（所法15、消法20①）であると認識して、同地を所轄する緑税務署長への各書類の回付の処理を行い、その旨を原告に通知したものであり、原告の所得税及び消費税の納税地を変更する効力を有するものではない。

　原告が主張するように、仮に、所法16条2項、4項及び消法21条2項の規定により同区内の事業場等の所在地を納税地とする旨の届出が所定の要件に従い適式に行われていた場合には、平成18年の原告の所得税及び消費税の納税地は渋谷税務署の管轄内にあったことになり、本件送付通知は、単に同税務署長の誤った認識及びこれに基づく書類の回付の処理結果を納税者に通知するものにすぎない。

　したがって、本件送付通知は、いずれにしても、公権力の行使としてされた行為ではなく、納税地を巡る原告の権利義務に直接の影響を及ぼすものでもないから、上記の「処分」に該当しないことになる。

　「処分」に当たらないものを「処分」であるとして、異議申立て、審査請求、取消訴訟を提起したので、却下（手続が適法でないとの判断）されたものである。

(2)　税務署長が所得税及び消費税の納税地について誤った認識して、各種書類の回付の処理を行い、その旨を納税者に通知した場合の対応はどうするのか。

　(1)のとおり現行の異議申立制度、審査請求制度、訴訟制度では、課税庁の行政処分があって初めて、納税者はその適法性を争うことができることとされているので、本件のように、税務署長が誤った認識で事務処理（申告書等の送付及び送付の通知）をした場合に異議申立て等でその適否を争うには、その誤った認識に基づいて誤った行政処分（本件でいえば緑税務署長による更正処分等）が行われた際に、その行政処分が誤っているという

根拠（前提問題）として主張し争うことになる。

　したがって、本件についていうと、緑税務署長が更正処分等をした際に、権限のない税務署長が行ったものとして、その取消しを求めて、所定の手続で異議申立て、審査請求、訴訟を行えば、却下されることなく、事業所納税届出書の提出の有無すなわち原告の正しい納税地についての判断を受けることができたことになる。

　納税者の立場からすると、万一、税務署が誤った事実認識の下に事務処理を行った場合には、早期にその是正を求め、以後の争いを防ぎたいと考えるのは自然なことであろうと思われるが、異議申立て等の争訟手続を利用する際には上記のような手続上のルールがあることは知っておく必要があろう。

(3)　①更正処分の不存在確認請求に係る訴え【争点①】、②更正処分の無効確認請求に係る訴え【争点②】、③更正処分等の取消を求める訴え【争点③】は、なぜ却下されたのか。

①　訴えの利益

　司法制度の確立した近代国家においては、私法上の権利や法律関係をめぐって紛争が生じ、紛争当事者間で自主的な解決ができないときは、当事者は、国家が設けた裁判所に訴えを提起し、その裁判によって紛争の公権的・法律的な解決を求めることができる。しかし、裁判所の施設や構成員には限界があるから、どんな訴えでも無制限に認めるというわけにはいかず、裁判所の裁判によって紛争を解決する実質的な利益ないし必要のある場合に限らなければいけないとされている。

　確認訴訟について訴えの利益が認められるためには、法律上の地位の不安を除去するのに、確認訴訟が有効・適切でなければならないとされている。例えば、金銭債権の存在についての確認判決を得ても、さらに、給付訴訟により債務名義を得なければ、紛争解決にはならないのが通常であるから、原則として、金銭債権の存在についての確認訴訟は有効適切な手段とはいえず、訴えの利益は認められないと考えられている。

　本件についていうと、有効適切な手段は、緑税務署長によってされた本件更正処分等の取消し又は無効確認等の訴えであるというのが裁判所

の判断である【争点①】。

② 更正処分等の無効を根拠とする訴訟

　行政事件訴訟法36条は、「無効等確認の訴えは、当該処分又は裁決に続く処分により損害を受けるおそれのある者その他当該処分又は裁決の無効等の確認を求めるにつき法律上の利益を有する者で、当該処分若しくは裁決の存否又はその効力の有無を前提とする現在の法律関係に関する訴えによって目的を達することができないものに限り、提起することができる。」と規定している。

　そして、課税処分の無効を理由とする無効等確認の訴えの原告適格については、次のとおりと解されている。

　(a)　納税者が、課税処分を受け、当該課税処分に係る**税金をいまだ納付していないため滞納処分を受けるおそれがある場合**において、当該課税処分の無効を主張してこれを争おうとするときは、納税者は、当該課税処分の無効等確認の訴えについて**原告適格を有する**（最高裁・昭51.4.27）。

　(b)　納税者が、課税処分を受けた後、当該課税処分に係る税金を既に**納付している場合**には、当該納税者には当該課税処分の無効等確認の訴えの**原告適格はない**（東京高裁・昭55.11.28、138頁参照）。

　本件では、更正処分等に係る滞納国税等については、本件差押処分等に基づいてされた充当等により、その全額が徴収済みとされたものであるから、更正処分等に続く処分によって原告（納税者）が損害を受けるおそれがあるものとはいえず、更正処分等が無効であるというのであれば、原告（納税者）においては、被告（国）に対して、更正処分等及びそれらを前提としてされた差押処分等の無効を主張して、滞納国税等につき徴収済みとされたものが誤納金に当たるものとして、これに相当する額について不当利得返還請求をすることができるから、無効確認請求に係る訴えは、更正処分等の効力の有無を前提とする現在の法律関係に関する訴えによって目的を達することができないものには当たらないので行政事件訴訟法36条所定の要件を満たさないこととなり、原告はこの訴えについての原告適格を有しないこととなる。この結果、無効確認請求に係る訴えは不適法な訴えとして却下されることになった【争点②】。

③ 不服申立前置主義

通則法115条1項は、国税に関する法律に基づく処分で不服申立てをすることができるものの取消しを求める訴えについて、不服申立ての前置を要件とする旨を規定している。

そして、税務署長がした処分につき不服がある者が異議申立てをするときは、当該処分があったことを知った日（処分に係る通知を受けた場合には、その受けた日）の翌日から起算して2か月以内にしなければならないとされているが（通則法75①一、77①）、不服申立てが、不服申立期間経過後にされた等の理由により不適法であるため、不服申立て手続において処分内容につき実質的な審理を受けることなく却下された場合には、不服申立ての前置の要件を満たしたものとはいえないものされている（最高裁・昭30.1.28）。

緑税務署長は、原告（納税者）に対し、平成19年6月28日、本件の更正処分等通知書を送達しているから不服申立期間の起算日を定める基準となる原告が本件の更正処分等に係る通知を「受けた日」は、同日となる。

本件の異議申立ての不服申立期間は、同日の翌日から起算して2か月が経過する日である同年8月28日までであるが、原告（納税者）が異議申し立てをしたのは、平成22年1月25日であるから、異議申立ては、通則法77条1項所定の不服申立期間が経過した後にされた不適法なものであり、同申立ては、本件の更正処分等の内容につき実質的な審理を受けることなく、不服申立期間の徒過を理由として却下されたものであるから、本件の更正処分等の取消を求める訴えは、不服申立ての前置の要件を満たしていないとして却下されたものである【争点③】。

⑷ **却下されないためには、どのような不服申立てをすれば良かったのか。**

本件においては、処分権限のない緑税務署長が更正処分等をしたのであるから、異議申立期限内に、実際に更正処分等をした緑税務署長に対して、処分権限のない税務署長が更正処分等をしたことを根拠として異議申立てをしていれば、適法な不服申立てとして、以後の手続において、内容の判断すなわち事業所納税の届出書の提出の有無についての判断をもらうことができたのである（【争点①】及び【争点③】については却下にはならな

かった。)。

　また、本件更正処分等に係る滞納国税等は、平成22年1月19日に取立てにより消滅し存在しないこととなった。それより前であれば、差押処分についての不服申立ては適法なものとなったのであるが、差押処分に対する異議申立てをしたのは、その後の平成22年1月25日であった。その結果、異議申立て、審査請求、訴訟のいずれにおいても、不適法な申立てとして却下の判断となったのである。

　平成22年1月19日の取立て後において、原告（納税者）が、処分権限のない緑税務署長から更正処分等を受けたことの救済を求めるとすると、この更正処分等の無効を理由として不当利得返還請求の訴えを裁判所に提起するという方法によることになる。

　この訴えが【争点④】についての訴えである。

150   判例各論

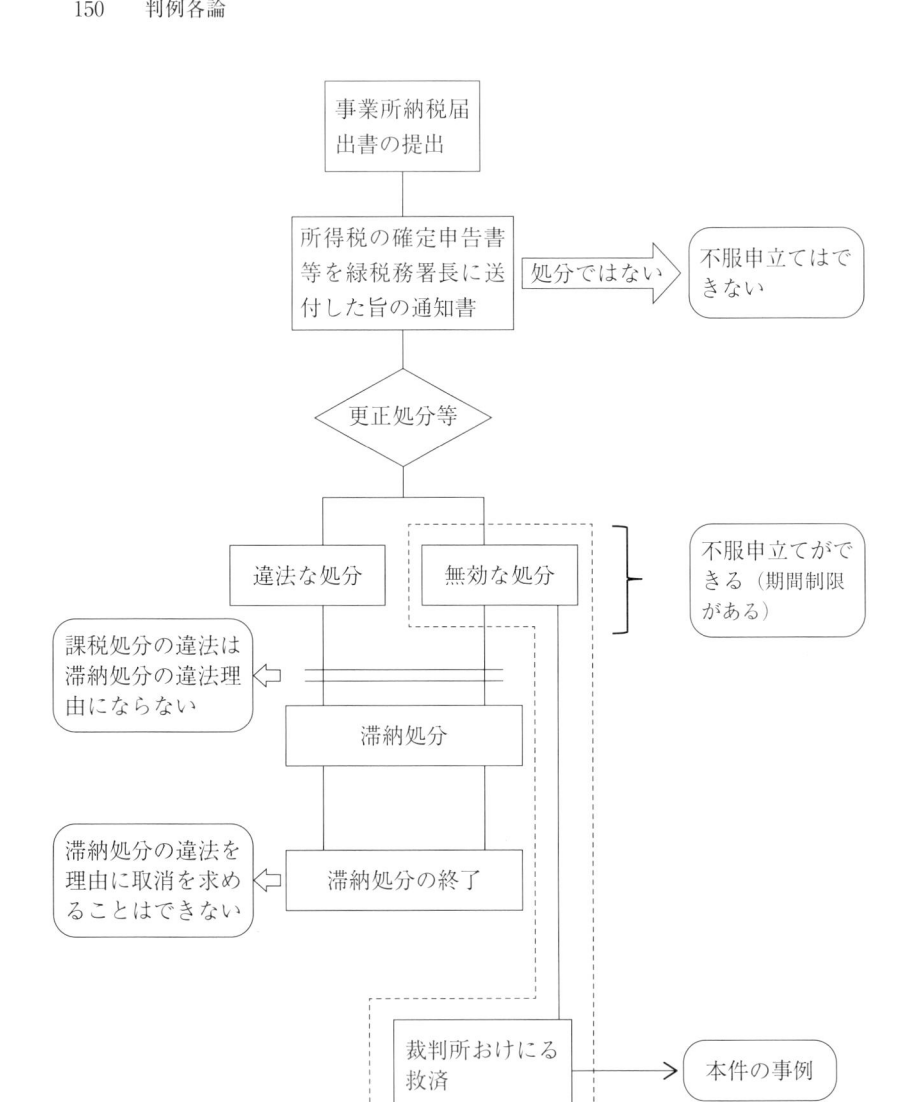

Ⅶ　事業所納税届出書の取扱い　　151

⑸　コメント

①　本件では、事業所納税届出書の提出の有無という実質的な争点を巡って、種々の不服申立てを経て、最終的に無効な更正処分等であったとして、裁判所において、取り立てられた税金が不当利得であると認められている。一見すると、異議審理庁（税務署長）、国税不服審判所、裁判所が形式的な理由で、内容的な判断を回避したようにも見えなくはないが、いずれも、争訟手続として確立したルールに基づくと、内容的な判断をすることができない申立てであったように思われる。

　　その意味では、異議審理庁（税務署長）、審判所、裁判所のいずれも的確な判断をしたものといえる。

②　本件では、適法でない不服申立てが複数行われたが、納税者側についていうと、事業所納税届出書を提出した時にその写しに税務署の収受印を受け、これを保管し、税務署がこれと齟齬する取扱いをした際に、それを提示していれば、本件のような争いは回避できたといえるし、また、不服申立てについて詳しい専門家の助言を得て、適法な不服申立手続でその主張を行えば、本件のような適法でない不服申立てを繰り返すこともなかったように思われる。課税庁側についていうと、適法でない不服申立てが行われた際に、主張の違いはそれとして、適法な不服申立ての手続を納税者に説明すれば、本件のように適法でない不服申立てが繰り返されることはなかったように思われる。

③　本件における実質的な争点である事業所納税届出書の提出の有無及びそれに基づく緑税務署長が行った更正処分の効力の有無については、全面的に納税者の主張が認められている。

㋐　事実の存否について

　　事業所納税届出書の提出については、処分の適法性を基礎付ける事実の立証責任は課税庁が負担するという立証責任分担の原則から、被告（課税庁）は、非常に困難な証明である「不存在の証明（訴訟の世界では「悪魔の証明」といわれている。）」を求められた。裁判所は、事業所納税届出書の提出が前提とされる渋谷税務署の税務調査が行われたこと、原告（納税者）の供述が自然なものであることから、事業所納税届出書の提出があったものと認定している。本件においては、事

業所納税届出書の提出がないとすれば渋谷税務署長には原告（納税者）の税務調査を行う権限はないことになるから、渋谷税務署が税務調査を行った以上、その時点において、渋谷税務署長には原告（納税者）の税務調査を行う権限があった（事業所納税届出書の提出があった）との強い推定が働くと判断したものと思われる。

税務調査は間接強制を伴うものであり、その権限を持つ税務署長以外はこれを行うことができないということの再認識を求める裁判所からのメッセージとして受け止めるべきであろう。

(イ)　法令の解釈について

更正処分等が処分権限のない税務署長によって行われた場合に、その瑕疵がその処分の取消事由にとどまるのか、無効事由になるかは見解の分かれるところであろう。

本件においても、被告（国）は、行政処分が無効になるのは当該処分に「重大かつ明白な瑕疵」がある場合であるという法理を根拠に、本件の瑕疵は明白なものではない、として本件の瑕疵は処分の無効原因にはならない旨主張している。これに対して裁判所は、「被告（課税庁）が主張するように、平成18年8月ころに確認した際に、渋谷税務署に本件事業所納税届出書が存在しておらず、同税務署において管理しているデータ上に本件事業所納税届出書が提出された旨の入力がされていなかったとしても、それは、専ら渋谷税務署側の事情によって生じた事態であるというべきことからすれば、**上記の瑕疵は、なお明白なものと評価するのが相当である。**」と判断している。

この裁判所の判断は、処分権限のない税務署長の行った更正処分等は、原則として、処分の取消事由にとどまらず無効事由になるとするものである。換言すると、更正処分等について異議申立てや審査請求で取消しを求めることも可能であるし、また、更正処分等について異議申立てや審査請求で取消しを求めることなく、滞納処分が行われた際に、それに対する不服申立てで滞納処分の取消しを求める根拠として主張することもできるし、さらに、異議申立てや審査請求を経ることなく、直接裁判所に対して無効確認や不当利得返還を求めることができるということである。

VII 事業所納税届出書の取扱い 153

　本件判決の、処分権限のない税務署長の処分は原則として無効であるとの判断は、本件の瑕疵は「外見上客観的に明らかであるとは評価できない。」との被告（国）の主張を排斥して行われたものであり、また、東京地裁の行政部の判断でもあるので、今後の裁判に先例的な意味をもつものと思われる。

　また、税務調査があり更正処分等が行われそうになると住所（原則的な納税地）を変更し、更正処分等をする権限のある税務署長を変えてしまうというような、事実上の課税逃れ事案に対しては、更正処分等を行う際の処分権限ある税務署長の確認について慎重な姿勢が求められよう。

「処分」とは？

　国税通則法75条は「国税に関する法律に基づく処分」について規定しているが、「処分」とは、行政庁が法に基づき優越的な意思の発動又は公権力の行使として国民に対して具体的事実に関し法的規制をする行為、すなわち、権利を設定し、義務を命じその他法律上の効果を発生させる行為である。

　税務行政庁が行う各種の行為のうちには、「処分」であるかどうか判定の難しいものもある。

　以下のような場合は、その者の権利義務に影響を及ぼさない（又はほかに直接影響を及ぼす処分がある）ので、「処分」には当たらないと解されている。

① 　還付金の還付

　　納税者の権利義務その他法律上の地位を形成し、あるいは、これに具体的変動を及ぼし、又は、その範囲を具体的に確定する等の効果を生ぜしめるものでないから、「処分」に当たらない（広島高裁判所・昭和54年２月26日判決・昭和53（行コ）第２号）。

② 　行政機関の内部行為

　　上級行政庁が下級行政庁等に対してする通達、訓示、指示、同意、承認、認可等は行政の内部的意思表示にとどまり、国民の権利義務に直接影響を与えることがないから、「処分」とはいえない。不服申立ては、指示等に基づいてされた具体的な処分に対してすることになる。

③ 　既存の法律関係を事実上確認し、又は、単に知らせるにとどまる行為

　　例えば、予定納税額の通知、公売の通知、延滞税の通知等は、それ自身が法律効果を発生させる行為ではないから「処分」には当たらない。

　　なお、督促は「処分」に当たるとされている（最高裁判所第二小法廷・平成５年10月８日判決・平成４年（行ツ）第183号）。

④ 　単純な窓口的事務

　　申告書の収受、収納行為

VIII　税理士が青色事業専従者に支払った専従者給与の金額の当否について地裁と高裁が異なった判断を示した事例

　税理士が青色事業専従者に支払った専従者給与の金額が不当に高額であるとして税務署長がした更正処分の取消しを納税者が求めたのに対し、地方裁判所は、課税庁の適正額の算定は納税者の特殊事情を反映していないとして、処分の一部を取り消したのに対して、高等裁判所が、課税庁の適正額の算定は正当なものであるとした事例

〔広島高等裁判所松江支部・平成25年10月23日判決・平成24年（行コ）第3号、第4号（国側勝訴、納税者側上告受理申立て）
〔鳥取地方裁判所・平成24年6月22日判決・平成21年（行ウ）第5号〕

1　事案の概要

　本件は、税理士業を営む納税者（原告・被控訴人）が、その乙（妻）を青色事業専従者として、平成16年分から平成18年分までの各年分に係る乙（妻）の給与を事業所得の金額の計算上必要経費に算入してした各確定申告について、T税務署長が、専従者給与のうち乙（妻）の労務の対価として相当であると認められる金額を超える部分の金額は必要経費に算入できないとして、各年分に係る所得税の更正処分及び過少申告加算税の賦課決定処分を行ったことに対し、納税者（原告・被控訴人）が、専従者給与の金額は乙（妻）の労務の対価として相当であり、本件処分は違法であると主張して、本件処分の取消しを求めた事件である。

　原審は、本件各処分の一部を取り消した。

　原判決に対し、控訴人（課税庁）は、本件処分は適法であると主張して被控訴人（納税者・原告）の請求の棄却を求めて控訴した。

　被控訴人（納税者・原告）は、控訴人（課税庁）の控訴を受けて、原審における請求と同旨の判決を求めて附帯控訴した。

156　判例各論

2　前提事実

(1)　当事者等

①　納税者（原告・被控訴人）は、昭和58年4月19日に税理士の登録を受け、開設した事務所において税理士業を営む税理士である。

②　乙（妻）は、昭和54年4月に納税者と結婚し、納税者が昭和58年4月に事務所を開設した当初から同事務所で勤務しており、本件各年分において、いずれも年間を通じて納税者の事業に従事していた。

乙（妻）は、税理士資格を有していない。

③　納税者は、昭和59年2月9日、処分行政庁に対し、所得税の青色申告承認申請をするとともに、乙（妻）を青色事業専従者とする届出をし、同年以降の所得税の青色申告承認を受けた。

(2)　本件各処分等の経緯

①　納税者（原告・被控訴人）は、本件各年分において、乙（妻）が納税者の事業に従事したことの対価として、平成16年分は1240万円、平成17年分及び平成18年分は各1280万円の青色事業専従者給与を支給した。

②　納税者は、本件各専従者給与について、それぞれ全額を本件各年分の事業所得の金額の計算上必要経費に算入し、処分行政庁に対し、本件各年分の確定申告書を申告期限内に提出した。

③　処分行政庁は、平成19年4月から納税者の本件各年分の所得税について税務調査を実施し、平成20年3月14日付けで、乙（妻）は税理士資格を有していないから、その労務の性質は税理士の補助事務の域を出るものではなく、納税者の事務所に勤務していた他の従業員（この章において、「本件各使用人」という）及び類似同業者の専従者の労務の性質と同様なものと認められること、**乙（妻）が事業に従事した時間を正確に記録したものはないから、その労務提供の程度も本件各使用人及び類似同業者の専従者と比較して大きな差異がなかったと認めるのが相当である**こと、そうすると、本件各専従者給与は、乙（妻）の労務の性質及び労務提供の程度が本件各使用人及び類似同業者の専従者と大きな差異がないにもかかわらず、類似同業者の専従者給与の最高額である663万円の2倍を超える著しく高額なものであり、労務の対価として不相当である

ことを理由に、本件各年分の乙（妻）の青色事業専従者給与として認められる額は、平成16年分については6,099,000円、平成17年分については6,011,000円、平成18年分については6,123,000円であるとして、本件各処分を行った。

④　納税者（原告・被控訴人）は、処分行政庁に対し、平成20年５月12日付けで本件各処分の取消しを求めて異議申立てをしたが、処分行政庁は、同年８月８日付けでこれを棄却する旨の決定をした。

　　そこで、納税者（原告・被控訴人）は、国税不服審判所長に対し、審査請求を行ったが、国税不服審判所長は、平成21年６月３日付けでこれを棄却する旨の裁決をした。

⑤　納税者は、平成21年12月１日、訴えを提起した。

（単位：円）

	平成16年分	平成17年分	平成18年分
青色専従者給与控除前の事業所得の金額	25,121,014	28,000,391	26,168,939
申告に係る青色専従者給与の金額	12,400,000	12,800,000	12,800,000
申告に係る事業所得の金額	12,721,014	15,200,391	13,368,936
原処分認定の青色専従者給与の金額	6,099,000	6,011,000	6,123,000
使用人一人当たりの給与額平均金額	3,579,167	3,842,250	3,608,375
類似同業者の青色専従者給与の平均	5,716,356	5,450,462	5,255,915
訴訟における課税庁主張の専従者給与額	5,716,356	5,450,462	5,255,915
地方裁判所が相当額として認定した金額	10,048,406	11,200,156	10,467,574
高等裁判所が相当額として認定した金額	5,716,356	5,450,462	5,255,915

3　争点

　納税者（原告・被控訴人）の事業所得の金額の算定に際し、必要経費として控除されるべき相当な青色事業専従者給与の額は、本件各更正処分において処分行政庁が認めた平成16年分は6,099,000円、平成17年分は6,011,000円、平成18年分は6,123,000円を超えるか否か（納税者が乙（妻）に支給した本件各専従者給与は乙（妻）の労務の対価として相当であるか否か）。

4 裁判所の判断

(1) 判断の前提として認定した事実とその評価

地方裁判所	高等裁判所
① 乙（妻）の労務の内容について 　乙（妻）は、税理士資格を有していないものの、平成16年の時点で、通算すると約27年にわたって税理士事務所に勤務し、会計業務及び税理士補助業務に従事した経歴を有し、原告事務所においては、学校法人や医療法人といった特徴のある会計業務を処理する専門的知識及び経験を有する唯一の人物であった。また、乙（妻）は、その経歴及び専門性を生かして、会計業務に関しては、本件各使用人の指導や本件各使用人が作成する会計帳簿を確認し、これを完成させる業務等を担当していただけでなく、本件各使用人の能力や関与先の規模等を考慮して会計業務の担当者を決定するなど、事務所内での業務配分を采配する役割を果たしていた。 　さらに、乙（妻）は、本件各使用人の昇給を決定する等の給与の管理、原告事務所の会計帳簿の作成、原告事務所の備品の管理等、本件各使用人が担当していない事務を担当していた。これらの諸点を併せ考慮すれば、乙（妻）の労務の性質は、会計業務及び税理士補助業務における経歴ないし専門性を遺憾なく発揮して、原告事務所の経営に深く関わるものであったということができ、この点で、**本件各使用人とは質的に異なるものであったと評価する**ことができる。	① **本件専従者給与の水準について** 　本件各年分において、乙（妻）と同様に年間を通じて被控訴人（納税者）事務所で被控訴人の事業に従事していた本件各使用人の１人当たりの給与を平均すると、平成16年分は3,579,167円、平成17年分は3,842,250円、平成18年分は3,608,375円であることが認められる。 　乙（妻）が支給を受けていた本件専従者給与は、本件各年分における本件各使用人の給与の平均額と比較すると３倍以上の極めて高額なものであったことが認められる。 　そうすると、所法57条１項及び所令164条１項に照らして、本件専従者給与全額が乙（妻）の労務の対価として相当であると認められるためには、すなわち、被控訴人（納税者）の事業所得の金額の算定に際し、本件各専従者給与全額を必要経費として控除することが認められるためには、乙（妻）の**労務の実態が本件各使用人のそれとは質的に異なる程の大きな差異があることが必要**であって、そのような差異が認められない場合には、被控訴人の事業所得の金額の算定に際して必要経費として控除し得る乙（妻）の青色事業専従者給与の額は、乙（妻）の労務の対価として相当であると認められる金額に減額されなければならないというべきである。

また、労務提供の程度についても、乙（妻）の勤務時間が本件各使用人よりも長時間に及ぶものであったことは認定事実のとおりであり、乙（妻）の繁忙期における勤務状況をみても、本件各使用人より量的にも多いものであったことが認められる被告（課税庁）は、乙（妻）の勤務時間について、客観的証拠がない旨主張している。しかし、前記認定に係る乙（妻）の勤務時間は、パソコンログ記録によって認められる乙（妻）のパソコンの起動時間や乙（妻）が記載した税務日誌の内容によって裏付けられており、自宅で資料作成等の作業に従事した点に関する証人乙（妻）の証言は、前記の乙（妻）の担当事務の内容や、乙（妻）が当時自宅において持ち帰り仕事ができないような育児等の家事の負担を負っていたことを認めるに足りる証拠がないことに照らせば、あながち信用できないとはいえない。）。

② 乙（妻）の専従者給与の金額の相当性について

そこで、乙（妻）のこのような労務の質、量に照らせば、本件各専従者給与は相当な金額のようでもある。しかしながら、本件各専従者給与の金額（平成16年分について1240万円、平成17年分及び平成18年分について各1280万円）は本件各年分の原告事務所の原告の事業所得の金額（平成16年分について12,721,014円、平成17年分について15,200,391円、平成18年分について13,368,936円）とほぼ等しいか、それに近いものになっており、この観点から不相応でないか疑義が生じる。すなわ

② 乙（妻）の労務の実態について

本件において、乙（妻）が被控訴人の事業に従事していた時間を客観的かつ明確に明らかにするに足りる証拠は見当たらない。

乙（妻）は、この点について、自己が記載していた税務日誌によって被控訴人の事業に従事していた時間が明らかになる旨証言するが、同税務日誌の記載と被控訴人事務所の乙（妻）専用のパソコンのパソコンログ記録とを対比すると、税務日誌の記載によれば乙（妻）が被控訴人の事業に従事している旨記載されているのに、乙（妻）のパソコンは稼働していなかったという場合が多々あるのみならず、乙（妻）のパソコンが稼働しているにもかかわらず、税務日誌には乙（妻）が被控訴人の事業に従事している旨記載されていない場合もあることが認められるから、税務日誌の記載は正確であって、それによれば乙（妻）が被控訴人の事業に従事していた時間が明らかになる旨の乙（妻）の証言は、採用し難い。

他方、被控訴人事務所の乙（妻）及び本件各使用人の各専用パソコンの平成17年2月22日から平成18年12月31日までの間のパソコンログ記録によれば、乙（妻）は、本件各使用人のうちで最も稼働時間が長い丙の専用パソコンの稼働時間の約1.21倍の時間にわたって乙（妻）の専用パソコンを稼働させていたことが認められる。

この事実に加えて、乙（妻）及び本件各使用人は、専ら被控訴人事務所の各自の専用パソコンを使用して税務会計事務を行っていたこと、乙（妻）自

ち、税理士法においては、税理士は、税理士法２条１項に規定する税理士業務のほか、税理士の名称を用いて、他人の求めに応じ、税理士業務に付随して、財務書類の作成、会計帳簿の記帳の代行その他財務に関する事務を業として行うことができる旨規定され（税理士法２②）、また、税理士でない者については、税理士業務を行ってはならないこと（税理士法52）、税理士もしくは税理士事務所又はこれに類似する名称を用いてはならないこと（税理士法53）が規定されている。

これらの規定からすれば、同法は、税理士の名称を用いて業務を行う限り、税理士が、税理士でない者に税理士法２条２項の業務を担当させる場合についても、最終的には税理士による監督を予定しているとみるべきである（そして、税理士は、本来自由業務である会計業務であっても、自己の名称を使うことで顧客から信用を得ることができ、営業上もそれが有利に働くことは容易に推認できる）。実際にも、乙（妻）は税務業務はもちろんのこと会計業務についても、原告から指導監督を受けていた。そして、こうしたことが、賃金水準を査定するにあたっては（特に、有資格者とそうでない者の業務及びそれに対する評価の分配）、前記の顧客からの信頼を含む、職能給的な要素や職責給的な要素及び資格の有無も含めた専門性を考慮するのが通常であることに照らし、作業量や作業時間が断然違うほど資格のない者が働かない限り、資格を有する税理士が支払を受けるべき対価は資格を有しない者が支払を受けるべき対価

身、繁忙期以外はほとんど残業をしていない旨証言していることを併せ考えれば、乙（妻）が通常本件各使用人よりも早く被控訴人事務所に出勤し、遅く退出していたことを考慮しても、乙（妻）の被控訴人の事業に従事していた時間が本件各使用人に比して異質となる程に大幅に長かったとは認められないというべきである。

これに対し、被控訴人（納税者）は、乙（妻）は繁忙期には資料を自宅に持ち帰るなどして深夜や休日を問わずに仕事をしていたので、その労務の提供の程度は本件各使用人の比較にならない程長時間であり、乙（妻）が繁忙期以外はほとんど残業をしていない旨証言したのは、自身のことではなく、一般的な勤務時間に関する質問であると誤解したためであるなどと主張する。

しかしながら、乙（妻）や被控訴人の陳述や証言を除けば、乙（妻）が自宅で被控訴人の事業に日常的に従事していたことを明らかにする証拠は見当たらず、かえって、乙（妻）が学校法人の補助金申請事務の関係で特に繁忙であると証言する３月末から４月10日にかけての期間等においては、乙（妻）の専用パソコンのパソコンログ記録によれば、乙（妻）は、土曜や日曜日であっても被控訴人事務所に出勤して作業を行っていたことが認められるから、乙（妻）が資料を持ち帰るなどして自宅で長時間にわたって被控訴人の事業に従事していたとの事実は、認めるに足りないといわざるを得ない。

また、乙（妻）は、「あなたの勤務時間についてなんですけれど、」と確

より多くなるのが一般である。

ところが、本件においては、本件各専従者給与の金額と原告事務所の事業所得の金額は、ほぼ等しいか、それに近く、前記の労務の性質やその対価としての給与のあり方という側面から見て、不相当なものと評価せざるを得ない。

さらに、税理士が、税務に関する専門家として、独立した公正な立場において、申告納税制度の理念にそって、納税義務者の信頼にこたえるべき立場（税理士法1）にあることを考慮すると、自らの確定申告をするにあたっても、第三者の目から見て、担税力に見合った納税義務の適正な履行（所法1）が行われていると評価されるような申告がされているかどうかが問われるものというべきであり、類似同規模同種事業者における支給給与と乖離した給与の支払がされたことを前提とした（事業）所得税の申告がされることによって、全体として、高額な所得税の納税を回避するような目的があったと窺われるような事情が認められる場合は、申告上の専従者給与の一部について必要経費への算入が否定されることにならざるを得ないと解するのが相当である。

そこで、本件各年分における確定申告の内容に照らし、本件各専従者給与の金額を前提とした場合に、原告夫婦が負担した所得税額の合計金額を試算すると、乙（妻）に係る定率減税額が上限（平成17年分までは25万円、平成18年分は12万5000円）に達する分岐点を試算した結果に照らすと、原告及び乙

認された上での「残業することも、よくあったということなんですかね。」との質問に対し、「繁忙期以外はほとんどないです。」と答えたものである上、直後の「あなたの働いていた時間を資料とかで証明するとすれば、先ほど示されたパソコンのログの記録というものになりますか。」との質問に対して、「いえ、私は、税務日誌に書いております。」と、自己に関する質問であると正しく理解して回答しているのであるから、残業の有無に関する上記の質問について、一般的な勤務時間に関する質問であると勘違いをして回答したものとは認め難く、乙（妻）がその後に上記証言を否定し、乙（妻）自身は繁忙期以外でも残業をしていた旨証言していることを考慮しても、乙（妻）の証言に関する被控訴人の主張の不自然さは払拭できない。

以上によれば、乙（妻）が被控訴人（納税者）の事業に従事していた時間は、本件各使用人よりは一定程度長時間に及んでいたとは認められるものの、本件各使用人とは質的に異なるといえる程に長時間ではなかったと認められ、そうすると、乙（妻）が被控訴人の事業のために提供していた労務の程度は、基本的に本件各使用人と同程度のものであったと認めることが相当である。

③　労務の性質について

被控訴人（納税者）は、税理士として被控訴人事務所を開設し、被控訴人の責任において顧客から税務、会計事務の委任を受け、それに係る業務を遂行していたものであり、乙（妻）は、

（妻）は、税務の基礎知識を活用して、当時実施されていた定率減税が、減税額が平成17年分までは25万円、平成18年分は12万5000円で頭打ちになっていることを考慮し、一定の所得を乙（妻）に多めに配分することにして、乙（妻）の所得税に係る定率減税を受ける形式を取ることによって、総体として、夫婦が共同経営している事業から得られる収入に見合った担税力に釣り合うような所得税の納付を回避する観点から、専従者給与額を調整して確定申告をしたことが推認できる。

そうすると、**本件各専従者給与の金額は、相当なものとはいえない。**

ところで、原告は、税理士が会計事務所に会計業務を外注した場合に、売上の80パーセント相当額を支払うのが通常であり、乙（妻）の仕事に対応する売上は原告事務所の売上総額の80％に相当するかのような主張をするが、前記のとおり、原告事務所の売上は、会計業務に相当する部分を含めて、あくまで税理士である原告の名称及び資格を用いて経営したことによるところが大きいというべきであり、この点の原告の主張は採用できない。

もっとも、原告事務所の関与先の会計業務の担当件数をみると、原告が全体の約5分の3、乙（妻）が約5分の2であったことが認められ、加えて、乙（妻）が、前記の経歴及び専門性を前提として、原告担当分についても本件各使用人を指導し、同人ら作成に係る会計帳簿等の確認を行っていたこと、乙（妻）が、自らの判断で関与先の会計業務の担当者を最終的に決定し

税理士資格を有していなかったのであるから、被控訴人事務所における乙（妻）の労務の性質は、基本的に税理士業務の補助と認めることが相当であり、このことは、乙（妻）を青色事業専従者とする届出等において、被控訴人自身が乙（妻）の仕事の内容を「事務」、「税理士業務補助」等と記載していることからも裏付けられるところである。

したがって、被控訴人の事業に従事していた乙（妻）の労務の性質は、本件各使用人や、類似同業者において税理士業務の補助事務に従事している青色事業専従者の労務と同質であったというべきである。

これに対し、被控訴人は、乙（妻）は経験年数27年の熟練の会計業務者であり、被控訴人事務所において非常に重要な要素を占める会計業務の責任者として本件各使用人を統括しつつ、乙（妻）にしかできない学校法人や医療法人という特殊な会計業務その他の関連業務に従事していたのであるから、乙（妻）の労務の内容は本件各使用人と全く異なるものである上、乙（妻）は被控訴人事務所において設備備品を管理するほか、購入の決定権をも有していたのであるから、実質的に被控訴人と共に被控訴人事務所の共同経営者の立場にあったものであるとして、乙（妻）の労務の性質は、単なる税理士業務の補助という本件各使用人とは質的に異なる旨主張する。

確かに、乙（妻）が税務会計事務に従事した期間が平成16年12月31日時点で27年を超えていることは認められる

たり、本件各使用人の人事管理を行っていたこと、特に業務が困難な医療法人等の会計業務等を一人で行ってきたこと等も併せ考慮すれば、乙（妻）の労務の対価として相当と認められる金額は、原告の営業活動等を踏まえても、原告事務所の事業所得の金額の5分の2、すなわち、原告の事業所得金額と乙（妻）の専従者給与額が3対2の割合になるものと評価することに合理性を有するものと認められる。

　なお、当裁判所としては、一般的な税理士事務所における会計業務の比重がどの程度のものであるかについては、不明なところもあり、乙（妻）の担当件数の割合を基本に認定することに疑問を感じないではない上、税理士事務所における会計業務を含む売上げを考えた場合、これまでにも述べたとおり、税理士資格を有しない事業専従者や使用人が如何に働こうとも、税理士がその名称及び資格をもって集客し、仕事を受注し、受注後も事業従事者や使用人の作業を監督しなければ売上げを上げることができないのだから、T県民の平均給与も認められないなら格別、それ以上の額が事業従事者の労働の対価として問題となる場合には、その観点が重視されるべきであり、しかも、本件においては、前記のとおり、原告が積極的に顧客と会い、営業活動をしてさらには乙（妻）に対する監督もしているようであり、その点を踏まえれば、原告の事業所得と乙（妻）の専従者給与額の割合は、前者が3対2より多くなるようにすべきかもしれない。しかしながら、本件におい

から、乙（妻）は、会計業務に熟達していたといい得るけれども、前記のとおり、被控訴人は、税理士の資格を有する被控訴人の責任において顧客から税務、会計事務の委任を受けてその業務を行っていたのであるから、税理士資格がなくても可能な会計業務については乙（妻）が責任者となっており、被控訴人はほとんど関与していなかったとは想定し難く、かえって、被控訴人事務所で被控訴人に雇用されていた丁、戊、己及び丙が、それぞれの作成した書類のチェックは被控訴人（納税者）が行っていた旨一様に陳述していることに照らしても、**被控訴人事務所では、会計業務に関しても、被控訴人の監督の下で遂行されていたと認めることが合理的である。**

　したがって、乙（妻）が被控訴人事務所における会計業務の統括責任者であった旨の被控訴人の主張は、採用できない。

　また、学校法人や医療法人に係る会計業務が通常の会計業務と異なる特殊性を有すること、学校法人の補助金申請に関する業務が極めて煩雑な上に短期間での対応を要求される業務であること、被控訴人事務所においては乙（妻）のみがそれらの業務を担当していたことは認められるが、学校法人や医療法人に係る会計業務が通常の会計業務とは全く異なる会計処理の基準に基づいて処理されるものであるとはおよそ認められないし、学校法人の補助金申請に関する業務も、煩雑ではあるとしても、特殊専門的な会計知識が必要な業務とは認められず、したがって、

ては、被告（課税庁）が、普遍性や合理性が担保される方法で、原告の主張や証人乙（妻）の証言の弾劾に成功していないことを考慮すると、前記のとおり、原告の所得金額と乙（妻）の専従者給与額が３対２の割合になるものとして課税標準を認定することがそれ程社会常識に反するともいえないと解する。

③　被告（課税庁）の主張について

これに対し、被告（課税庁）は、本件各専従者給与は、類似同業者給与比準方式に基づき把握できた金額を上回るものではない旨主張する。

しかしながら、被告の主張する類似同業者比準方式についても、**本件通達における類似同業者の抽出基準が、乙（妻）のような経歴及び専門性、経営への深い関与を前提とするものとなっていない以上、採用することができない。**

そもそも、所法57条１項及び所令164条１項は、事業者側だけでなく、事業専従者側の労務についての個性を十分に配慮すべきことを念頭に置いた規定であり、その配慮なく類似同業者を抽出して、その抽出同業者と原告（納税者）を比較するだけで乙（妻）の相当な労務の対価を決めることは許されないと解すべきである。

特に、本件では、原告における税務日誌の記載が不十分なものであるとか、労働時間の管理が不十分であった事情はあるものの、原告が処分行政庁の税務調査を拒絶したり、非協力だった事情は窺えない。そうだとすれば、処分行政庁は、乙（妻）の労働実態を綿密に調査、分析した上、乙（妻）の

これらの業務は、基本的に被控訴人が委任を受けた税務、会計事務に含まれる業務であって、異質な業務であるとは認め難いというべきである。その上、法人が約130件、個人が約120件に上る被控訴人事務所の関与先の中で、学校法人は２件、医療法人は３件にすぎず、乙（妻）が日常的に学校法人や医療法人に係る会計業務その他の関連業務に従事していたとは認められないことを併せ考えると、乙（妻）が学校法人や医療法人に係る業務を１人ですべて担当していたことをもって、乙（妻）の労務の内容が本件各使用人と大きく異なるものとなると認めることも困難である。

さらに、納税者と「生計を一にする配偶者その他の親族」である青色事業専従者（所法57①）が、納税者の事業の庶務的な面の責任者となることはごく一般的な事態であると認められるから、乙（妻）が被控訴人事務所における設備や備品を購入する決定権を有していたとしても、被控訴人事務所における乙（妻）の労務の性質が税理士である被控訴人の補助事務であることを超えて、被控訴人事務所の共同経営者のようなものに変質するとは認められない。

なお、被控訴人は、本件各処分後の平成23年２月15日、被控訴人事務所の会計業務部門を独立させ、乙（妻）及び被控訴人を代表取締役とするＦ社という法人を設立し、被控訴人事務所が委任を受けた税務、会計事務のうちの会計業務その他の付随業務を請け負わせるようにしたが、Ｆ社の代表取締役

労働実態に沿った認定ができたはずであり、にもかかわらず、処分行政庁が主張するような抽出基準で類似同業者を抽出し、それに基づき乙（妻）の相当な労務の対価の額を判断し、被告も当審において、それに沿って主張したことは何らの合理性もなく、排斥されねばならないと解する。

また、乙（妻）の労務の性質及び労務提供の程度等を考慮すれば、乙（妻）の給与額が本件各使用人よりも高額となるのは当然であり、本件各専従者給与を、本件各使用人の給与と比較する被告の主張も採用することはできない。

となった乙（妻）の業務内容や所得は、被控訴人事務所における本件各年分中の乙（妻）の業務内容や所得と変わらないから、乙（妻）が従前から被控訴人事務所の会計業務の責任者であり、被控訴人事務所の共同経営者的な立場にあったことはこの事実からも認められる旨主張する。

しかし、上記のとおり、乙（妻）がF社設立前の被控訴人事務所において会計業務の統括責任者の立場にあったとは認められないし、その当時の乙（妻）の業務と、F社代表取締役としての乙（妻）の業務とに変化がないことを認めるに足りる客観的な証拠も見当たらない。

また、F社の代表取締役としての乙（妻）の報酬額と本件各専従者給与とが異ならないとしても、**本件各専従者給与が乙（妻）の労務の対価として相当であることを裏付けることを企図して**、被控訴人が両者を同額に定めることは極めて容易なことであると考えられる。

そうすると、これらの事実が、被控訴人事務所における乙（妻）の労務の性質が本件各使用人のそれと異なるものであったとの被控訴人の主張の根拠となるとは認められず、被控訴人の主張は、採用できない。

以上によれば、被控訴人の事業に従事していた乙（妻）の労務の性質は、税理士業務の補助であって、基本的に本件各使用人と異なるものではないと認められる。

以上のとおりであるから、その労務提供の程度、労務の性質等に照らして、

166　判例各論

	被控訴人事務所における乙（妻）の労務の実態は、本質的に税理士業務の補助として、本件各使用人のそれと同様、同等であって、大きな差異はなかったと認められる。

(2)　青色事業専従者給与の適正額の算定方法

地方裁判所	高等裁判所
乙（妻）の労務の対価として相当と認められる金額は、原告の所得金額と乙（妻）の専従者給与額の合計額（本件各年分における事業所得金額に本件各専従者給与を加えた金額）に5分の2をかけた金額となり、16年分が、10,048,406円、平成17年分が11,200,156円、平成18年分が10,467,574円となる。	①　使用人給与比準方式による認定 　本件各年分において乙（妻）が被控訴人（納税者）の事業のために提供していた労務の程度については、本件各使用人を含めて本件各年分において被控訴人の事業に従事した者の従事時間数を正確に記録したものは存在しないから、客観的な証拠によって具体的に認定できるものはなく、平成17年2月22日から平成18年12月31日までの期間の被控訴人事務所の乙（妻）及び本件各使用人の各専用パソコンのパソコンログ記録によって、乙（妻）の専用パソコンの稼働時間が本件各使用人のうちで最も稼働時間が長いBの専用パソコンの稼働時間の約1.21倍であることが明らかになるにすぎない。 　そうすると、被控訴人事務所における乙（妻）の労務の性質が基本的に本件各使用人と同等であったとしても、本件各使用人との労務提供の程度の差異が明確ではない以上、本件各使用人の給与との比較によって乙（妻）の労務の対価として相当な額を認定することは、適当でないと認められる。 ②　類似同業者給与比準方式による認定 　本件においては使用人給与比準方式による認定が相当でない以上、乙（妻）

の労務の対価として相当な額を認定するには、所法57条1項及び所令164条1項に照らし、類似同業者における青色事業専従者の給与の金額との比較において認定することが相当である。

控訴人（課税庁）は、①本件各年分において、税理士資格のみで「税理士業」を営んでいる者であること（ただし、各年分の中途において、開廃業、休業又は業態を変更した個人、各年分の期間が12か月に満たない個人、各年分において、更正又は決定の各処分が行われた個人のうち、国税通則法又は行政事件訴訟法所定の不服申立期間又は出訴期間が経過していない個人並びにこれらの争訟が係属している個人を除く。）、②本件各年分において、所法143条《青色申告》の承認を受けており、所得税青色申告決算書を提出している者であること、③本件各年分において、「税理士業」に係る売上金額（税込金額）が被控訴人の売上金額（税込金額）の2分の1以上2倍以下の範囲内（いわゆる倍半基準の範囲内）にある者であること、④会計法人あるいは税理士法人を有していないこと、⑤税理士の資格を有していない配偶者のみを事業専従者としていること、⑥本件各年分を通じて専従者給与を支払っていること、という抽出条件を設定し、被控訴人事務所と近隣のT税務署、K税務署、Y税務署及びT・Y税務署管内の被控訴人の類似同業者を抽出したこと、上記各税務署管内で、平成16年分は7人、平成17年分は9人、平成18年分は8人の類似同業者が抽出されたこと、その類似同業者の配偶者に係る青色事業専従

者給与の平均額は、平成16年分が5,716,356円、平成17年分が5,450,462円、平成18年分が5,255,915円であったことがそれぞれ認められる。

控訴人が設定した上記の抽出条件は、配偶者が税理士業務の補助事務者として納税者の事業に従事している被控訴人の事業態様と類似の同業者を選定する上で合理的であり、抽出された件数も、類似同業者の特殊性ないし個別事情を平均化するに足りるものというべきである。

以上のとおり、控訴人が採用した類似同業者給与比準方式は合理的でかつ信用できるものであり、それによって導かれた本件各年分の類似同業者の配偶者に係る青色事業専従者給与平均額は、税理士業務の補助として被控訴人の事業に従事する配偶者たる乙（妻）の給与の額として相当であると認められるから、本件各年分における乙（妻）の労務の対価として相当な額は、同平均額である平成16年分が5,716,356円、平成17年分が5,454,62円、平成18年分が5,255,915円と同額と認定することが相当であると認められる。

Ⅷ　青色事業専従者給与の正当額　　169

納税者の主張	高裁の判断	地裁の判断

高裁の判断

本件専従者給与は、本件各使用人の給与の平均額と比較すると３倍以上の極めて高額なものであった

↓

乙（妻）の労務の実態が本件各使用人のそれとは質的に異なる程の大きな差異があることが必要

↓

乙（妻）の労務の性質は、本件各使用人や、類似同業者において税理士業務の補助事務に従事している青色事業専従者の労務と同質であった

地裁の判断

本件専従者給与の金額は、原告事務所の原告の事業所得の金額とほぼ等しいか、それに近いものになっており、この観点から不相応でないか疑義が生じる。

↓

原告の主張は採用できない

↓

被告の主張は採用できない

納税者の主張

正当な金額である

高裁の判断

国側の主張を認めた

地裁の判断

裁判所が独自に認定

(3)　被控訴人（原告）の主張立証についての高裁の評価

原告の呈示した証拠全般　⇒　乙（妻）が被控訴人の事業に従事していた時間を客観的かつ明確に明らかにするに足りる証拠は見当たらない。

税務日誌の記載は正確であって、それによれば乙（妻）が被控訴人の事業に従事していた時間が明らかになる旨の乙（妻）の証言

→

税務日誌の記載と被控訴人事務所の乙（妻）専用のパソコンのパソコンログ記録とを対比すると、税務日誌の記載によれば乙（妻）が被控訴人の事業に従事している旨記載されているのに、乙（妻）のパソコンは稼働していなかったという場合が多々あるのみならず、乙（妻）のパソコンが稼働しているにもかかわらず、税務日誌には乙（妻）が被控訴人の事業に従事している旨記載されていない場合もあることが認められるから、乙（妻）の証言は、採用し難い。

乙（妻）が繁忙期以外はほとんど残業をしていない旨証言したのは、自身のことではなく、一般的な勤務時間に関する質問であると誤解したためであるとの主張

→

残業の有無に関する質問について、一般的な勤務時間に関する質問であると勘違いをして回答したものとは認め難く、乙（妻）がその後に上記証言を否定し、乙（妻）自身は繁忙期以外でも残業をしていた旨証言していることを考慮しても、乙（妻）の証言に関する被控訴人の主張の不自然さは払拭できない。

Ｆ社の代表取締役となった乙（妻）の業務内容や所得は、被控訴人事務所における本件各年分中の乙（妻）の業務内容や所得と変わらないから、乙（妻）が従前から被控訴人事務所の会計業務の責任者であり、被控訴人事務所の共同経営者的な立場にあったことはこの事実からも認められる旨の主張

→

Ｆ社の代表取締役としての乙（妻）の報酬額と本件専従者給与とが異ならないとしても、本件専従者給与が乙（妻）の労務の対価として相当であることを裏付けることを企図して、被控訴人が両者を同額に定めることは極めて容易なことであると考えられる。

　そうすると、これらの事実が、被控訴人事務所における乙（妻）の労務の性質が本件各使用人のそれと異なるものであったとの被控訴人の主張の根拠となるとは認められず、被控訴人の主張は、採用できない。

5 解 説

(1) 相当であると認められる対価か否かの判断基準

　所法57条１項及び所令164条１項は、青色申告書を提出することにつき税務署長の承認を受けている居住者と生計を一にする配偶者その他の親族で専らその居住者の営む事業に従事するもの（青色事業専従者）が当該事業から給与の支払を受けた場合に、その給与の金額で

① その労務に従事した期間
② 労務の性質
③ その提供の程度
④ その事業に従事する他の使用人が支払を受ける給与の状況
⑤ その事業と同種の事業でその規模が類似するものに従事する者が支払を受ける給与の状況
⑥ その事業の種類及び規模並びにその収益の状況

に照らし、その労務の対価として相当であると認められるものは、その居住者のその給与の支給に係る年分の当該事業に係る事業所得の金額の計算上必要経費に算入すると規定している。

　税理士を営む者に限らず、青色事業専従者を有する納税者は多数おり、これらの納税者すべてに関係する規定である。「労務の対価として相当であると認められる」金額を超える部分は必要経費に算入することができないからである。

　しかしながら、これらの規定を読んでみても、個々の納税者の「対価として相当であると認められる金額」を具体的に判断し算出することは実際には困難である。

　その意味で、本件の地裁判決、高裁判決は一つの判断として参考になると思われる。

　地裁判決は、税理士業のような専門知識を要する事業においては、作業量や作業時間が断然違うほど資格のない者が働かない限り、資格を有する税理士が支払を受けるべき対価は、資格を有しない者が支払を受けるべき対価より多くなるのが一般であるとして、本件においては、支給した専従者給与の金額と原告事務所の事業所得の金額は、ほぼ等しいか、それに近

く、労務の性質やその対価としての給与のあり方という側面から見て、不相当なものと評価せざるを得ないと判断している。

これに対して、高裁判決は、乙（妻・青色事業専従者）に支給された青色事業専従者給与の金額が、本件各使用人の１人当たりの給与の平均額の３倍以上であることをとらえて、乙（妻）の仕事と本件納税者の使用人の仕事が質的に異ならない限り、乙（妻）に支給された青色事業専従者給与の金額は不相当なものと認められると判断している。

実務的な観点からすると、不相当な金額とならない公式的な基準というものを具体的に示してほしいのかもしれないが、裁判というものは、個別の事件の解決に必要な限りでの判断しかしないのが一般的なので、やむを得ないところだと思われる。

(2) 相当であると認められる対価の額はどのように算定したのか。

地裁判決は、本件の青色事業専従者の仕事が、納税者の他の使用人と質的に異なったものであると認定した上で、被告（課税庁側）が本件の青色事業専従者の仕事の質的な相違点を抽出条件に入れて類似同業者を抽出して、その結果に基づいた主張をしなかったので、被告（課税庁）の主張する「相当であると認められる対価の額」は合理性がないと判断し、その主張を排斥し、原告事務所の関与先の会計業務の担当件数は、**原告が全体の約５分の３、乙（妻）が約５分の２であったことが認められる**と認定し、これを根拠に、乙（妻）の労務の対価として相当と認められる金額は、原告事務所の事業所得の金額の５分の２、すなわち、原告の事業所得金額と乙（妻）の専従者給与額が３対２の割合になるものと評価することに合理性を有するものと認められる旨を判断している。

この判断について、地裁判決は、「当裁判所としては、一般的な税理士事務所における会計業務の比重がどの程度のものであるかについては、不明なところもあり、乙（妻）の担当件数の割合を基本に認定することに疑問を感じないではない」とか、あるいは、「税理士事務所における会計業務を含む売上げを考えた場合、原告の事業所得と乙（妻）の専従者給与額の割合は、前者が３対２より多くなるようにすべきかもしれない。しかしながら、本件においては、被告（課税庁）が、普遍性や合理性が担保される方法で、原告の主張や証人・乙（妻）の証言の弾劾に成功していないこ

とを考慮すると、前記のとおり、原告の所得金額と乙（妻）の専従者給与額が３対２の割合になるものとして課税標準を認定することがそれ程社会常識に反するともいえないと解する。」とその偽らざる心情を述べている。

これに対して、高裁判決は、「被控訴人事務所における乙（妻）の労務の実態は、**本質的に税理士業務の補助として、各使用人のそれと同様、同等であって、大きな差異はなかったと認められる。**」とした上で、「乙（妻）の労務の対価として相当な額を認定するには、・・・類似同業者における青色事業専従者の給与の金額との比較において認定することが相当である。」、「控訴人（課税庁）が設定した上記の抽出条件は、配偶者が税理士業務の補助事業者として納税者の事業に従事している被控訴人（納税者）の事業態様と類似の同業者を選定する上で合理的であり、抽出された件数も、類似同業者の特殊性ないし個別事情を平均化するに足りるものというべきである。」として、控訴人（課税庁）の主張する算定方法を是認している。

地裁判決・高裁判決は、その出発点において、乙（妻）の業務内容が「税理士業務の補助」の範疇のもの（高裁）なのか、これと本質的に異なる（地裁）のかという点において違っている。

高裁判決が乙（妻）の業務内容が「税理士業務の補助」であると判断するに至ったポイントは、次の点にあろうと思われる。

① 被控訴人（納税者）の「乙（妻）は熟練の会計業務者であり、被控訴人事務所において非常に重要な要素を占める**会計業務の責任者として本件各使用人を統括**していた。」との主張が、被控訴人事務所で被控訴人に雇用されていた丁、戊、己及び丙が、それぞれの作成した書類のチェックは納税者（被控訴人）が行っていた旨を一様に陳述したことにより根拠のないものと裁判所に判断された。

② 乙（妻）自身、繁忙期以外はほとんど残業をしていない旨を証言しているにもかかわらず、被控訴人（納税者）が、乙（妻）が繁忙期以外はほとんど残業をしていない旨を証言したのは、自身のことではなく、一般的な勤務時間に関する質問であると誤解したためであるなどと主張したのに対して、裁判所は、「自己に関する質問であると正しく理解して

回答しているのであるから、残業の有無に関する上記の質問について、一般的な勤務時間に関する質問であると勘違いをして回答したものとは認め難く、乙（妻）がその後に上記証言を否定し、乙（妻）自身は繁忙期以外でも残業をしていた旨証言していることを考慮しても、乙（妻）の証言に関する被控訴人の主張の不自然さは払拭できない。」として、被控訴人（納税者）の主張を排斥している。

③　F社の代表取締役としての乙（妻）の報酬額と本件各専従者給与とが異ならないとしても、**本件各専従者給与が乙（妻）の労務の対価として相当であることを裏付けることを企図して、被控訴人が両者を同額に定めることは極めて容易なことであると考えられる**。そうすると、これらの事実が、被控訴人事務所における乙（妻）の労務の性質が本件各使用人のそれと異なるものであったとの被控訴人の主張の根拠となるとは認められない、として、F社における乙（妻）の報酬額は、乙（妻）の青色事業専従者の報酬額が相当であることの根拠にならないと裁判所は判断している。

高裁判決は、本件のような事案においては、乙（妻）の業務内容に係る証拠のほとんどが納税者（被控訴人）の支配する空間に存在することを重視して、個々の証拠の証明力を慎重に吟味し評価したものと思われる。

①についていうと、乙（妻）は納税者（被控訴人）の配偶者であり、このことを考慮すると、従業員である丁、戊、己及び丙の証言の方がより証明力がある（信憑性が高い）し、丁、戊、己及び丙の証言が一致しているということは、それらの証言の信用性をさらに高めるのである。

②についていうと、誤解に基づいたものでないことを裁判所が明らかに確認できる状況でした証言を、その後変更しており、客観的な根拠なくそのようなことをする者の証言は信用性が低いとの判断を受けることになる。

③についていうと、①や②の状況を考えると、③の事実は「本件各専従者給与が乙（妻）の労務の対価として相当であることを裏付けることを企図して、被控訴人が両者を同額に定めることは極めて容易なことであると考えられる。」との評価を受けることになる。

(3)　**青色事業専従者が他の従業員等と質的に内容の異なる業務を行っている**

場合の対応

　本件の高裁判決では、証拠上、青色事業専従者は他の使用人と質的に異なっている業務を行っていたとは認められないとして、控訴人（課税庁）が主張する類似同業者給与比準方式によって「相当であると認められる対価の額」を算定している。

　しかしながら、実務的には、青色事業専従者が、他の使用人と比較しても、また、同業者と比較しても、質的に異なった仕事をしているという場合もありうる。本件の高裁判決は、控訴人（課税庁）の主張する類似同業者給与比準方式を採用しているが、青色事業専従者について、例外なく類似同業者給与比準方式で算出すべきものとは判示しておらず、本質的に異なった業務内容である場合に、それに応じた対価の額を相当なものと判断することまで否定しているわけではない。

　課税処分の根拠となる事実については、一般的には、課税庁側が立証責任を負っていると解されているので、業務の本質的な相違を無視した類似同業者に基づいた金額しか課税庁が主張しない場合には、そのことだけで更正処分は取り消されることになるという見解もありえようが、通常、裁判所は本件の地裁判決がしたように、裁判所に明らかになった事実に基づいて、「相当な対価の額」を認定することになると思われる。

　そうすると、納税者側としては、業務の本質的な相違の存在を主張し、課税庁側の類似同業者が不合理なものであると弾劾（非難）して事足れりとするのではなく、納税者が実際に支払った青色事業専従者給与の額が、業務の本質的な相違の存在を前提とした相当なものであるという資料を証拠として提出しないと、裁判所から事実を正しく反映した判決を得ることができないこととなってしまう。

　使用人の職務内容や資格に応じた給与金額の決定基準を明確にし、その基準に基づいて、青色事業専従者の対価の額が決定されていることを明らかにするということが必要であろう。

　そもそも、所法57条1項及び所令164条1項は、事業主と生計を一にする配偶者その他の親族が当該事業から給与の支払を受ける場合に、当該親族が親族であるがゆえに給与の金額が恣意的に決定されることを排除しようという趣旨の規定であるから、そのような観点から、そのような懸念を

176　判例各論

排除するような証拠資料を準備・提出することが必要であると思われる。

実務における立証責任

　所得税、法人税、相続税、消費税は申告納税制度を採用しており、申告納税制度の下で行われる申告内容の正確性を担保する仕組みの一つ（もう一つは査察制度）として、間接強制（調査に応じない場合には処罰される）を伴う税務調査の制度がある。申告内容に関わる証拠は、多くの場合、申告をした納税者の側に偏在している。所得税の収入や必要経費の存在やその金額を証明する証憑（領収書や請求書等）は当然のことながら、申告をした納税者の手元にある。

　一方で、課税処分の取消しを求める訴訟においては、原則として、課税処分の根拠となる事実の存在の立証責任は課税処分をした課税庁側にあるものとされている。課税庁において、申告に反映していない収入の存在を立証する場合には、物の所有権の移動や役務の提供、代金の受領等の事実の存在を証拠によって立証することになる。

　もう一方で申告において存在するとされている必要経費が存在しないということの立証はどのようにするかということが問題になる。存在すると主張されている事実（必要経費の存在）が存在しないということを完全に立証することは、非常に困難であるとされている。訴訟実務においては、存在するとされている必要経費が実際に存在した場合に当然残っていると考えられる証拠（事実が存在した場合に残る痕跡）が残っていないという事実を課税庁が立証した段階で、客観的立証責任を負っているとされる課税庁は一応の立証をしたものとし、その段階で主観的立証責任（当該局面における立証の必要）は、納税者側に移るものと考えられている。その後、納税者側で課税庁側の立証に対する反証を提出し、裁判所に対して自己に有利な心証を抱かせることに成功すれば、納税者の主張が認められ、成功しなければ、納税者の主張は排斥されることになる。本件についていうと、課税庁が、使用人一人当たりの平均の給与額、類似同業者における青色事業専従者の給与額を証拠として提出した段階で、納税者の主張が認められるための立証の必要（主観的立証責任）が納税者に移ったということである。これに対して、納税者側は、乙

（妻）の訂正の証言や事後的に設立した法人からの乙（妻）の給与の金額等を反証として提出したが、それらの証拠の証明力が低く、納税者側はそれらの証拠によって、課税庁側が提出した証拠によって裁判所が抱いた心証を覆すことに成功しなかったということであろう。取引の証憑を保存するということは、コストのかかることであるが、課税庁との間で争いが発生した場合には、自らの主張の正当性を証明する何よりの味方であることを再認識すべきであろう。現在の民事訴訟、行政訴訟は弁論主義によって行われており、裁判所は訴訟当事者が提出した証拠によって争いのある事実を認定することになっている。裁判所の認定した事実が客観的な事実と相違しても、それは裁判所の責任ではなく、証拠を提出したあるいはしなかった訴訟当事者の責任であるということである。

178 判例各論

IX 納税者が株式を譲渡したものであると審判所が認定した後に当事者間で成立した和解の内容等を考慮に入れて裁判所が納税者を救済した事例

　関係会社の申告書や帳簿等の記載、納税者名義の預金口座の動き等から、審判所が、納税者は株式の譲渡をしたものと認定し、納税者の主張を排斥したのに対して、その後の当事者間の和解の内容等を考慮に入れて裁判所が納税者の主張を認めた事例

〔東京地方裁判所・平成25年10月31日判決・平成23年（行ウ）第765号〕（納税者勝訴、確定）

〔平成23年7月5日裁決・東裁（所）平23-4〕

1　事案の概要

　本件は、原告（納税者）が、平成19年分の所得税の確定申告をしたところ、O税務署長が、申告には原告（納税者）の所有していた株式の譲渡に係る譲渡所得の申告漏れがあるとして、所得税の更正処分及び過少申告加算税の賦課決定処分をしたことについて、譲渡所得とされている金員（本件金員）は、原告（納税者）の父である乙（父）又は乙（父）が代表取締役を務めていた複数の株式会社に対する原告の預け金が原告に返還されたものであり、原告に所得は発生していないとして、更正処分及び賦課決定処分の取消しを求めた事案である。

2　前提事実

⑴　当事者等

①　原告は、平成19年10月28日に死亡した乙（父）の長男であり、平成元年2月25日、乙（父）からA社の株式9万株（本件株式）の贈与を受け、平成19年3月19日当時、本件株式を保有していた。

② 乙（父）は、平成19年3月19日当時、A社の代表取締役を務めていた者であり、A社と同様の業務を行うB社、C社及びD社（併せて「B社ら」という。）の代表取締役も務めており、死亡時までこれらを含めた複数の株式会社（以下、A社、B社ら及びこれら以外に乙（父）が代表取締役を務めていた他の株式会社を総称して「B社グループ」という。）の経営に携わっていた。

③ 丙は、乙（父）の二男であり、平成19年3月19日当時、乙（父）と共にA社の代表取締役を務めており、乙（父）の死後、B社グループの経営に携わっている。

⑵ **本件株式の譲渡に関するB社グループの取締役会決議**

① A社の定款（平成20年3月17日付けの変更前のもの）は、A社の株式を譲渡するには取締役会の承認を受けなければならない旨定めていたが、**A社は、平成19年3月19日、取締役会を開催し**、原告（納税者）が、1株当たりの単価を1103円として、本件株式のうち㋐4万6000株を5073万8000円でB社に、㋑2万2500株を2481万7500円でC社に、㋒2万1500株を2371万4500円でD社に、それぞれ譲渡することを承認する旨の決議をした。

② **B社らは、平成19年3月22日、それぞれ取締役会を開催し**、各取締役会において、同月29日を払込期日として、㋐B社は、本件株式のうち4万6000株を総額5073万8000円で取得することを承認する旨、㋑C社は、本件株式のうち2万2500株を総額2481万7500円で取得することを承認する旨、㋒D社は、本件株式のうち2万1500株を総額2371万4500円で取得することを承認する旨の各決議をした。

⑶ **申告**

原告（納税者）は、平成20年3月17日、O税務署長に対し、平成19年分の所得税について、総所得金額を68万5557円、納付すべき税額をマイナス9万4000円とする確定申告をした。

⑷ **更正処分及び賦課決定処分**

O税務署長は、平成22年2月26日、税務調査に基づき、本件の所得税に係る納付すべき税額を126万3900円、過少申告加算税の額を17万7500円とする更正処分及び賦課決定処分をした。

180　判例各論

⑸　異議申立て等

①　原告（納税者）は、平成22年4月22日、O税務署長に対し、本件更正処分及び本件賦課決定処分の取消しを求めて異議の申立てをした。

②　O税務署長は、平成22年6月21日、いずれの異議申立ても棄却する旨の異議決定をした。

③　原告は、平成22年7月17日、国税不服審判所長に対し、審査請求をした。

④　国税不服審判所長は、平成23年7月5日、審査請求を棄却する旨の裁決をした。

⑹　本件訴訟の提起

原告は、平成23年12月27日、本件訴訟を提起した。

⑺　平成24年2月16日、原告はB社らと和解

⑻　平成25年10月31日、本件更正処分及び本件賦課決定処分を取り消す判決（本件判決）

IX　正当な取引当事者　　181

　裁判所が、本件株式の譲渡を納税者が行ったか否かを判断（認定）する際
に、秤にかけた事実

> 要件事実（主要事実）
> 原告（納税者）が本件株式の譲渡をしたこと

〔消極間接事実〕　　　　　　　　　　　〔積極間接事実〕

〔消極間接事実〕	〔積極間接事実〕
株式発行法人の代表取締役（経営者）は、株式を買い受けたとされる各法人の代表取締役も務めており、死亡時までこれらの複数の株式会社の経営に携わっていた。	株式を発行している法人の法人税確定申告書の別表第二「同族会社の判定に関する明細書」に原告の株式譲渡を裏付ける記載がある。
原告と乙（父）ないしB社グループとの関係は、平成19年3月の時点では既に良好なものとはいえなかった。	株式を買い受けたとされる法人の決算書等に原告から株式を買い受けたことを裏付ける記載がある。
原告（ないし原告の代理人）とB社らとの間で、本件株式の譲渡に関する売買契約書等の書類は一切作成されていない。	株式の発行法人は、本件株式を原告が譲渡することを承認する旨の取締役会の決議をしている。
原告P7口座、原告P8口座及び原告P8定期口座の各預金通帳は、乙（父）又はB社グループが管理しており、平成19年6月頃まで、原告はこれらを管理していなかった。	株式の譲渡代金は、売主とされている原告名義の銀行口座に入金されている。
	原告（納税者）は、原告名義の銀行口座に入金された株式の譲渡代金を費消している。
原告、株式の発行会社、株式の買受会社は、本件株式の売買契約について、概ね原告の主張を前提とする訴訟上の和解をした。	乙（父）の死亡に伴う相続税の申告書等に何ら本件預け金の記載がなく、B社グループに係る法人税の確定申告書に添付されている勘定科目内訳明細書に何ら本件預け金の記載がない

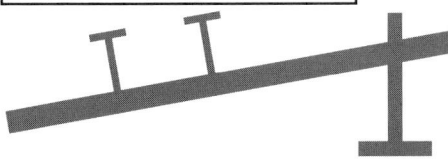

182　判例各論

　(注)　租税法規が規定する法律効果（本件では納税者に譲渡所得が発生して
　　　　いること）が発生するためには、当該税法が定める「要件」に該当す
　　　　る「要件事実」（本件では本件株式の譲渡に係る所得は納税者に帰属する
　　　　こと）が存在する必要がある。

　そして、要件事実の存在を課税庁や裁判所あるいは審判所が直接確認する
ということはなく、通常は、要件事実の存在が残した痕跡である証拠や周辺
事実（間接事実）から要件事実の存在を推認することになる。

　本件では、納税者が提示した事実は、要件事実の不存在を推認させる消極
間接事実、課税庁側が提出した事実は、要件事実の存在を推認させる積極間
接事実である。

3　争点

　原告（納税者）に、平成19年の本件株式の譲渡による譲渡所得が発生して
いるか否か。

4　裁判所の判断

(1)　裁判所の認定した事実

　①　B社グループの経営権

　　(ア)　乙（父）は、平成19年10月28日に死亡するまで、長年にわたりB社
　　　　グループ各社の代表取締役を務めており、B社グループの経営権を掌
　　　　握していた。

　　(イ)　丙（次男）は、昭和58年4月、B社に入社し、間もなくE社の代表
　　　　取締役となった。

　　　　また、原告（納税者）は、昭和61年頃、B社に入社し、間もなくA
　　　　社の代表取締役となった。

　　(ウ)　乙（父）が平成12年に一時的に体調を崩したため、原告は、平成13
　　　　年8月、B社の代表取締役に就任し、丙（次男）は、同月、A社の代
　　　　表取締役に就任した。

　　(エ)　乙（父）は、平成15年頃から、原告をB社グループの経営から遠ざ
　　　　けようとしたため、**原告は、平成15年7月、B社の代表取締役を辞任
　　　　させられた。**

(ｵ) 原告は、Ｂ社の代表取締役を辞任した後、Ｂ社の取締役を務めたが、平成16年頃には同役職を辞任し、その頃、Ｄ社の監査役に就任したものの、その立場は名目的なものにすぎず、平成23年4月頃には同役職も辞任した。

(ｶ) 丙（次男）は、平成18年8月、Ｃ社の代表取締役に就任し、平成19年8月、Ｂ社の代表取締役に就任した。丙（次男）は、同年10月28日に乙（父）が死亡した後は、Ｂ社グループ各社の代表取締役に単独で就任し、経営権を掌握した。

② 本件預け金の存在

(ｱ) 乙（父）は、昭和61年頃から、将来原告や丙（次男）がＢ社グループ各社の株式を取得するときの原資にするため、個人又はＢ社グループ各社の代表取締役として、原告と丙（次男）の報酬及び給与の一部を預かって、**原告名義の口座等において積立てをしていた**（以後、この章において「本件預け金」という。）。

(ｲ) 原告と丙（次男）は、Ｂ社グループに就職した後、遅くとも平成8年頃までには、乙（父）から、**本件預け金の存在を聞いたことがあった**。しかしながら、原告は、Ｂ社の役員であった者から本件預け金が入金されている**原告名義の預金通帳の写しを見せてもらったことはあるものの、本件預け金の預け先が乙（父）個人かＢ社グループの会社か、本件預け金がどのように、いつまで積み立てられるのか、乙（父）が、本件預け金をどのように管理し、残高がいくらであるか**について、その**全容を把握してはいなかった**。

(ｳ) 原告は、Ｂ社の取締役を辞任した平成16年頃、乙（父）に対し、本件預け金の支払を求めたところ、乙（父）は、今は本件預け金を支払うことができない旨述べた。

(ｴ) 乙（父）の死亡に伴う相続税の申告書及び相続税の修正申告書や、(a)Ｂ社及びＣ社の平成18年5月期ないし平成21年5月期の各事業年度、(b)Ｄ社の平成19年1月期ないし平成21年1月期の各事業年度、(c)Ａ社の平成18年3月期ないし平成21年3月期の各事業年度における各法人税の確定申告書に添付されている勘定科目内訳明細書には、本件**預け金に関する記載はない**。

184 判例各論

③ 原告によるB社の株式の取得等

(ア) 原告は、その時期は不明であるが、B社株式9万株を取得した。

(イ) 原告は、平成15年3月、乙（父）の主導の下、本件預け金を使用して、保有者からB社株式10万株を取得した。

(ウ) 原告が取得したB社株式のうち、4万3000株は、平成15年11月28日、B社持株会に、3万株は、平成17年8月31日、C社に、1万7000株は、同日、D社に、それぞれ名義の移転がされた。B社持株会、C社及びD社への譲渡代金は、それぞれ215万円、150万円及び245万円とされた。

④ 原告による本件株式の取得等

(ア) 乙（父）は、昭和61年10月、B社から2億円の融資を受けてA社の全株式を取得した。

乙（父）は、平成元年2月25日、原告に対し、A社の全株式の45％に当たる本件株式を贈与した。

(イ) 原告は、平成18年4月、B社の経理担当役員の丁から呼び出され、過去3年分の原告の所得税の確定申告書を提出するように求められた。

原告がこれに応じて確定申告書を提出したところ、丁は、これを見て、これだけ投資用マンションの住宅ローンに関する借入金があるのであれば、本件株式を売却して借入金の返済に充てたらどうかと提案した。

原告は、B社グループの元役員らに丁からの提案を相談したところ、元役員らは、会社の支配における株式の重要性を強調し、本件株式を手放してはいけないと原告に助言したことから、原告は、丁に対し、住宅ローンに関する借入金は賃料収入で返済することができており、本件株式は売却しない旨回答し、丁の提案を拒否した。

⑤ 本件株式の譲渡に関するB社グループの取締役会決議

(ア) A社は、平成19年3月19日、取締役会を開催し、原告がB社らに本件株式を譲渡することを承認する旨の決議をした。

(イ) B社らは、平成19年3月22日、それぞれ取締役会を開催し、本件株式を取得することを承認する旨の決議をした。

Ⅸ　正当な取引当事者　　185

⑥　B社らの本件金員の入金及び経理処理等

(ア)　D社は、平成19年3月28日、B社及びC社は、同月29日、本件金員を原告P7口座に入金した。なお、原告P7口座の預金通帳は、乙（父）又はB社グループが管理しており、原告はその存在すら知らず、これを管理していなかった。

(イ)　B社らは、原告P7口座に入金した本件金員を、それぞれの当座預金に係る総勘定元帳において、原告からのA社の株式の取得代金に係る出金として処理をした。

(ウ)(a)　A社は、平成17年4月1日ないし平成18年3月31日の事業年度分の法人税の確定申告書には、原告が本件株式を保有する株主である旨の記載をしていたが、平成18年4月1日ないし平成19年3月31日の事業年度分の法人税の確定申告書には、その記載に代わって、B社らが本件株式を保有する株主である旨の記載をした。

(b)　B社らは、B社及びC社については、平成18年6月1日ないし平成19年5月31日の事業年度分の法人税の確定申告書に添付された決算報告書に、D社については同年2月1日ないし平成20年1月31日の事業年度分の法人税の確定申告書に添付された決算報告書の附属書類に、本件株式を保有している旨の記載をした。

⑦　売買契約書等の不作成

原告（ないし原告の代理人）とB社らとの間で、**本件株式の譲渡に関する売買契約書等の書類は一切作成されていない**。

⑧　本件金員の入出金状況

原告P7口座は平成19年6月1日に解約され、残高1億0930万7129円が、新規に開設された原告P8口座に入金された。

その後、6000万円は、同月11日、原告P8口座から、新規に開設された同支店の原告P8定期口座に入金された。

なお、この本件金員の入出金は、原告の関与なく行われたものであり、原告P7口座、原告P8口座及び原告P8定期口座の各預金通帳は、乙（父）又はB社グループが管理しており、原告はこれらを管理していなかった。

⑨　原告による本件金員の費消等

186 判例各論

(ｱ) 原告は、乙（父）の死後程なくして、丙（次男）に対し、乙（父）に対する本件預け金があるのでそれを返還するように求めた。

その後、原告は、丙（次男）から、原告Ｐ８口座及び原告Ｐ８定期口座の各預金通帳を、しばらくしてから、原告Ｐ７口座の預金通帳を、それぞれ受け取った。丙（次男）は、原告に対して原告Ｐ８口座及び原告Ｐ８定期口座の各預金通帳を渡す際、これらの口座に入金されている本件金員が本件株式の譲渡代金である旨、あるいは譲渡代金であるらしい旨述べた。

(ｲ) 原告は、平成19年12月27日、原告Ｐ８口座から原告Ｐ８口座２に預金の一部を入金し、生活費等に使用するなどした。

(ｳ) 原告は、平成20年８月６日、原告Ｐ８定期口座を解約し、預金全額を原告Ｐ８口座に入金した上、預金の一部を出金し、乙（父）の相続に係る原告の相続税の納付に充てたり、原告貸越口座に入金し、カードローンの返済に充てたりするなどした。

(ｴ) 原告は、平成20年８月６日、原告Ｐ８口座から預金の一部を出金し、同月７日、原告Ｐ９口座に入金するなどした。

(ｵ) 原告は、平成20年９月25日、原告Ｐ９口座から預金の一部を出金し、これを預金額とする原告Ｐ10定期口座を新規に開設した。また、原告は、同年10月３日にも、原告Ｐ９口座から預金の一部を出金し、これを預金額とする原告Ｐ11定期口座を新規に開設した。そのほかにも、原告は、原告Ｐ９口座の金員を原告のローンの繰上げ返済や賃貸用マンション購入の資金に充てた。

⑩ 株主の地位確認請求事件の提起及び和解

(ｱ) 原告は、平成20年１月28日、Ａ社に対し、原告が本件株式の譲渡に関する合意をしたことはないとして、原告が本件株式を保有する株主であることの確認を求める確認請求書を送付した。

(ｲ) 原告は、平成20年２月14日、Ａ社に対し、Ａ社が上記(ｱ)に対する回答等をしないとして、再度、原告が本件株式を保有する株主であることの確認を求める確認請求書を送付した。

(ｳ) **原告は、平成21年12月21日、本件株式の帰属につき、Ａ社と原告との間で、原告が本件株式を保有する株主であることの確認を求める訴**

えを東京地方裁判所に提起した（**本件前訴**）。

㈢　A社は、本件前訴において、⒜原告が第三者に対して本件株式を譲
渡した、⒝仮に本件株式の譲渡に関する売買契約に瑕疵があったとし
ても、原告は譲渡代金を既に費消しており、原告は黙示の追認をした
か（民法122）又は追認が擬制される（民法125）と主張して争った。

㈣　B社らは、平成23年５月９日、B社らが本件株式を保有する株主で
あることの確認を求める当事者参加の申出をした。

　　なお、B社らは、同年６月15日、原告が本件株式を保有する株主で
あることが確認された場合に備えて、原告に対し、譲渡代金相当額の
不当利得（法定利息を含む。）返還を求める訴えを予備的に追加した。

㈤　原告、A社、B社及びC社（なお、平成23年８月１日、B社は、D社
を吸収合併し、その権利義務を承継した。）は、平成24年２月16日、要
旨、次のとおりの内容の訴訟上の和解をした。**原告は、訴訟上の和解
に基づき、同日付けで本件株式の譲渡があったことを前提として平成
24年分所得税の納税をした。**

⒜　原告、A社、B社及びC社は、株主の地位に争いのある本件株式
に関し、次の事項を相互に確認する。

㈠　**A社が主張する本件株式の売買契約がなかったこと**

㈡　上記㈠の売買契約が不成立であることに伴い、原告には、本件
株式の譲渡代金としてB社らから原告に対して送金された本件金
員を返還する義務があること

⒝　原告とB社及びC社は、**平成24年２月16日、本件株式の売買契約
を締結**し、B社は、本件株式のうち６万7500株を譲渡代金
74,452,500円で、C社は、本件株式のうち２万2500株を譲渡代金
24,817,500円でそれぞれ原告から買い受ける。

⒞　上記⒜㈡によりB社及びC社が原告に対して有する本件金員の返
還請求権と上記⒝により原告がB社及びC社に対して有する譲渡代
金請求権は、対当額の範囲で相殺する。

⒟　A社の取締役会は、上記⒝の本件株式の譲渡につき速やかに承認
手続を行う。

⒠　原告、B社及びC社は、関連事件で株主の地位に争いのあるB社

株式9万株に関し、次の事項を相互に確認する。

㈠　平成15年11月28日の原告・B社持株会間の売買契約、平成17年8月31日の原告・C社間の売買契約、同日の原告・D社間の売買契約がなかったこと

㈡　上記㈠の売買契約が不成立であることに伴い、原告には上記㈠の譲渡代金のうちB社持株会から原告に対し送金された215万円をB社に対して返還する義務があること

㈢　原告がB社株式19万株（上記㈠の合計9万株及び従前から原告が保有していた10万株の合計）を保有していること

(f)㈠　B社は、原告に対し、本件株式、B社株式及び本件預け金をめぐる紛争の解決金として、5625万円を支払う義務があることを認め、原告が有する同金員の支払請求権と上記(e)㈡によりB社が原告に対して有する返還請求権は、対当額の範囲で相殺するものとし、B社は、残金5410万円を支払う。

㈡　C社は、原告に対し、本件株式、B社株式及び本件預け金をめぐる紛争の解決金として、1875万円を支払う義務があることを認め、同金員を支払う。

(g)　原告がA社、B社及びC社に対して主張するA社、B社及びC社から支給されたとする原告の給与・役員報酬等を原資とする本件預け金の返還請求権の存否については、お互いの主張が異なっていることを相互に確認し、原告は、本件株式及びB社株式をめぐる紛争の全面的解決を図るためにこれを放棄する。

⑪　税務調査

㈦　調査担当者は、平成21年10月14日、原告に対して聴取調査を実施したが、原告は、「原告P8口座の1億円（本件金員）は、本件株式を乙（父）が処分した代金である。」旨答述した。

㈑　調査担当者は、平成22年5月17日、丙（次男）に対して聴取調査を実施したが、丙（次男）は、「本件株式の譲渡は、ワンマン経営者であった乙（父）が独断でしたものであり、原告に事前に了解を得ていたかどうかは分からない。」旨を答述した。

㈒　調査担当者は、平成22年5月24日、原告に対して聴取調査を実施し

たが、原告は、「本件株式を譲渡した事実はないから、Ｂ社らが本件
株式の譲渡代金として本件金員を入金したとしても、それは、本件株
式の譲渡に係る収入金額とされるべきものではない。原告は、乙
（父）及びＢ社グループに対して相当額の本件預け金を有しており、
その金額は本件金員の額を超えていると考えているため、本件金員を
返還するつもりはない。」旨を答述した。

(2) 裁判所の判断

① 譲渡所得課税の要件

(ア) 譲渡所得とは、資産の譲渡による所得をいい（所法33①）、非販売
用の土地や本件で問題となっている有価証券の譲渡益がその例として
挙げられるところ、その本質は、キャピタルゲイン、すなわち所有資
産の価値の増加益であって、譲渡所得に対する課税は、資産が譲渡に
よって所有者の手を離れるのを契機に、その所有期間中の増加益を清
算して課税しようとするものである。

(イ) 課税の対象が私法上の行為それ自体ではなく、私法上の行為によっ
て生じた経済的成果、すなわち、上記(ア)のような所得である場合に
は、**その原因となる私法上の行為に錯誤等の何らかの瑕疵があって
も、経済的成果が現に発生していると認められる限り、課税要件は充
足され、課税は妨げられないと解するべきである**（この場合に、後に
原因たる行為の瑕疵を理由として経済的成果が失われた場合には、更正の
問題となる。）。しかしながら、原因たる行為が何ら存在しないにもか
かわらず、そのような行為が存在するかのような外観が作出されたに
とどまる場合には、上記のようにいう前提を欠くことになるし、原因
たる行為が譲渡者とされる本人が全く関与しないままにされた無権代
理行為である場合には、本人において原因たる行為の存在及びこれに
基づく財貨の移動の存在すら認識していない場合が多いから、原因た
る行為（本件でいえば、譲渡）に基づく本人への財貨の移動があり、
本人に原因たる行為（譲渡）による経済的成果が発生・帰属している
ことが明確に認められるか、又は、本人がこれを追認するなどの事情
がない限り、原因たる行為（譲渡）による所得を肯定することはでき
ない。

190　判例各論

② 本件への当てはめ

　本件株式の売買契約が原告とＢ社らとの間で有効に成立していれば、本件金員は原告がこれに基づいて本件株式の譲渡代金として取得したものであり、譲渡所得の課税要件が充足されているといえるので、まず、本件株式の売買契約の成否について検討する。

㋐　確かに、Ａ社において原告による本件株式の譲渡を承認する旨の、Ｂ社らにおいて本件株式の取得を承認する旨の各取締役会決議がされ、その後、Ｂ社らにおいて、本件株式の譲渡を前提とする本件金員の入金やこれに基づく経理処理がされるなどしており、原告とＢ社らとの間で本件株式の売買契約が締結されたかのような外観は存する。

　　しかしながら、原告は、Ｂ社の経理担当役員から、本件株式の譲渡を提案されたものの、これを明確に拒否しているのであって、その後にＢ社グループと原告との間で本件株式の譲渡に関する交渉が行われた形跡はない。また、Ｂ社らの本件金員の入金や原告Ｐ７口座、原告Ｐ８口座及び原告Ｐ８定期口座における平成19年６月頃までの本件金員の入出金は、原告の関与しない状況の下で行われていたものである。さらに、本件株式の売買契約が多額の株式を対象とするものであるにもかかわらず、何ら売買契約書等の書類が作成されていないこと（なお、原告と乙（父）ないしＢ社グループとの関係は、平成19年３月の時点では既に良好なものとはいえなかったことからすれば、本件株式の譲渡をするのであれば何らかの書類が作成されるはずであると考えるのが合理的である。）や、原告が一貫して本件株式を譲渡していないと主張し、Ａ社に対して原告が本件株式を保有する株主であることの確認を求める本件前訴を提起し、**本件前訴において原告とＢ社グループとの間で本件株式の売買契約が存在しなかった旨の和解が成立している**ことにも鑑みれば、原告とＢ社らとの間で本件株式の売買契約が有効に成立していると認めることはできない（なお、原告は、本件株式の売買契約は不存在である旨を主張するが、上記のとおり、Ｂ社グループにおいて、取締役会決議や経理処理等がされ、原告とＢ社らとの間で本件株式の売買契約が締結されたかのような外観が存していることに鑑みれば、**乙（父）ないし第三者による無権代理行為があったものと推認するのが合理**であ

り、本件株式の売買契約が不存在であるとまでは認められない。)。

(イ) 被告（課税庁）は、本件株式の譲渡が、原告の乙（父）に対する包括的な委任の下で乙（父）の代理行為によって行われたものである旨主張する。

しかしながら、前記(ア)で述べたとおり、原告と乙（父）ないしB社グループとの関係は、平成19年3月の時点では既に良好なものとはいえず、このような状況下で原告が乙（父）に包括的な委任をしていたとは考え難いものであって、現に、B社の経理担当役員は、本件株式を売却するに当たり、乙（父）に対してではなく、原告に対して本件株式の売却の提案をしていることが認められる。また、丙（次男）は、税務調査において、本件株式の譲渡は、乙（父）が独断でしたものであり、原告に事前に了解を得ていたかどうかは分からない旨答述しており、他に原告が乙（父）に対して本件株式の処分等について包括的に委任していたことを裏付ける的確な証拠はない。

したがって、**本件株式の譲渡に関する原告と乙（父）との間の包括委任契約は成立していないものと認めざるを得ない**のであって、被告の主張は採用することができない。

〔審判所の判断〕
　請求人（原告・納税者）は、本件株式の譲渡は、請求人の乙（父）と丙（次男）が、請求人の知らないところで全く勝手に行ったものであるから、無効である旨主張する。確かに本件株式の売却を発案したのは、乙（父）であったこと、乙（父）が請求人（納税者）の本件株式の売却を計画したのは、グループ会社に対する請求人の影響力を取り除こうという目的であったことと、譲受会社の取締役会において出席役員の間で請求人の了解を得ないでおこうという話がなされたことからすれば、本件株式の譲渡は、乙（父）が請求人に無断で、請求人の委託を受けたとして行った無権代理による売買契約によるものと認められる。

(ウ)(a) 被告（課税庁）は、原告が本件金員を自己のものとして費消し、その法律効果を容認しており、本件株式の譲渡を追認した旨主張する。

(b) 確かに、前記(ア)のとおり、B社らが原告P7口座に入金した本件金員は、B社らが本件株式の譲渡代金として入金したものであると認められるところ、原告は、本件金員を別の口座に入金するなどし

た上で、費消したことが認められる。また、丙（次男）は、原告に対して原告Ｐ8口座及び原告Ｐ8定期口座の各預金通帳を渡す際、これらの口座に入金されている本件金員が本件株式の譲渡代金である旨、あるいは譲渡代金であるらしい旨述べたものであり、原告自身、本件金員が本件株式の譲渡代金であるとの疑いを抱きながら、これらの行為に及んでいることもうかがわれる。さらに、原告は、税務調査において、調査担当者に対し、本件金員は本件株式の譲渡代金である旨答述しているものである。

　しかしながら、原告は、乙（父）、丙（次男）あるいはＢ社グループに対し、一貫して、本件預け金が存在するとしてその返還を求める一方で、本件株式を譲渡することを拒否しＡ社に対して原告が本件株式を有する株主であることの確認を求める本件前訴を提起しているものである。そうであるとすれば、原告による本件金員の費消は、本件金員を本件株式の譲渡代金として受領することを容認したことに基づくものではなく、むしろ**本件金員を原告が返還を求めていた本件預け金とみなしたことに基づくものであるとみるのが相当**であって（現に、原告は、税務調査において、Ｂ社らが本件株式の譲渡代金として本件金員を入金したとしても、原告は、乙（父）及びＢ社グループに対して相当額の本件預け金を有しており、その金額は本件金員の額を超えていると考えているため、本件金員を返還するつもりはない旨を答述している。また、確かに、本件株式の譲渡代金と本件預け金とでは、支払義務を負う者やその金額が必ずしも一致するものではないが、原告が本件預け金の全容について把握していなかったことを考慮すれば、そのことは原告が本件金員を本件預け金とみなしていないことを直ちに推測させるものではない。）、これをもって追認と解することは到底できない。

〔審判所の判断〕
　請求人（原告・納税者）は、丙（次男）から、譲受法人からの金員が入金された通帳を受け取り、その入金を知った段階で、当該金員が本件株式の譲渡代金であることを認識したものと認めるのが相当であり、請求人は、当該金員を原資として自己の生活費用等や、乙（父）の相続に係る相続税の納付、ローンの繰上返済や賃貸用マンションの購入費用等に費消している事実が認められるから、乙（父）による本件株式の売買契約を追認したものと認めるのが相当である。以上によれば、請求人による乙（父）の無権代理行為の追認により、本件株式の譲渡があったものと認められる。

194 判例各論

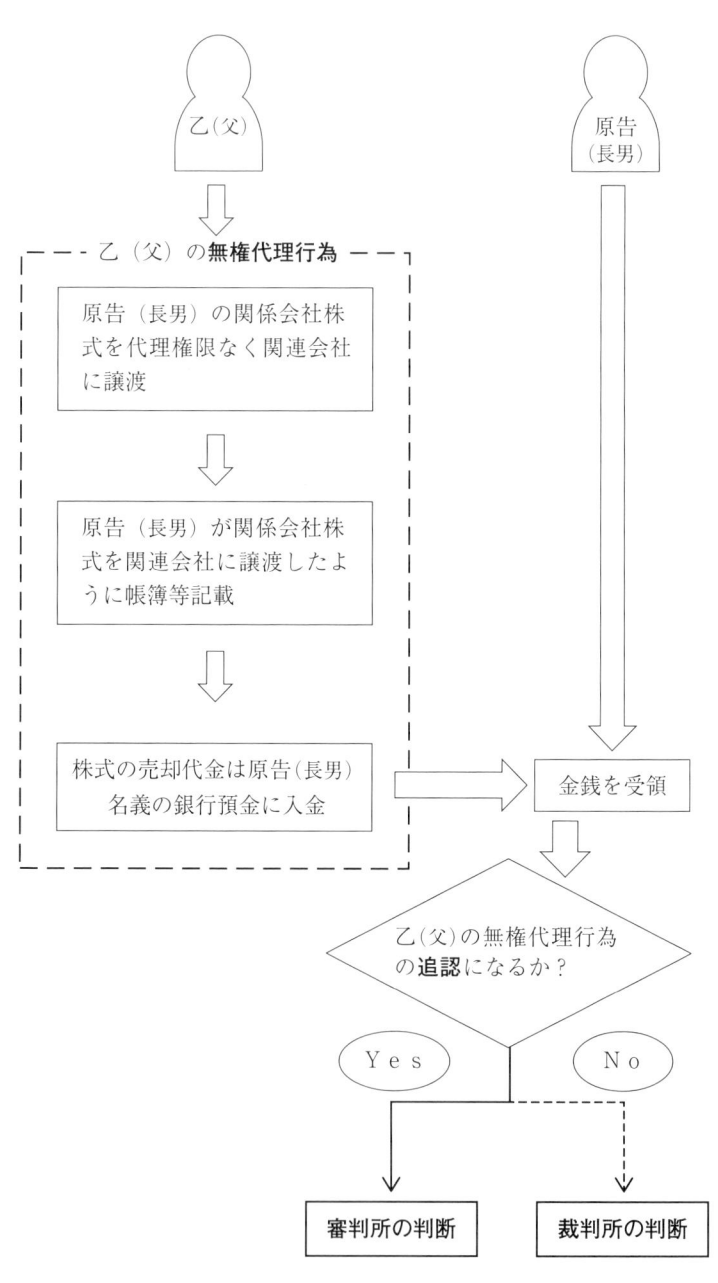

5　解説

⑴　**本件における譲渡所得発生のための要件事実とこれに関係する間接事実**

　　課税関係（租税債務）が発生するためには、税法が定める「課税要件」に該当する「要件事実」が存在する必要がある。そして、要件事実の存在を課税庁や裁判所あるいは審判所が直接確認するということはなく、通常は、要件事実の存在が残した痕跡である証拠や周辺事実（間接事実）から要件事実の存在を推認することになる。

　　本件について見ると、「原告が本件株式を譲渡（売却）したこと」が要件事実である。

　　この要件事実の存在を**積極的に推認させる間接事実**として次の事実がある。

　　①　株式発行法人の法人税確定申告書の別表第二「同族会社の判定に関する明細書」に原告の株式譲渡を裏付ける記載があること

　　②　株式を買い受けたとされる法人の決算書等に原告から株式を買い受けたことを裏付ける記載があること

　　③　株式の発行法人は、本件株式を譲渡することを承認する旨の取締役会の決議をしていること

　　④　株式の譲渡代金は、売主とされている原告名義の銀行口座に入金されていること

　　⑤　原告（納税者）は、原告名義の銀行口座に入金された株式の譲渡代金を費消していること

　　これに対して、これらの間接事実からの**推認を減殺する間接事実**として次の事実がある。

　　⒜　株式発行法人の代表取締役（経営者）は、株式を買い受けたとされる各法人の代表取締役も務めており、死亡時までこれらの複数の株式会社の経営に携わっていたこと

　　⒝　原告と乙（父）ないしＢ社グループとの関係は、平成19年3月の時点では既に良好なものとはいえなかったこと

　　⒞　原告（ないし原告の代理人）とＢ社らとの間で、本件株式の譲渡に

関する売買契約書等の書類は一切作成されていないこと

⒟　原告Ｐ7口座、原告Ｐ8口座及び原告Ｐ8定期口座の各預金通帳は、乙（父）又はＢ社グループが管理しており、平成19年6月頃まで、原告はこれらを管理していなかった。

⒠　原告、株式の発行会社、株式の買受会社は、本件株式の売買契約について、概ね原告の主張を前提とする訴訟上の和解をしたこと

　原処分が行われたのは平成22年2月26日、裁決が行われたのは平成23年7月5日、本件判決が出たのは平成25年10月31日である。そして、原告（納税者）が株主であることの確認を求める訴えを起こしたのは平成21年12月21日で、原告、Ａ社、Ｂ社、Ｃ社の間で訴訟上の和解が成立したのは平成24年2月16日である。

　そうすると、原処分庁及び裁決をした審判所は、原告（納税者）が株主であることの確認を求める訴えを起こした事実は知っていたものの、平成24年2月16日に成立した訴訟上の和解の内容については、当然のことながら認識していなかったということになる。

　これに対して、本件の判決は、この和解の内容を認識したうえで判断をしている。

　上記の⒜ないし⒠の**推認を減殺する間接事実**から⒠の訴訟上の和解の存在を除くと、⒜ないし⒟の事実はいずれも関係者の供述に基づくものであり、その根拠はいずれも確かで動かしがたいものとは言い難い。

　これに対して、要件事実の存在を**積極的に推認させる間接事実**①ないし⑤は、いずれも帳簿や法人税の申告書等の記載という客観的な証拠の裏付けのある事実である。

　これに加えて、本件の預け金の存在を、客観的な証拠（帳簿等）で確認することができなかった原処分庁と審判所が、本件の預け金は存在しなかったという前提で、原告（納税者）は本件株式を譲渡して得た代金を、それと知って費消した、すなわち、無権代理の売買契約を追認したものであると認定したのも、当然のことと見ることもできる。

　これに対して、裁判所は、平成24年2月16日に成立した訴訟上の和解の内容を認識し、これを本件の要件事実の認定のための間接事実として用いることができたのである。

和解は、当事者が互いに譲歩をしてその間に存する争いをやめることを約する契約であり（民法695）、それが訴訟上行われた場合には、それが裁判所の調書に記載されたときは、確定判決と同一の効力を有するものとされている（民事訴訟法267）。

訴訟や訴訟上の和解が、利害の対立しない当事者間で行われるような場合（いわゆる「馴れ合い訴訟」）は別として、利害の対立する当事者間で、真摯に訴訟活動が行われ、その結果として訴訟上の和解が成立した場合においては、その結果は非常に重いものがある。

本件においても、本件株式の売買契約が無効であることを確認し、株式の譲渡代金のほかに、原告（納税者）は、「本件預け金をめぐる紛争の解決金」という名目ではあるが、多額の金員を受領しているのである。一般にこのような多額の金員を理由もなく支払うことはないから、このような和解内容から、関係法人側とすると本件の預け金の存在を積極的・明示的には認めたくはないが、事実上そのようなものが存在したことを前提にした金員の支払に応じたものとの推認が可能となる。

このような預け金が、帳簿等に記載されていないが、存在していたという前提に立つと、原告（納税者）がそのような預け金の支払いとして、本件株式の無権代理による売却代金を受領したということも、十分想定されるということになる。

そうすると、裁判所がしたような事実認定になると思われる。

本件おいて、原告が本件株式の売却代金を、本件預け金の支払いと思って受領したか否かが、審判所と裁判所の事実認定そして結論を分けているが、そもそも、判断の材料として本件和解の内容を課税要件の存否の認定に用いることができたか否かという大きな違いがあるのであるから、いずれの事実認定も、使える証拠、間接事実を考慮すると、正当な事実認定をしたものと考えて良いと思われる。

本件の審査請求は、平成22年7月17日に行われ、平成23年7月5日に裁決が行われているが、審判所は、事実認定において大きな要素となる民事訴訟の結論（平成24年2月16日の訴訟上の和解）を待って裁決をしても良かったのではないかと思われる。

(2)　**和解について**

裁判所と審判所の事実認定で、その結論を分けたのは、本件和解の内容である。

民事上の争いに巻き込まれた場合に、自己の主張が認められるのが一番望ましいが、実際には、相手があることもあり、常に自分の主張が認められるとは限らない。

そうすると、当事者双方が互いに譲歩をして争いをやめることを約束して解決することになる（和解契約）。裁判所に訴えを起こす前に和解契約をすることもあれば、訴訟を起こした後に、和解をすることもあり、後者の場合には裁判所の和解調書に和解の内容が記載される。訴訟上の和解の場合、裁判官が当事者双方の主張や証拠を吟味して、当事者双方が同意しやすいような和解案を提示する。したがって、真摯に争っている当事者間で成立した訴訟上の和解には、客観的な真実の痕跡が多く残されている。本件においても、本件課税処分に係る訴訟における裁判所は、本件前訴に係る訴訟上の和解をそのようなものと見て評価をし、本件課税処分に係る訴訟における事実認定をしたものと考えて良いであろう。

民事上の争いに巻き込まれると、とかく、財産上の利益の多寡にとらわれて、必要な権利関係の確認をおろそかにしてしまうことになりがちであるが、特に、訴訟上の和解をする場合には、冷静に、必要な権利関係の確認に配慮する必要もあるように思われる。

通則法23条2項1号は、後発的事由による更正の請求の要件として、「申告、更正又は決定に係る課税標準等又は税額等の計算の基礎となった事実に関する訴えについての判決（判決と同一の効力を有する和解その他の行為を含む。）」の存在を要求している。

親族等特別な関係にある者の間の取引等の結果、想定した以上の税負担が発生することが申告後に明らかになり、これを回避する目的で、取引を遡及的になかったものとするために、敢えて、通常は訴訟をしないような当事者間で訴訟を起こして判決を取得したり、訴訟上の和解をしたりする事例があるが、このような状況で取得した判決や訴訟上の和解は、実際に利害の対立した当事者間で真摯に行われた訴訟の結果としての判決や訴訟上の和解と同一の扱いは受けないことも認識しておく必要があろう。

和解とは？

　和解契約、和解調書、調停調書などに表れた基づく課税関係を検討する場合には、その和解や調停にもとになった争いの原因、相互の主張や、和解や調停をするに至った理由についても考慮する必要がある。そうすると、和解・調停には次の2つの場合があると思われる。

(1)　本来の権利関係が証拠不足や解釈上の見解の相違から明らかでない場合（不明確除去の和解）

(2)　本来の権利関係は明確であるが、紛争の全体的・具体的解決のためや訴訟経済上の考慮あるいは恨み解消や任意履行のために当事者の片方が一方的に譲歩する場合（譲与的和解）

　和解や調停があった場合には、その内容にしたがって要件事実の認定が行われるべきであるが、本来の権利関係が明確であるにもかかわらず、不明確を装って和解が行われた場合は、その和解内容が真意であれば本来の権利関係から新たな処分が行われたとされることになる。

和解の文言通りの法的評価が課税上行われなかった事例

①　土地所有権の紛争解決の調停において、損害賠償の名目で支給された金員につき、非課税所得であるとの原告の主張を排斥して、それは自己の土地所有権を早期に確実にするために支払うことにした和解契約に基づく紛争解決金の性質を持つものであって、支払者自身も損害賠償義務を負担しておらず、一時所得であるとした事例（大阪地裁・昭和50年11月21日判決）

②　マンション建設に反対する近隣住民が建設業者から支払を受けた補償金名義の金員の一部が損害賠償金に当たり、他はマンション建設の承諾の対価として一時所得であるとした事例（大阪地裁・昭和54年5月31日判決・昭和53年（行ウ）第9号）

③　土地交換契約の履行が不能になったとして訴訟上の和解により相手方から損害賠償金等の名目で受領した金員は、土地の譲渡に対する反対給付であり、それには値上がりによる増加益が具体化したものも含まれているから、譲渡所得の対象となるとした事例（最高裁・昭和54年6月21日判決）

④　土地所有権の帰属をめぐる訴訟上の和解において、係争地の所有権を時効により取得した旨認められた法人が相手方に支払った和解金のうち、固定資産税等の清算部分を除くその余の額については不動産取得に付随して支出されたものであり、同土地の取得費を構成するとして、その損金算入が否定された事例（大阪高裁・昭和55年6月27日判決・昭和54年（行コ）第30号）

⑤　昭和37年7月31日付土地交換契約書と同一内容の昭和40年10月21日付契約書を昭和43年2月26日成立の訴訟上の和解で確認しても、いったん有効に成立した前の契約で発生した所得が当然失われるものではないとした事例（水戸地裁・昭和48年2月15日判決）

200　判例各論

X 税務職員が税務調査に着手した後に納税者が修正申告をした場合でも過少申告加算税が課されない場合があることを認めた事例

　税務職員が調査に着手し、申告が不適正であることを発見するに足るかあるいはその端緒となる資料を発見し、これにより申告漏れのあることが発覚することが客観的に相当程度の確実性をもって認められる段階に達した後に、納税者が更正に至るべきことを認識した上で修正申告書を提出したものでない場合には過少申告加算税は課されないとされた事例

〔東京地方裁判所・平成24年9月25日判決・平成23年（行ウ）第253号〕（納税者勝訴、確定）

〔平22年10月19日裁決・大裁（法）平22－27〕

1　事案の概要

　本件は、原告が、機械及び装置の増加償却の特例の適用要件である増加償却の「届出書」の提出を行っていないにもかかわらず、増加償却の特例を適用して法人税額を算出した上で、平成19年9月1日から平成20年8月31日までの事業年度の法人税の確定申告書を提出したものの、その後、法人税法上増加償却を行うことができないので減価償却費の償却限度超過額が生じていたとして修正申告書を提出したところ、処分行政庁が原告に対して法人税の過少申告加算税賦課決定処分をしたことから、この修正申告書の提出は「その申告に係る国税についての調査があったことにより当該国税について更正があるべきことを予知してされたものでないとき」（通則法65⑤）に該当するので、原告に対して過少申告加算税を賦課することはできないと主張して、加算税の賦課決定処分の取消しを求めた事案である。

2　前提事実

⑴　法人税法における減価償却制度及び増加償却の特例

① 法人の各事業年度の所得の金額の計算上、当該事業年度の固定資産の価値減少額である減価償却費は損金の額に算入されるが（法法22③）、具体的に損金の額に算入される金額は、当該法人が当該事業年度において減価償却費として損金経理をした金額のうち、当該法人が当該資産について選定した償却の方法に基づき計算した金額（償却限度額）に達するまでの金額とされている（法法31①、法令58）。

② 法人税法における機械及び装置の耐用年数は、その業界におけるモデルプラントの1日の平均的な使用時間を基礎に算定されているところ、法人が超過操業を行い、その有する機械及び装置の実際の使用時間が業界における平均的な使用時間を著しく超えているような場合には、その機械及び装置の損耗が通常よりも早く進むこととなるので、当該損耗に応じた減価償却を行うことを可能とするために、減価償却に係る償却限度額の計算の特例として、損耗の程度に応じて通常の償却限度額より多い金額を償却限度額として取り扱うことができるという増加償却の制度が設けられている（法法31⑥、法令60、法規20、20の2）。

　法令60条は、増加償却の特例の適用を受けるための要件として、法人税の確定申告書の提出期限までに増加償却の「届出書」を納税地の所轄税務署長に提出しなければならない旨規定している。

⑵ **原告（納税者）による確定申告等**

　原告は、平成20年11月28日、N税務署長に対し、原告の本件事業年度の法人税について、減価償却費の計算における増加償却の特例を適用した上で、確定申告書（以後、この章において、「本件確定申告書」という。）を提出した。

　原告が本件事業年度において増加償却の特例の適用を受けるためには、本件確定申告書の提出期限である平成20年11月30日までに、N税務署長に対し、本件事業年度における増加償却の「届出書」（以後、この章において、「本件届出書」という。）を提出しなければならなかったが、原告は、上記期限までに、N税務署長に対して本件届出書を提出しなかった。そのため、原告は、本件事業年度において、増加償却の特例の適用を受けることができず、本件確定申告書において算出していた減価償却費の金額には償却超過額が生じていた。

原告は、平成16年4月1日から同年8月31日までの事業年度以降、本件事業年度の直前の事業年度までの各事業年度において、法人税の確定申告書の提出に先立ち、増加償却の「届出書」をN税務署長に対して提出していた。また、原告は、地方税法に基づき、固定資産税に係る償却資産申告書をN市役所に提出していたが、同申告書には、法人税法に基づく増加償却の「届出書」の写しを添付していた。

(3) 原告に対する調査

大阪国税局の調査担当者は、平成21年7月21日、原告の本店事務所に臨場して、法人税及び消費税に係る臨場調査を開始し、同年8月21日までの間、臨場調査を実施した。

(4) 原告による修正申告等

原告は、本件臨場調査中の平成21年7月28日、N税務署長に対し、本件事業年度について、増加償却の特例の適用を否定して所得額を再計算した上で、修正申告書を提出し、その後、本件調査担当者に対し、本件修正申告書を提出した旨を口頭で通知した。

本件調査担当者は、原告から上記の口頭通知を受けた時点では、原告が本件届出書の提出をしていなかったことに気付いていなかった。

(5) 原告に対する過少申告加算税賦課決定処分等

N税務署長は、平成21年9月29日付けで、原告に対し、本件事業年度の法人税について、過少申告加算税賦課決定処分を行うとともに、損金不算入となる役員給与の額があること、本件修正申告書で算出されている減価償却費の償却超過額が過大であることなどを理由として、法人税減額更正処分及び過少申告加算税変更決定処分を行った。

なお、原告は、上記減額更正処分の根拠及び適法性並びに本件賦課決定処分の計算関係については争っていない。

(6) 審査請求及び訴え提起等

原告は、平成21年11月27日、本件賦課決定処分（本件変更決定処分後のもの）の取消しを求めて審査請求を行ったところ、国税不服審判所長は、平成22年10月19日付けで、原告の審査請求を棄却する旨の裁決をした。

原告は、平成23年4月19日、本件賦課決定処分の取消しを求める本件訴訟を提起した。

X 修正申告の時期 203

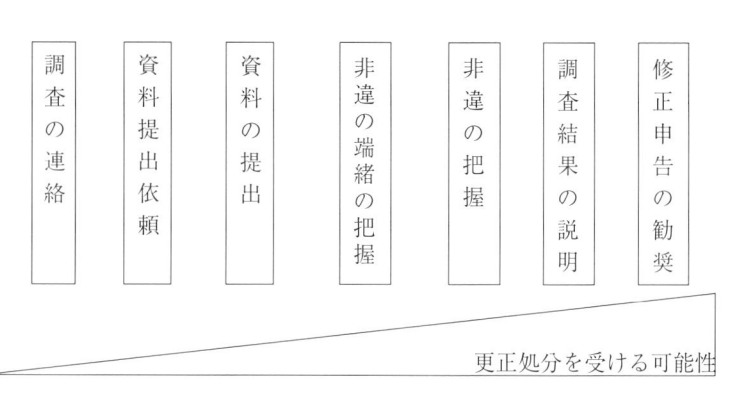

3 争点

　本件修正申告書の提出が、過少申告加算税の適用除外要件とされる「その提出が、その申告に係る国税についての調査があったことにより当該国税について更正があるべきことを予知してされたものでないとき」(通則法65⑤)に該当するか否か。

4 審判所の判断と裁判所の判断

⑴　裁判所の事実認定
　①　大阪国税局の担当者は、平成21年7月3日、原告(納税者)の財務担当部長・丙に対し、同月21日から、法人税及び消費税の調査を行う旨の電話連絡をした。
　②　本件調査担当者は、平成21年7月15日、原告の本店事務所を訪問し、原告の経理部の課長であった甲及びその部下である乙に対し、調査の際に必要な書類等を記載した事前準備依頼書(本件依頼書)及び調査において確認する事項を例示列挙した書面(本件確認事項書面)を交付し、

同月21日の臨場予定日までに本件依頼書に記載した書類一式を準備するよう依頼した。

　本件依頼書には、準備すべき書類として、直前2事業年度の固定資産台帳及び償却台帳並びに本件確定申告書等が記載され、また、本件確認事項書面には、調査項目として、減損損失についての減算理由や遊休設備償却費の具体的根拠等の7項目が記載されていた。

③　乙は、平成21年7月21日（火）の朝、本件調査担当者が臨場する前に、本件臨場調査に備えて準備した資料を確認していたところ、通常は本件確定申告書の控えを綴ったバインダーの中に綴られているはずの本件届出書の控えが綴られていないことに気付き、甲にその旨を伝えた。

④　本件調査担当者は、平成21年7月21日（火）、原告の本店事務所に臨場して本件臨場調査を開始し、甲らから、本件確定申告書に加え、固定資産台帳、減価償却費明細及び増加償却レポート等（本件固定資産台帳等）の書類の提出を受けた。

※　なお、増加償却レポートとは、原告が法令60条に基づいて毎年作成しているものであり、増加償却の要件を満たしていることを確認することができるように、装置ごとの超過使用時間集計その他の償却金額の計算に必要な全てのデータを記載した資料である。

⑤(ア)　乙は、**平成21年7月22日（水）及び同月23日（木）、本件臨場調査**に対応しつつ、その合間の時間に本件届出書の控えを探したが、本件届出書を発見することができず、本件届出書に代表取締役の印を押印するために必要な社内決裁書類も確認したが、本件届出書に係る社内決裁書類を発見することができなかった。

(イ)　甲は、平成21年7月24日（金）午前、原告の顧問税理士事務所である税理士法人Tに電話をし、仮に本件事業年度の法人税の確定申告に当たって本件届出書を提出していなかった場合にどうなるかを相談したところ、本件届出書を追加提出することは認められないので延滞税が日々発生すること、過少申告加算税を賦課される可能性があることなどの説明を受けた。

　また、甲は、**平成21年7月24日（金）午後、社内記録を自ら確認した結果、本件届出書の提出を失念していることをほぼ確信**し、同日深

夜、米国Kの国際税務担当者に対して、本件届出書の提出を失念した可能性が高く、この場合には増加償却の特例が適用されないので、法人税を追加納付しなければならない旨を電話で報告した。そして、甲は、乙に対し、固定資産税納付のためにN市役所に提出した償却資産申告書に本件届出書の写しが添付されているかについて、**平成21年7月27日（月）の朝にN市役所で確認するよう指示した**。

㈦　甲は、平成21年7月25日（土）、原告の丙（財務担当部長）に本件届出書の提出を失念した可能性が高いことを説明し、米国Kの国際税務担当者から、税理士法人Tと相談の上、対応方針を決定するとの連絡を受けた。

　　また、甲は、平成21年7月26日（日）、原告の資金管理担当者に電話をし、本件届出書の提出を失念した可能性が高いことを説明して、法人税の修正申告をした場合の納税資金の手配が可能であるかを確認したところ、資金手配は速やかに可能である旨の回答を得た。

㈤　乙が**平成21年7月27日（月）朝にN市役所において償却資産申告書に本件届出書が添付されていないことを確認した後**、米国Kの国際税務担当者、原告の財務担当部長、甲ら及び税理士法人Tの担当者が参加して電話会議が開かれ、税理士法人Tから、本件届出書を追加提出しても増加償却は認められないであろうことが説明され、甲は、米国Kに対し、延滞税の増加を止めるために速やかに修正申告をすべきである旨主張した。その後、米国Kは、速やかに修正申告をすべきである旨の税理士法人Tからの助言を踏まえて、修正申告及び追加納税をすることを決定し、平成21年7月28日（火）未明、甲に対し、電子メールで修正申告及び追加納税を指示した。

　　また、乙は、上記電話会議終了後、本件修正申告書の作成及び納税の準備を行い、平成21年7月27日（月）夕方、原告代表者に事情を報告し、本件修正申告書に署名してもらった。

㈥　乙は、米国Kから修正申告の指示があったことを受け、**平成21年7月28日（火）午前、本件修正申告書をN税務署長に提出**するとともに、約10億6000万円の法人税の追加納税手続を行った。

㈦　本件調査担当者は、本件臨場調査において、平成21年7月27日

（月）までの間に、国外関連者との取引内容、経営指導料等の一般管理費や開発費の計上処理、米国Kとの取引に関する移転価格の算定方法、販売先に対する売上リベートの計上処理等について調査していた。

　　また、本件調査担当者は、平成21年7月27日（月）までの間に、減価償却資産に係る調査として、減損損失の減算理由に関する質問及び甲らに依頼して提出してもらった関係資料の確認、遊休資産設備償却費の具体的根拠に関する質問及び甲らに依頼して提出してもらった関係資料の確認、損益計算書上の減価償却費と本件確定申告書上の減価償却費の金額の差異理由に関する質問、国外関連者であるS社から原告が購入した製造装置の移転価格の妥当性に関する質問及び当該装置の現物の確認依頼等を行っていた。ただし、本件調査担当者は、本件確定申告書における増加償却の特例の適用が法令の定める要件を充足しているか否か、あるいは増加償却計算が適正であるか否かについては、甲らに対して資料を求めたり質問をしたりするなどの具体的な調査は行っていなかった。

　　なお、平成21年7月27日（月）までに行われた調査においては、乙が減損損失について伝票の金額と決算書の金額に323,034円の差額が生じていたことに気付いて本件調査担当者に告げたことを除けば、本件確定申告書における減価償却資産に係る申告内容に不適切な点は発見されていなかった。

㈮　甲らは、平成21年7月28日（火）午後、本件調査担当者に対し、同日午前中に本件修正申告書を提出したことを説明したが、この時点まで、本件調査担当者は、原告が本件届出書を提出していなかったことに気付いていなかった。

　　甲は、本件調査担当者に対して本件修正申告書を提出したことを説明するに当たり、ICレコーダーで録音する旨を告げた上で、最初に、**本件臨場調査においては減価償却方法についてまだ調査していないことを確認する旨の質問をしたが、本件調査担当者からは明確な回答が得られなかった。**

平成20年11月28日（金）	確定申告書提出（割増償却の届出書なし）
平成21年7月3日（金）	法人税及び消費税の調査を行う旨の連絡
平成21年7月15日（水）	事前準備依頼書及び確認事項書面を交付

========================== **審判所及び課税庁の基準ライン**

平成21年7月21日（火）	届出書の控えがないことに気付き甲（上司）に報告臨場調査開始
平成21年7月22日（水） 〜7月23日（木）	臨場調査に対応 届出書、社内決済書類を発見できず
平成21年7月24日（金）	Ｔ（顧問税理士事務所）に相談 届出書の提出を失念したことをほぼ確信 深夜、米国Ｋに報告 平成21年7月27日（月）に償却資産申告書を確認するよう指示
平成21年7月25日（土）	丙（財務担当部長）に状況報告
平成21年7月26日（日）	資金管理担当者に説明、資金手当が可能である旨の回答
平成21年7月27日（月）	市役所で償却資産申告書に届出書が添付されていないことを確認 修正申告及び追加納税を決定 夕方、原告代表者修正申告書に署名
平成21年7月28日（火）	未明に、米国Ｋから電子メールで、修正申告及び追加納税の指示 午前、**修正申告書提出**及び納税 午後、調査担当者に対し、午前中に修正申告書を提出したことを説明

========================== **裁判所の基準ライン**

　申告が不適正であることを発見するに足るかその端緒となる資料を発見

↕

　調査に基づく非違事項の指摘

↕

　修正申告

下記の平成12年7月3日課法2-9ほか「法人税の過少申告加算税及び無申告加算税の取扱いについて（事務運営指針）」参照

本件では存在せず

(2) **法令の解釈**

① **裁判所の解釈**

　通則法65条5項が、「調査があったことにより」更正があるべきことを予知したか否かによって、過少申告加算税を賦課するか否かを決することとしていることからすれば、当該調査が納税者の修正申告の自発性の否定につながる内容のものであること、すなわち当初申告が不適正であることの発見につながる調査があったことが要件となっているものと解すべきであり、また、「更正があるべきことを予知し」たとは、単に更正がされる主観的なあるいは一般的抽象的な可能性があるにとどまらず、更正がされることについて客観的に相当程度の確実性がある段階に達した後に、更正に至るべきことを認識したことをいうとするのが相当である。

　そうすると、上記のような通則法65条1項及び5項の趣旨や文言に照らすと、同項にいう「その申告に係る国税についての調査があったことにより当該国税について更正があるべきことを予知してされたものでないとき」とは、税務職員が申告に係る国税についての調査に着手し、その申告が不適正であることを発見するに足るかあるいはその端緒となる資料を発見し、これによりその後の調査が進行し先の申告が不適正で申告漏れの存することが発覚し更正に至るであろうということが客観的に相当程度の確実性をもって認められる段階（いわゆる「**客観的確実時期**」）に達した後に、納税者がやがて更正に至るべきことを認識した上で修正申告を決意し修正申告書を提出したものでないことをいうものと解するのが相当である。

② **審判所の解釈**

　通則法65条5項の趣旨は、調査等により更正があるべきことを予知することなく自発的に修正申告を決意し、修正申告書を提出した者に対しては例外的に加算税を賦課しないこととし、もって納税者の自発的な修正申告を歓迎し、これを奨励することを目的とするものというべきであるところ、「調査があったことにより当該国税について更正があるべきことを予知してされたものではないとき」とは、税務当局の調査が開始されたことにより、納税者において、やがて税務当局によって更正がな

されることを認識しながら修正申告書を提出した場合でないこと、換言すれば、税務当局によって更正がなされることを認識する以前に自ら進んで修正申告を決意して修正申告書を提出した場合をいうものと解するのが相当である。

(3) **法令の当てはめ**

審判所の判断	裁判所の判断
確かに、本件調査担当者が、本件修正申告書を提出する前の本件臨場調査において、本件届出書の提出の有無及び増加償却に関して検証した事実を認めることはできない。しかしながら、本件確定申告書は機械及び装置の減価償却費の償却限度額の計算に増加償却額を含めて所得金額を計算したものであること、また、固定資産台帳には、減価償却費の額及びその計算に必要な諸要素の記載があり、これらの記載から機械及び装置の減価償却費の償却限度額に増加償却額を含めている可能性に**気付き得る**ものであることが認められるところ、本件調査担当者は、これらの固定資産台帳等により減価償却資産の**検討**には**着手**していたこと、請求人（納税者）自身が本件臨場調査開始日にその存在自体及び内容から増加償却の事実をうかがわせる増加償却レポートを提示していることも考慮すると、請求人が、本件修正申告書を提出するまでに、原処分庁から、本件届出書の提出がなく機械及び装置の減価償却費の償却超過額が生じているといった**指摘を受けてはいない**ものの、請求人は、遅くとも、本件修正申告書を提出する直前の平成21年7月27日において、請求人が提出した固定資産台帳及び増加償却レポートに記載された内容	(ア) 本件確定申告書には、減価償却額の計算に関する明細書が含まれていたほか、添付されている計算書類中の個別注記表には、機械及び装置について増加償却を実施している旨の記載があったこと、本件固定資産台帳等には原告が所有する機械及び装置に係る減価償却費等が記載されており、特に増加償却レポートには増加償却額の計算に必要なデータが記載されていたことがそれぞれ認められ、これらの事実によれば、本件調査担当者が本件確定申告書等を調査すれば、原告が増加償却の特例を適用した上で本件確定申告書を提出したことは容易に判明したものといえる。 (イ) しかし、原告が本件事業年度において増加償却の特例を適用したことについて、「届出書」提出という要件以外の適用要件が欠落していたことをうかがわせる証拠は存在せず、原告は、本件届出書を提出していなかったことのみをもってこの特例の要件を満たさないことになり、ひいては本件確定申告書における申告が不適正なものとなったものと認められるから、本件においていわゆる客観的確実時期に達していたというためには、**本件届出書の不提出が発見されるであろうことが客観的に相当程度の確実性をもって認め**

を基に原処分庁による調査が進行すれば、原処分庁によって本件届出書の提出の有無が確認され、やがて更正に至るであろうことを認識した上で、同月28日に本件修正申告書の提出をしたものと認めるのが相当である。

増加償却レポートについては、請求人がこれを自発的に準備したからといって、端緒資料にならない理由とはなり得ない。

確かに、固定資産台帳については、その記載事項は、それ自体からは直ちに機械及び装置の減価償却費の償却限度額に増加償却額を含めている事実が明らかになるものではないが、その具体的な記載内容からは、増加償却額を含んだ償却限度額を基に減価償却費として損金の額に算入した可能性に気付き得るものであるから、その後の調査も踏まえれば、増加償却の届出書の提出を失念し、機械及び装置の減価償却費の償却超過額が生じている本件確定申告が不適正であることを発覚させるに足りる資料であり、端緒資料に当たらないとはいえない。

られる段階に達していたことが必要であるというべきである。

そして、増加償却の特例の適用要件であるところの増加償却の「届出書」の提出の有無については、本件確定申告書等に何ら記載がなく、また、確定申告書や固定資産台帳等に上記「届出書」の有無を記載したり、これを添付したりすることは法令等により求められていないことが認められるから、本件調査担当者が本件確定申告書等を調査しても、原告が本件届出書を提出していないことが必ずしも判明するわけではない。また、実際に、本件調査担当者は、本件確定申告書等を収集していたにもかかわらず、甲らから本件修正申告書を提出したことを説明されるまで、本件届出書が提出されていないことについて何ら気付いてなかっただけでなく、**本件届出書の提出の有無や増加償却計算の適否について関心を示し、これに関する質問や資料提出依頼をすることもなかったのである。**そして、そもそも本件調査担当者において、本件修正申告書が提出される前に、本件確定申告書等を確認したことなどをきっかけとして、増加償却の特例の適用要件が充足されているか否か、あるいは増加償却計算が適正であるか否かについて調査しようと考えるに至っていたことをうかがわせる証拠も存在しない。

㋑　したがって、本件確定申告書等は、本件届出書が提出されていないことを発見するに足る資料とはいえないし、本件届出書の提出の有無について調査する端緒となる資料ともいえない

	から、本件調査担当者が本件確定申告書等を収集していたことをもって、いわゆる客観的確実時期に達していたということはできないというほかない。
本件調査担当者が増加償却計算の適正性の有無を認識した時期についての言及はない。	㈠　本件調査担当者は、本件修正申告書が提出された時点までに、増加償却の特例の適用要件が充足されているか否か、あるいは増加償却計算が適正であるか否かに関する調査を行っていなかったことが認められるだけでなく、本件調査担当者において、増加償却の特例の適用要件が充足されているか否か等について調査する必要があると考えていたことをうかがわせる証拠は存在しない。 　また、本件調査担当者は、本件修正申告書が提出されるより前に、減価償却計算の適否に係る調査を行っており、減損損失に関する金額に差額が生じていることを把握していたことが認められるものの、減損損失に関する金額に差額が生じていることを把握したのは、原告担当者である乙からその旨告げられたからであって、本件調査担当者が自ら調査をして発見したものではないし、減損損失以外の減価償却資産に関係する申告内容に不適切な点を発見していたわけでもない。 　そうすると、本件調査担当者が、減損損失や遊休資産設備償却費等の減価償却計算の適否に係る調査を行っていたからといって、更に調査を進めて償却限度額の再計算を行い、ひいては本件届出書の確認をすることになることが客観的に相当程度の確実性をもって認められる段階に至っていたとは到底いうことができず、単にそのような一

般的抽象的可能性があったにすぎない状況にあったというべきである。そして、このように申告が不適正であることの発見につながる一般的抽象的可能性を有するにすぎない程度の調査がされていたにとどまる段階で、いわゆる客観的確実時期に達していたものと認めることは、国税通則法65条5項の趣旨や文言に照らして相当ではない。

(イ) したがって、本件調査担当者が減価償却計算の適否に係る調査を行っていたとしても、本件修正申告書が提出された時点では、本件届出書の不提出が発見されるであろうことが客観的に相当程度確実であったとは認められないから、いわゆる**客観的確実時期には達していなかったもの**というべきである。

請求人（納税者）が有する製造機械、設備等の固定資産は、請求人にとって最も重要な資産であること、減価償却費の額が法人税の所得の金額の計算に及ぼす影響が非常に大きなものであることに加え、原処分庁が、請求人に直前2年度分の「固定資産台帳及び償却台帳」の準備を依頼し、請求人が固定資産台帳及び増加償却レポートを原処分庁に提示したことからすると、本件臨場調査において、平成19年9月1日から平成20年8月31日までの事業年度の減価償却費の適否が重要な調査事項となることは客観的に明らかであったといえる。 　また、請求人は、本件依頼書に記載のあった直前2年度分の「固定資産台帳及び償却台帳」として、固定資産台帳及び増加償却レポートを原処分庁に	(ア)　本件修正申告書の提出に至る経緯に関し、(a)原告は、平成16年8月期以降、毎事業年度、増加償却の届出書をN税務署長に提出していたが、本件事業年度については本件届出書の提出を失念していたところ、平成21年7月21日に本件臨場調査に備えて準備した資料を確認したことによって、本件届出書の提出を失念している可能性があることに偶然気付いたこと、(b)原告は、本件届出書を提出したかを確認するのと並行して、平成21年7月26日には、修正申告をした場合の納税資金の手配が可能であることを確認し、同月27日には、本件届出書の不提出が確実になったことから、顧問税理士事務所の助言を踏まえ、親会社である米国Kに対して、延滞税の増加を止めるために速やかに修正申告をすべき旨主

提示したことからすると、遅くとも本件臨場調査が開始された平成21年7月21日には、減価償却費の適否が本件臨場調査の対象となることを認識していたものと認められる。

請求人は、本件修正申告書の提出は、「調査があったことにより当該国税について更正があるべきことを予知してされたものでないとき」に該当する旨を主張し、その理由として、本件届出書の提出の失念を確信した後、延滞税の発生を止めることを最優先に考えて本件修正申告書を提出したものである旨主張するが、たとえそうであったとしても、このことは請求人においてやがて更正に至るであろうという認識がなかったことを基礎付ける事情とはいえず、上記の認定判断を左右するものではない。

張するとともに、本件修正申告書の提出に向けた準備を開始したこと、(c)原告は、平成21年7月28日、米国Kから修正申告の指示があった後すぐに、本件修正申告書を提出するとともに追加納税手続を行ったことがそれぞれ認められる。

このような経緯からすれば、原告は、本件臨場調査そのものによって本件届出書の不提出に気付いたものではないし、不提出に気付いた後は、延滞税の発生を止めるため、可及的速やかに本件修正申告書の提出及び追加納税を行ったものと認められるから、原告は、本件臨場調査における具体的な調査とは直接関係することなく、本件修正申告書の提出をしたものということができる。

(イ) 原告担当者である甲らは、減価償却計算の適否に関連する質問への回答や資料の提出をしたり、製造装置の現物確認依頼を受けたりしたことにより、本件調査担当者が減価償却計算の適否に係る調査を行っていることを認識していたと認められる。

また、甲らは、平成21年7月24日には本件届出書を提出していないことをほぼ確信していたが、本件修正申告書を提出するまで、そのことを本件調査担当者に告げなかったことが認められるところ、これは、甲らが、本件届出書の不提出を告げれば、そのことを理由に更正がされ過少申告加算税を賦課される可能性があると考えていたからであると推認される。

しかしながら、原告が本件事業年度において増加償却の特例を適用したこ

とについて、「届出書」提出という要件以外の適用要件が欠落していたことをうかがわせる証拠は存在せず、原告は、本件届出書を提出していなかったことのみをもって増加償却の特例の適用要件を満たさないことになり、ひいては本件確定申告書における申告が不適正なものとなったものであるから、本件において、原告がやがて更正に至るべきことを認識していたというためには、本件届出書の提出という要件を欠いていることが発見されて更正に至るであろうことを原告が認識して修正申告を決意し修正申告書を提出したことが必要であるというべきである。

　そして、本件修正申告書提出時においては、本件調査担当者が本件届出書の確認をすることになることが客観的に相当程度の確実性をもって認められる段階に至っていたとは到底いうことができず、単にそのような一般的抽象的可能性があったにすぎない状況にあったというべきであり、しかも甲らは、本件修正申告書を提出する前に、本件調査担当者から、増加償却の特例の適用要件が充足されているか否かや増加償却計算が適正であるか否かについて質問等をされることは全くなかったことからするならば、甲らにおいて、「届出書」の提出という要件を欠くことが発見されていずれ更正に至るであろうことを認識して本件修正申告書を提出したとは認められない。

請求人（納税者）は、平成21年7月21日の本件臨場調査開始直前に、本件確定申告書の控えをとじたバインダーに本件届出書の控えの保存がないこと	被告（課税庁）は、原告が本件修正申告書を提出する前に、本来の提出先ではないN市役所に本件届出書の提出の有無を確認しており、本件届出書の

を認識し、請求人は、本件臨場調査中の同月27日に、本件届出書の本来の提出先ではないN市役所の税務課において、請求人が提出した償却資産申告書を閲覧することによって、N税務署長に増加償却の適用要件である本件届出書を提出しておらず、その結果、機械及び装置の減価償却費の償却超過額が生じていることを確信した上で、同月28月に本件修正申告書を提出した。

他方で、請求人は、平成21年7月21日から本件修正申告書を提出した同月28日までの間、本件調査担当者から請求人の本店事務所において本件臨場調査を受けているにもかかわらず、本件届出書の提出を失念し、機械及び装置の減価償却費の償却超過額が生じている事実等について本件調査担当者に説明することがなかった。

このような本件臨場調査開始から請求人による本件修正申告書の提出までの請求人の行動にかんがみると、請求人は、本件臨場調査開始直前から本件届出書が未提出であれば原処分庁に更正される可能性があることを認識しながら、本件調査担当者ないし原処分庁に本件届出書の提出の有無について気付かれることがないよう本件修正申告書を提出すべく行動していたものと認められる。

提出の有無をN税務署に確認することを避けていたことからすれば、原告が更正を予知していたことが推認される旨主張する。

確かに、原告担当者である甲は、平成21年7月24日に顧問税理士事務所から過少申告加算税を賦課される可能性があることを聞いていたほか、乙に対し、法人税を担当するN税務署ではなく固定資産税を担当するN市役所において、本件届出書の提出の有無を確認するよう指示したことが認められる。

しかし、これらの事実からは、甲が、本件臨場調査中にN税務署に本件届出書の提出の有無を直接確認すれば、それをきっかけにして本件届出書の不提出が発覚して法人税の更正がされ過少申告加算税を賦課される可能性があると考えていたことが推認されるものの、甲が、直接N税務署に確認すれば上記のような可能性があると考えていたからといって、**本件臨場調査の進展に伴って本件調査担当者が本件届出書の不提出に気付き、更正されることを甲が予知していた事実まで推認することはできない。**

甲と本件調査担当官との会話を録音したICレコーダーについての言及はない。

被告(課税庁)は、原告担当者が、本件修正申告書を提出した後、本件調査担当者に対し、本件臨場調査が増加償却の適用に直接関係する減価償却費の調査に及んでいたか否かを質問し、その回答をICレコーダーで録音しようとしたことからすれば、原告が更正

を予知していたことが推認される旨を主張する。

　確かに、原告担当者である甲は、本件修正申告書を提出したことを本件調査担当者に説明した際、増加償却の特例に関する調査が始まっていないことについての言質をとって、これをICレコーダーに録音しようとしたことが認められる。

　しかし、甲が、会話をICレコーダーで録音しようとしたのは、まさに本件修正申告書を提出した後に、過少申告加算税の適用除外要件である国税通則法65条5項該当性が問題になることを慮り、いまだ増加償却の特例の適用に関する調査が開始されていないことを記録化しようとしたからであると推認されるのであり、仮に、甲が、既に増加償却の特例の適用に関する調査が開始されており、本件届出書の不提出が発見されることが相当程度確実であると認識していたのであれば、そのような録音による記録化を試みることは考えられないから、**甲が録音を試みたことは、むしろ、本件届出書の不提出が発見されることが相当程度確実であるとは認識していなかったことを示すもの**というべきであって、被告の上記主張は採用することができない。

請求人（納税者）は、大阪高等裁判所・平成12年11月17日判決の判断内容に照らすと、本件調査担当者が本件届出書の提出の失念の事実に気付いていなかった段階での本件修正申告書の提出時において、同判決において更正予知の前提とされている客観的確実時期が到来していたとは認められないから、	裁判所において、「大阪高裁・平12.11.17」の判例について、納税者は主張しなかった。

同提出は更正があるべきことを予知してされたものでないときに該当する旨主張する。しかしながら、判決はあくまでも個々の事実関係を前提とした個別判断であるところ、請求人が主張引用する判決は、修正申告の原因となった事由とは別の事由を指摘して調査が開始された後に代理人税理士が自ら基礎控除の計算誤りを発見し、自発的にその旨を税務当局に申し立てていること等の事実を前提とした判断であって、本件とは明らかに事実関係が異なっており、同判決の判断内容を本件に当てはめて判断することはできない。

5 解説

(1) 法令の解釈についての裁判所と審判所（課税庁と同じ見解）の相違点

　　本件においては、通則法65条5項の「調査があったことにより・・・更正があるべきことを予知した」の文言の解釈が、裁判所と審判所で異なっている。

　　裁判所は、調査が納税者の修正申告の自発性の否定につながる内容のものであること、すなわち当初申告が不適正であることの発見につながる調査があったことが要件となっているものと解すべきであり、また、「更正があるべきことを予知し」たとは、単に更正がされる主観的なあるいは一般的抽象的な可能性があるにとどまらず、更正がされることについて客観的に相当程度の確実性がある段階に達した後に、更正に至るべきことを認識したことをいうとするのが相当であると解している。

　　税務職員が申告に係る国税についての調査に着手し、その申告が不適正であることを発見するに足るかあるいはその端緒となる資料を発見し、これによりその後の調査が進行し先の申告が不適正で申告漏れの存することが発覚し更正に至るであろうということが客観的に相当程度の確実性をもって認められる段階（いわゆる「**客観的確実時期**」）に達した後に、**納税**

者がやがて更正に至るべきことを認識した上で修正申告を決意し修正申告書を提出したものでないことをいうものと解するのが相当であるとも言っている。

これに対して、国税不服審判所は、「調査があったことにより当該国税について更正があるべきことを予知してされたもの」とは、税務当局の調査が開始されたことにより、納税者において、やがて税務当局によって更正がなされることを認識しながら修正申告書を提出した場合をいうものと解している。

裁判所は、修正申告をした時点における更正される可能性の程度を問題としており、更正される一般的抽象的な可能性では足らず、更正に至るであろうということが客観的に相当程度の確実性をもって認められることを要求している。

したがって、裁判所の基準によれば、納税者が更正がされる主観的なあるいは一般的抽象的な可能性しかない状況で、その可能性を認識して修正申告をした場合には、過少申告加算税の適法要件は充足していないことになる。本件のような場合である。

審判所が裁決の中でいう「原処分庁による調査が進行すれば、原処分庁によって本件届出書の提出の有無が確認され、やがて更正に至るであろう」という趣旨が、税務調査においては、常に、すべての非違が明らかになるという趣旨であれば、確かに、税務当局の調査の開始と同時に、「更正に至るであろうということが客観的に相当程度確実」であるということもできよう。しかしながら、事実の問題としては、税務調査においては、調査の進行の中で非違の端緒が把握され、その端緒から非違が調査担当者に把握されるに至るのである。そして、規模の大きな事業体の調査においては、限られた時間の中で行われる調査ですべての非違が悉皆的に把握されるとは限らない。

そうすると、調査の進行とともに、非違について更正される可能性が増加し、やがて「更正に至るであろうということが客観的に相当程度確実」な段階に至るというのが事実の認識としては正しいと思われる。

(2) 審査請求人（納税者・原告）の引用する大阪高等裁判所・平成12年11月17日判決・平成12年（行コ）第46号。（以下「大阪高裁・平12.11.17」という）

について

　「大阪高裁・平12.11.17」の事例は次のようなものである。

①　相続税の調査において、平成 9 年 4 月21日、調査担当職員が税理士に対して課税資産の申告漏れを指摘した。

②　同日夜、税理士は相続税の基礎控除の計算誤りを発見した。

③　同年 5 月15日、税理士は担当職員に対し、基礎控除額の計算誤りを申し立てるとともに修正申告を前提とした他の相続人の過大申告分の納付税額の全額返還を求めた。

④　同年 6 月24日に、調査担当職員の最終的な意向が税理士に示された。

⑤　同年 7 月10日に修正申告書を提出した。

　課税庁の主張は次のとおりである。

⑶　申告漏れの課税財産がある場合には、相続人の全てにつき当初からの計算がやり直され、その過程中、基礎控除額の計算誤りは直ちに発見される性質のものであることから、申告漏れの財産があるとの指摘を受けた場合、「客観的確実時期」は、その時点である。

㋑　最終的に更正処分が免れ難いことを認識した同年 6 月24日をもって、税理士が修正申告書の提出を決意した時期と認められるべきである。

　大阪高等裁判所の判断は次のとおりである。

⒜　控訴人（課税庁）のいうところの「客観的確実時期」を採用する。

⒝　相続人の全てにつき当初からの計算がやり直され検算がされる過程で、いずれ基礎控除額の計算誤りは発見される性質のものである。

⒞　基礎控除額の計算誤りが税理士としては極めて不用意な計算間違いであり、いずれ確実に発見されることが明らかであったとしても、これが調査担当職員にとっても安易に見逃すべからざるものであったことは同様といえるから、調査担当職員 2 名によっても発見され得なかった同年 5 月15日までの時点で既に控訴人（課税庁）主張の客観的確実時期が到来しているとは認め難い。

⒟　税理士は既に平成 9 年 5 月15日の段階で基礎控除額の計算誤りを申し立てるとともに、修正申告を前提とした他の相続人の過大申告分の納付

税額の全額返還を求めている以上、この段階までに納税者が自発的に修正申告をしたときと同視することができる。

大阪高裁は、「申告漏れの課税財産がある場合には相続人の全てにつき当初からの計算がやり直され検算がされる過程で、いずれ基礎控除額の計算誤りは発見される性質のものである」と、因果関係を認めた上で、調査担当職員2名によっても発見され得なかった時点で既に「客観的確実時期」が到来しているとは認め難いと判断している。

この点で、大阪高裁の判断は本件でまさに争点となっている「客観的確実時期」の意味についての先例とされるべきものである。裁判所における先例とは、法律判断の結論を左右する課税要件事実の存否についての判断である。国税不服審判所は、**判決はあくまでも個々の事実関係を前堤とした個別判断である**として、上記大阪高裁の判断は、本件とは明らかに**事実関係が異なっており**、同判決の判断内容を本件に当てはめて判断することはできないとしている。司法制度における先例の意味（総論の2及び4参照）を解していないとしか言いようがない。

過少申告加算税の賦課基準

過少申告加算税の賦課基準に関しては、平成12年7月3日課法2-9ほか「法人税の過少申告加算税及び無申告加算税の取扱いについて（事務運営指針）」がある。次のとおり定められている。
第1　過少申告加算税の取扱い
（修正申告書の提出が更正があるべきことを予知してされたとみとめられる場合）
2　通則法65条第5項の規定を適用する場合において、その納税者に対する臨場調査、その取引先に対する反面調査又はその納税者の申告書の内容を検討した上での非違事項の指摘等により、当該納税者が調査のあったことを了知したと認められた後に修正申告書が提出された場合の当該修正申告書の提出は、原則として、同項に規定する「更正があるべきことを予知してされたもの」に該当する。
（注）臨場のための日時の連絡を行った段階で修正申告書が提出された場合には、原則として「更正があるべきことを予知してされたもの」に該当しない。

また、平成24年9月12日課総5-9ほか「国税通則法第7章の2（国税の調査）関連通達の制定について（法令解釈通達）」がある。次のとおり定められている。
1-2　当該職員が行う行為であって、次に掲げる行為のように、特定の納税義務者の課税標準等又は税額等を認定する目的で行う行為に至らないものは、調査に該当しないことに留意する。また、これらの行為のみに起因して修正申告書若しくは期限後申告書の提出又は源泉徴収に係る所得税の自主納付があった場合には、当該修正申告書等の提出等は更正若しくは決定又は納税の告知があるべきことを予知してなされたものには当たらないことに留意する。
⑴　提出された納税申告書の自主的な見直しを要請する行為で次に掲げるもの
　　イ　・・・（省略）・・
　　ロ　当該職員が保有している情報又は提出された納税申告書の検算その他の形式的な審査の結果に照らして、提出された納税申告書に計算誤り、転記誤り又は記載漏れ等があるのではないかと思料される場合において、納税義務者に対して自発的な見直しを要請した上で、必要に応じて修正申告書又は更正の請求書の自発的な提出を要請する行為。
⑵　提出された納税申告書の記載事項の審査の結果に照らして、当該記載事項につき税法の適用誤りがあるのではないかと思料される場合において、納税義務者に対して、適用誤りの有無を確認するために必要な基礎的情報の自発的な提供を要請した上で、必要に応じて修正申告書又は更正の請求書の自発的な提出を要請する行為。

222 判例各論

XI 退職金の要件を明らかにし、納税者が退職金としたものを役員賞与とした課税処分を取り消した事例

法人税基本通達9－2－32の役員の分掌変更等の場合の退職給与については、法人税基本通達9－2－28《役員に対する退職給与の損金算入時期》の適用はないとして、納税者が退職給与としたものを役員賞与として課税処分が行われたのに対して、退職給与の要件を明らかにし、退職給与に該当するとし課税処分を取消した事例

〔東京地方裁判所・平成27年2月26日判決・平成24年（行ウ）第592号〕（納税者勝訴・確定）

〔平成24年3月27日裁決・関裁（法・諸）平23－69〕

1 事案の概要

本件は、原告（納税者）が、原告の創業者である乙（以後、この章において「本件役員」という。）が平成19年8月31日に原告の代表取締役を辞任して非常勤取締役となったこと（本件分掌変更）に伴い、本件役員に対する退職慰労金として2億5000万円（本件退職慰労金）を支給することを決定し、平成20年8月29日、その一部である1億2500万円（以後、この章において、「本件第二金員」という。第一金員に関しては、平成19年8月31日に支払い済。）を本件役員に支払い、平成19年9月1日から平成20年8月31日までの事業年度に係る法人税について、本件第二金員が退職給与に該当することを前提として本件第二金員を損金の額に算入し、また、原告が源泉徴収に係る所得税（源泉所得税）を納付するに際し、本件第二金員が退職所得（所法30①）に該当することを前提として計算した源泉所得税額を納付したところ、処分行政庁から、本件第二金員は退職給与に該当せず損金の額に算入することはできないとして、法人税更正処分及び過少申告加算税賦課決定処分を受け、また、本件第二金員は退職所得に該当しないとして、本件第二金員が賞与であることを前提に計算される源泉所得税額と原告の納付額との差額について納税の告

知処分及び不納付加算税の賦課決定処分を受けたことから、原告が、処分行政庁の所属する国を被告として、本件更正処分等及び本件告知処分等の取消しを求めるとともに、本件告知処分等に基づき、源泉所得税並びに源泉所得税に係る不納付加算税及び延滞税として充当され又は原告が納付した金額の返還を求めた事案である。

2 認定事実

(1) 本件分掌変更に至る経緯等

①(ア) 本件役員は、原告の創業以来、代表取締役として原告を経営しており、原告の事業規模は、平成19年8月期において、資本金9500万円、年間売上高約○○億円であった。

(イ) 原告の株式は、本件役員及び本件役員の親族（丁及び甲ら）が全て所有しており、平成19年8月時点における原告の取締役は、本件役員及び甲らの3名であった。

(ウ) 本件役員は、月一、二回の頻度で、親族を自宅に集めて、食事会を開催していたところ、原告について株主総会で決議すべき事項がある場合には、上記**食事会の機会を利用して株主全員で話し合い、その結果をもって、株主総会決議として取り扱う**こととしていた。また、本件役員は、取締役会で決議すべき事項がある場合には、社長室に取締役全員を集めて話し合うこととし、その結果をもって、取締役会決議として取り扱うこととしていた。原告の株主総会及び取締役会は、上記方法により実施されていたところ、**原則として、話合いの結果を議事録等に残すことはなく、登記等に必要な場合には、別途、話合いの内容を司法書士に説明して、議事録を作成することとしていた。**

② 本件役員は、平成18年8月5日に70歳となり、同年10月30日に代表取締役に再任された頃から、親族に対し、もう少し経営が安定したら、任期途中でも代表取締役を辞任し、甲らに原告の経営を任せることとしたいとの意向を示すようになった。

③ 本件役員及びその親族（丁、甲ら及び甲の妻子）は、平成19年8月4日、本件役員の誕生日を祝うため、本件役員の自宅に集まり、食事会を開催したが、本件役員は、その席上において、同月末日をもって、原告

の代表取締役を辞任して、非常勤取締役になる旨を表明した。本件役員、丁及び甲ら原告の株主全員は、本件役員に対する退職慰労金の金額等をどうするかについて、原告の経理状況、本件退職慰労金規程の内容、同業他社の支給例等を踏まえて話し合い（以後「本件株主総会」という。）、その結果、本件役員に対し本件退職慰労金規程の定めに従い退職慰労金を支給すること、退職慰労金の金額はおおむね2億円ないし3億円を目安とし、金額や支給方法等の詳細は原告の取締役会で決定することを決議した（本件総会決議）。

④(ア)　甲らは、本件総会決議を受けて、平成19年8月6日から10日までの間、本件退職慰労金規程、同業他社の支給例、本件役員の原告に対する功績、原告における資金繰り等を踏まえて協議を行い、その結果、本件役員に対する退職慰労金を2億5000万円とし、同金額を3年以内（平成22年8月まで）に、2、3回に分けて分割支給する旨の方針を決めた。なお、甲らは原告に本件退職慰労金（2億5000万円）を一括支給するだけの資金の余裕はないものの、当時の原告の経営状況に照らし、3年以内であれば、退職慰労金を支給するために新規借入れをすることなく、経常収支が赤字とならない範囲で支給することができるものと考えていた。

(イ)　甲らは、壬税理士に対し、本件退職慰労金の支給について相談をしたところ、壬税理士は、2億5000万円の退職慰労金は高額であり、税務調査の対象とされる可能性はあるが、本件役員の原告に対する貢献度等を勘案すれば、上記金額が特段不合理であるということはできないこと、本件退職慰労金の分割支給については、本件通達ただし書に依拠し、分割支給時の損金経理が認められるが、分割支給の期間は3年程度が限度であることなどの指導を行った。また、原告の経理を担当していた丙は、原告の決算書類の作成等をサポートしている卯に対し、平成19年8月末時点における現金及び預金やキャッシュ・フローの見込みを踏まえ、原告が赤字とならないことを前提として、同時点において支出可能な現金が幾らであるかなどを確認した。

(ウ)　甲らは、平成19年8月10日、これまでの検討結果を踏まえて、本件退職慰労金について、本件退職慰労金規程に基づく算定式等を記載し

た本件計算書を作成した。

⑤(ア)　本件役員及び甲らは、平成19年8月10日、社長室に集まり、本件計算書に基づき、本件役員に対する退職慰労金の金額等について話し合った（本件取締役会）。本件役員は、退職慰労金の金額等について、甲らの検討結果に委ねることとしており、本件役員及び甲らは、本件取締役会において、本件計算書に記載されたとおり、①本件役員に対する退職慰労金を2億5000万円（本件退職慰労金）とすること、②本件退職慰労金を分割支給することとし、第1回目（本件第一金員）の支払を同月31日とすること、③その余（本件退職慰労金残額）を3年以内（平成22年8月末まで）に支給することを決議した（本件取締役会決議）。なお、本件取締役会決議においては、本件退職慰労金残額の具体的な分割方法までは決められていなかった。

(イ)　本件役員は、本件取締役会決議の際、本件計算書（前記④(ウ)）の末尾に、ボールペンで、「了承、ありがとう」と記入した上、署名押印した。本件役員は、本件計算書の「（3年以内）」との記載の横に、誤って「23年8月まで」と鉛筆書きで記入し、その後、同記入部分を一旦消しゴムで消して、再度「23年／8月まで」と鉛筆書きで書き直した。なお、原告は、本件税務調査において、本件担当係官に対し、本件計算書（「23年8月まで」と記入されたもの）の写しを提出したが、その後に上記書き直しがされたため、本件取締役会議事録には、「23年／8月まで」と記入されたもの（本件議事録添付計算書）を添付した。

(2)　本件退職慰労金（本件各金員）の支給状況等

①(ア)　本件役員は、平成19年8月31日、原告の代表取締役を辞任し、非常勤取締役に就任し（本件分掌変更）、同日、原告から本件分掌変更に伴う本件退職慰労金の一部として、本件第一金員の支給を受け、原告は、平成19年8月期において、本件第一金員を損金経理した。

(イ)　原告は、平成19年8月、P市役所（市民税課）に対し、同月31日付け「退職所得に係る住民税の特別徴収税額の分納について」（分納報告書面①）を提出し、次のとおり、本件退職慰労金（2億5000万円）を分割して支払うことを予定している旨を説明して、本件退職慰労金

（2億5000万円）を前提に計算した住民税について、本件第一金員（7500万円）の割合により案分計算した金額を納付した。

(a) 平成19年8月31日　　　　　7500万円

(b) 平成20年8月31日　1億7500万円

㈦　原告は、平成19年9月6日、本件第一金員について、本件退職慰労金（2億5000万円）を前提とする源泉徴収税額（44,064,000）を計算した上で、これを本件第一金員（7500万円）の割合により案分計算した金額（1321万9200円）を源泉所得税として納付した。

㈢　原告は、平成19年8月期において、本件役員の退職慰労金として7500万円を損金経理した。

②㈠　原告は、平成20年8月期において、本件役員に対し、本件退職慰労金の一部として本件退職慰労金残額（1億7500万円）を支給することを予定していたが、甲らは、改めて原告の資金状況や業績予想を踏まえて、原告が赤字とならない範囲で支給可能な金額を検討し、その結果、平成20年8月期においては、本件退職慰労金の一部として1億2500万円（本件第二金員）を支給するとの方針を決めた。甲は、同月初旬に本件役員が原告に出社してきた際、社長室に取締役（本件役員及び丙）を集めて話合い（取締役会）を行い、平成20年8月期における本件退職慰労金の支給額を1億2500万円とすることを決議した。

㈡　原告は、平成20年8月29日、本件役員に対し、本件退職慰労金の一部として、本件第二金員を支給し、平成20年8月期において、本件第二金員を損金経理した。

㈦　原告は、平成20年8月、P市役所（市民税課）に対し、同月31日付け「退職所得に係る住民税の特別徴収税額の分納について」（分納報告書面②）を提出し、次のとおり、本件退職慰労金（2億5000万円）を分割して支払うことを予定している旨を説明して、本件退職慰労金（2億5000万円）を前提に計算した住民税について、本件第二金員（1億2500万円）の割合により案分計算した金額を納付した。

(a) 平成19年8月31日　　　　　7500万円（第一金員）

(b) 平成20年8月31日　　　1億2500万円（第二金員）

(c) 平成21年8月31日（予定）　　5000万円（本件残額）

XI　役員の分掌変更等による退職金の取扱い　227

(b)＋(c)＝退職慰労金残額

(エ)　原告は、平成20年9月8日、本件第二金員について、本件退職慰労金（2億5000万円）を前提とする源泉徴収税額（44,064,000）を計算した上で、これを本件第二金員（1億2500万円）の割合により案分計算した金額（2203万2000円）を源泉所得税として納付した。

(オ)　原告は、平成20年8月期において、本件役員の退職慰労金（退職金）として1億2500万円を損金経理した。

③(ア)　本件役員は、原告に対し、平成20年9月11日に3000万円を、同月25日に2000万円を貸し付け、原告は、各金員を役員借入金として経理処理した。

(イ)　原告は、航空機の設計支援業務等を主たる業務の一つとしているところ、平成20年9月に発生した、いわゆるリーマン・ショックによって、航空機業界も大打撃を受け、原告の受注額も激減し、ワークシェアにより従業員の雇用調整を強いられる状況となった。

④(ア)　原告は、平成21年8月期において、本件役員に対し、本件退職慰労金の残額5000万円を支給する予定であったが、原告の経営状況の悪化により同金員を支給する余力がなかったことから、甲らは、本件役員に対し、その支払の延期を申し入れ、本件役員はこれに応じた。

(イ)　原告の損益計算書（平成21年8月期）における原告の当期純損失はマイナス○○円であり、売上高は、約○○円であった

(3)　**各処分に至るまでの経緯**

①　本件担当係官は、平成22年4月、本件税務調査を開始したが、本件税務調査への対応は、主として壬税理士が行った。本件担当係官は、本件退職慰労金が高額であり、法人税法上、過大な退職金であるという考えを前提として、本件税務調査を実施していた。

②(ア)　申係官は、本件税務調査において、壬税理士に対し、支給済みの2億円（本件各金員）でも高額であるとして、本件退職慰労金の金額を自主的に見直すことを促したが、壬税理士は、申係官とのやりとりを通じ、本件担当係官が本件退職慰労金（本件残額5000万円）を減額するように求めているものと理解した。壬税理士は、甲に対し、本件税務調査を早期に終了させるためには、本件残額5000万円を減額した方

228 判例各論

がよい旨の助言を行った。

(イ) 甲は、壬税理士の助言を受けて、平成22年6月3日、本件役員及び丙と話し合い、本件税務調査を早期に終了させるため、本件退職慰労金を減額して、総額2億2000万円にする旨を決めた（本件減額取締役会決議）。なお、原告及び壬税理士は、本件退職慰労金を減額することによって、新たに源泉徴収義務が生じるとの認識は有しておらず、本件担当係官からそのような指摘を受けたこともなかった。

(ウ) 壬税理士は、平成22年6月、申係官に対し、本件退職慰労金を2億2000万円に減額した旨の連絡をしたところ、書面の提出を求められたことから、本件減額取締役会決議に係る議事録の作成を甲に指示して、原告が作成した議事録（以下「本件減額議事録」という。）を申係官に提出した。本件減額議事録には、「現在の当社があるのは創業者である本件役員の役割が大きい。また本件役員は会社の発展とは裏腹に永きにわたり役員報酬を自ら据え置きとしてきた。月額報酬が著しく低い事、当社の基盤は前身である有限会社時代にあること等を考慮し退職金及び功労加算金の金額を二億五千万円としていたが税務調査による指摘もあり二億二千万円に減額する。」と記載され、減額後における本件退職慰労金の算定根拠が次のとおり記載されていた。

【算定根拠】

退職金

最終月額報酬87万円×勤続年数49年×功績倍率4

= 170,520,000円

功労加算金

退職金170,520,000円×30％＝51,156,000円

③ 原告は、平成22年6月21日、処分行政庁に対し、原告が、会社の利益を優先して、本件役員の代表取締役当時の報酬額を低額のまま設定し続けてきたのであり、本件退職慰労金は適正である旨を記載した上申書を提出した。

④(ア) 原告は、平成22年8月期において、本件役員に対し、本件残額2000万円を支払うことを予定していた。壬税理士は、本件税務調査が継続中であることから、申係官に対し、本件残額2000万円を支給すること

についての意見を求めたところ、申係官は、壬税理士に対し、本件退職慰労金が過大であるとして本件税務調査が実施されているにもかかわらず、本件残額2000万円を支給するのはよくないのではないかという対応をした。原告は、壬税理士から本件担当係官は本件残額2000万円の支給に消極的である旨の報告を受けて、本件残額2000万円の支給を見合わせることとした（なお、原告は、現在に至るまで本件残額2000万円を支給していない。）。

(イ) 原告の貸借対照表（平成22年8月31日現在）に記載された現金及び預金額は合計○○円であった。

⑤(ア) 庚特官は、平成22年10月、原告に対し、退職金支給の経緯と分割支給の経緯を書面で提出するように求め、原告は、上記要望に応じて、本件説明書面を作成して提出した。なお、原告は、本件説明書面を作成した時点において、本件退職慰労金が過大であるか否かが問題とされているとの認識であった。

(イ) 庚特官は、平成22年11月下旬、原告に対し、本件分掌変更に基づく本件退職慰労金を分割支給し、その支給時に損金算入することは、法人税法上、認められないから、本件第二金員を損金の額に算入することはできない旨の説明を行った。なお、本件担当係官は、同年10月に上級庁から指摘を受けるまで、本件退職慰労金を分割支給することについて、特段の問題意識を有しておらず、原告に対して本件退職慰労金の分割支給を問題としたのは、上記説明の際が初めてである。

(ウ) 処分行政庁は、平成23年5月27日、本件各処分を行った。

(4) 本件訴訟に至るまでの経緯等

① 原告は、平成23年6月23日、本件各処分を不服として、審査請求を行い、平成24年3月27日、本件裁決を受けた。

② 原告訴訟代理人弁護士は、訴訟提起するに当たり、甲に対し、本件株主総会及び本件取締役会の議事録を作成しておくべきであるとの指示をし、これを受けて、原告は、甲、本件役員及び丁の記憶に基づき、平成24年8月7日付けで、本件各議事録を作成した。

③ 原告は、平成24年8月28日、本件訴訟を提起した。

230 判例各論

3 争点

【裁判所が争点と判断したもの】

⑴ 本件告知処分等の適法性

　本件告知処分等の適法性については、本件第二金員が、所得税法上の退職所得（所法30①）に該当せず、給与所得として取り扱われるべきものであるか否かが問題となる。この点、ある金員が同項の定める退職所得に該当するというためには、当該金員が、①退職すなわち勤務関係の終了という事実によって初めて給付されること（退職基因要件）、②従来の継続的な勤務に対する報償ないしその間の労務の対価の一部の後払いの性質を有すること（労務対価要件）、③一時金として支払われること（一時金要件）の要件を備えることが必要であり、また、上記各要件の全てを備えていなくても、実質的に見てこれらの要件の要求するところに適合し、課税上、「退職により一時に受ける給与」と同一に取り扱うことを相当とするものであることを必要とすること（最高裁判所第二小法廷・昭和58年9月9日・昭和53年（行ツ）第72号）については、当事者間に争いがなく、本件告知処分等の適法性（本件第二金員の退職所得該当性）に係る具体的な争点は、次の①ないし③である。

　① 本件第二金員が退職基因要件を満たしているか否か。【争点①】
　② 本件第二金員が労務対価要件を満たしているか否か。【争点②】
　③ 本件第二金員が一時金要件を満たしているか否か。　【争点③】

⑵ 本件更正処分等の適法性

　本件更正処分等の適法性については、本件第二金員が、法人税法上の退職給与（法法34①）に該当せず、賞与として取り扱われるべきものである

XI　役員の分掌変更等による退職金の取扱い　231

か否かが問題となるとともに、本件第二金員が退職給与に該当する場合において、平成20年8月期ではなく、平成19年8月期における退職給与として損金に算入すべきではないかが問題となる。

① 本件第二金員が法人税法上の退職給与に該当するか否か【争点④】。

② 本件第二金員を平成20年8月期における損金の額に算入することができるか否か【争点⑤】。

【審判所が争点と判断したもの】

　本件第二金員を退職給与として取り扱うことができるか否かが争点である。

　退職によらない役員退職給与の損金算入を例外的に認める法基通9−2−32は、恣意的な損金算入などの弊害を防止する必要性に鑑み、いたずらにその適用範囲を広げるべきではなく、原則として、法人が実際に支払ったものに限り適用されるというべきであって、その法人の資金繰り等の都合による場合など当該分掌変更等の時に当該支給がされなかったことが真に合理的な理由によるものである場合に限り、例外的に適用されるというべきである。

　したがって、本件における具体的な争点は、本件の役員退職給与が分掌変更の時に支給されなかったことに真に合理的な理由があるか否かであるということになる。

4　審判所の判断と裁判所の判断

⑴ **【争点①】『本件第二金員が退職基因要件を満たしているか否か。』について**

　① 本件役員は、本件分掌変更の前後を通じて原告の取締役の地位にはあるものの、本件分掌変更により、原告の代表権を喪失し、非常勤となって、その役員報酬額も半額以下とされたのであり、本件分掌変更によって、原告を一旦退職したのと同視できる状況にあったということができる。そして、原告は、㋐本件株主総会において、本件役員に対し、本件分掌変更に伴う退職慰労金（おおむね2億円ないし3億円を目安とする。）を支給することとして、その支給金額等の詳細は取締役会が決定するこ

とを決議し、(イ)本件総会決議を受けた本件取締役会において、本件役員に対する退職慰労金を2億5000万円とし、これを分割支給すること等を決議して、(ウ)本件役員に対し、本件退職慰労金の一部として、平成19年8月31日に7500万円（本件第一金員）を、平成20年8月29日に1億2500万円（本件第二金員）を、それぞれ支給したのであり、これらの事実経緯に鑑みれば、本件第二金員は退職基因要件を満たしているというべきである。

②(ア)　この点、被告（国側）は、原告（納税者）が本件株主総会及び本件取締役会において本件退職慰労金の支給等につき決議した事実を争い、本件第二金員が本件退職慰労金規程の定めに従って支払われたものではない旨主張している。

(イ)　しかしながら、原告は、本件計算書を平成19年8月10日に作成しており、本件計算書には、本件退職慰労金規程に沿った算定式、原告が本件役員に対して総額2億5000万円の退職慰労金を支給すること、本件退職慰労金を分割支給すること（第一金員（7500万円）を平成19年8月末日に支払い、残額を3年以内に支給すること）等が明記されている。さらに、原告は、本件各金員を支給した際、P市役所に各分納報告書面を提出して、総額2億5000万円の退職慰労金を支給することを前提に総額を算定した上で、現実の支給額に応じて案分計算した住民税及び所得税を納付（源泉徴収）しているのである。

これらの事実関係に照らせば、原告が、**本件役員に対して総額2億5000万円の本件退職慰労金を支給することを前提として、その一部として本件各金員を支給したことは明らかであり、原告において、本件退職慰労金を支給する旨の意思決定（機関決定）がされたものと考えるのが合理的である。**そして、原告は、本件総会決議及び本件取締役会決議により、本件退職慰労金を本件役員に支給すること等を決議したものと認めることができ、同認定を覆すに足りる事実ないし証拠はない。なお、原告は、平成19年8月当時において、本件株主総会及び本件取締役会に係る議事録を作成していないが、原告が同族会社であり、原則として株主総会等の議事録を作成していなかったことに鑑みれば、開催当時に作成した**議事録が存在しないからといって、本件株**

主総会及び本件取締役会が開催されなかったということはできない**（なお、原告の株主が本件役員及びその親族の僅か4人であることに照らせば、本件役員が親族との食事会における話合いの結果をもって、原告の株主総会としての決議としたことが特段不自然、不合理であるということはできず、株主全員による決議であることに照らせば、その有効性にも特段問題はない。）。

> 【審判所の判断】
> 　本件退職慰労金に関する株主総会議事録や取締役会議事録が存在せず、本件分掌変更から本件第二金員が支払われることとなった事情やその支払額の決定に関する経緯が明らかでない。

(2)　【争点②】『**本件第二金員が労務対価要件を満たしているか否か。**』について

　　　原告は、本件退職慰労金規程において、①退任時の報酬月額、②役員在任年数、③最終役位係数を基礎として、役員退職慰労金を算定する旨を定めているところ、本件退職慰労金が本件退職慰労金規程に基づいて算定されたものであることは、本件計算書の記載内容からも明らかである。そして、本件退職慰労金が、原告における役員在任期間等を勘案して算定されたものであることに鑑みれば、本件退職慰労金が本件役員に対する報酬の後払いとしての性質を有しているものと解することができるから、本件退職慰労金は、労務対価要件を満たしているというべきである。

(3)　【争点③】『**本件第二金員が一時金要件を満たしているか否か。**』について

　①　各種の法律又は退職年金契約に基づいて支払われる金員のうち、年金の形式で支払われるものは、雑所得に分類され（所法35③）、一時金の形式で支払われるものは退職手当等とみなされること（所法31）に鑑みれば、退職所得に該当するための要件として、一時金要件が問題とされているのは、退職を基因として支払われる金員であっても、年金の形式で定期的、継続的に支給されるものを排除する趣旨であるものと解される。そうである以上、退職を基因として支払われる金員が複数回にわたって分割支給されたからといって、そのことのみをもって、当該金員が一時金要件を満たさないということができないことは明らかである。

234　判例各論

なお、所基通201－3は、退職手当等の分割払等をする場合の源泉徴収
税額の計算等について定めており、また、国税庁は、上記通達の内容を
ホームページにおいても公表している。

② 原告は、平成19年8月、本件退職慰労金を3年以内に支給する旨の本
件取締役会決議をしており、同月及び平成20年8月に本件各金員が支払
われた事実に照らしても、本件退職慰労金が年金の形式で定期的、継続
的に支給されるものに当たらないことは明らかである。

③ 以上によれば、本件第二金員は、一時金要件を満たしているというべ
きである。

(4)【争点④】『本件第二金員が法人税法上の退職給与に該当するか否か。』）
について

① 法人税法34条1項は、損金の額に算入しないこととする役員給与の対
象から、役員に対する退職給与を除外しており、役員退職給与は、法人
の所得の計算上、損金の額に算入することができるものとされていると
ころ、その趣旨は、役員退職給与は、役員としての在任期間中における
継続的な職務執行に対する対価の一部であって、報酬の後払いとしての
性格を有することから、役員退職給与が適正な額の範囲で支払われるも
のである限り（法法34②）、定期的に支払われる給与と同様、経費とし
て、法人の所得の金額の計算上損金に算入すべきものであることによる
ものと解される。そして、法人税法は、「退職給与」について、特段の
定義規定は置いていないものの、法法34条1項が損金の額に算入しない
こととする給与の対象から役員退職給与を除外している上記趣旨に鑑み
れば、同項にいう退職給与とは、役員が会社その他の法人を退職したこ
とによって初めて支給され、かつ、役員としての在任期間中における継
続的な職務執行に対する対価の一部の後払いとしての性質を有する給与
であると解すべきである。そして、役員の分掌変更又は改選による再任
等がされた場合において、例えば、常勤取締役が経営上主要な地位を占
めない非常勤取締役になるなど、役員としての地位又は職務の内容が激
変し、実質的には退職したと同様の事情にあると認められるときは、上
記分掌変更等の時に退職給与として支給される給与も、従前の役員とし
ての在任期間中における継続的な職務執行に対する対価の一部の後払い

XI 役員の分掌変更等による退職金の取扱い 235

としての性質を有する限りにおいて、同項にいう「退職給与」に該当するものと解することができる。

この点、被告は、分掌変更のように、当該役員が実際に退職した事実がない場合には、退職給与として支給した給与であっても、本来、臨時的な給与（賞与）として取り扱われるべきであり、法基通 9 − 2 −32がその特例を定めた特例通達である旨を主張しているところ、**同主張が、職務分掌変更等に伴い支給される金員は、本来、法人税法上の退職給与に該当しないという趣旨であるならば、これを採用することはできない。**

【審判所の判断】
　退職によらない役員退職給与の損金算入を例外的に認める法基通 9 − 2 −32は、恣意的な損金算入などの弊害を防止する必要性に鑑み、いたずらにその適用範囲を広げるべきではなく、原則として、法人が実際に支払ったものに限り適用されるというべきであって、その法人の資金繰り等の都合による場合など当該分掌変更等の時に当該支給がされなかったことが真に合理的な理由によるものである場合に限り、例外的に適用されるというべきである。

② 　本件役員は、本件分掌変更により、原告の代表取締役を辞任して、非常勤取締役となっているところ、本件役員が原告の代表権を失い、その給与も半額以下となっていることに照らせば、本件役員は実質的に原告を退職したと同様の事情にあるということができる（この点については、当事者間に争いがない。）。そして、本件退職慰労金は、本件分掌変更に伴う退職慰労金として支給することが決議されたものであるから、本件退職慰労金が本件分掌変更によって初めて支給されるものであることは明らかであり、また、本件退職慰労金が本件退職慰労金規程に基づいて支給されたものであることに鑑みれば、本件第二金員が従前の役員としての在任期間中における継続的な職務執行に対する対価の一部の後払いとしての性質を有していることも明らかである。なお、被告（国側）は、赤字決算を回避するためとはいえ、その事業年度において発生した費用を翌事業年度以降に繰り延べることは利益調整にほかならない旨を主張しているところ、**本件第二金員が継続的な職務執行に対する対価の一部の後払いとしての性質を有している以上、被告が主張する点をもっ**

236　判例各論

て、法人税法上の「退職給与」該当性を否定することはできない。

【審判所の判断】
　本件退職慰労金の支払に関しては、審査請求人（納税者）の決算の状況を踏まえて支払されている。
　本件第二金員をその支払日の属する事業年度において損金算入を認めた場合には、審査請求人による恣意的な損金算入を認める結果となり、課税上の弊害がある。

　③　以上によれば、本件第二金員は、法人税法上の「退職給与」に該当するというべきである。

(5)　【争点⑤】『本件第二金員を平成20年8月期の損金の額に算入することができるか否か。』について

　①(ア)　法基通9－2－28は、役員に対する退職給与の損金算入の時期につき、その本文において、株主総会の決議等によりその額が具体的に確定した日の属する事業年度とした上で、そのただし書において、退職給与の額を支払った日の属する事業年度においてその支払った額につき損金経理をした場合には、これを認める旨を定めている。本件通達ただし書は、昭和55年の法人税基本通達の改正により設けられたものであるが、その趣旨は、(a)事業年度の中途において、役員が病気や死亡等により退職したため、取締役会等で内定した退職給与の額を実際に支給するものの、当該退職給与に係る株主総会等の決議が翌事業年度に実施されるという場合において、原則的な取扱いにより支給時の損金算入を認めないとすることは、役員に対する退職給与の支給の実態から見て相当ではなく、また、(b)株主総会の決議等により退職給与の額を定めた場合においても、役員であるという理由で、短期的な資金繰りがつくまでは実際の支払をしないということも、企業の実態として十分あり得ることであり、このような場合においても、原則的な取扱いにより支給時の損金算入を認めないとするのは、企業の実情に反することから、法人が、役員に対する退職給与の額につき、これを実際に支払った日の属する事業年度で損金経理することとした場合には、税務上もこれを認めることとしたものであると解される。

5　解　説

(1)　裁判所の判断と裁決の法令解釈上の相違点

　裁判所は、所法30条１項及び法法34条１項の規定を根拠に、

【争点①】本件第二金員が退職基因要件を満たしているか否か、

【争点②】本件第二金員が労務対価要件を満たしているか否か、

【争点③】本件第二金員が一時金要件を満たしているか否か、

【争点④】本件第二金員が法人税法上の退職給与に該当するか否か、

【争点⑤】本件第二金員を平成20年８月期における損金の額に算入することができるか否か。

【争点⑤】を争点としている。

　その上で、被告は、赤字決算を回避するためとはいえ、その事業年度において発生した費用を翌事業年度以降に繰り延べることは利益調整にほかならない旨主張しているが、企業が資金繰りに支障を来さないように役員退職給与を分割支給すること自体は、企業経営上の判断として、合理的なものであるということができ、本件第二金員が継続的な職務執行に対する対価の一部の後払いとしての性質を有している以上、被告が主張する点をもって、法人税法上の「退職給与」該当性を否定することはできないとしている。

　これに対して、裁決は、法基通９－２－32を根拠に、退職によらない役員退職給与の損金算入を認める同通達は例外を認めるものであるから、その適用範囲はいたずらに広げるべきではないとして、法人が実際に支払ったものに限り適用されるべきであり、その法人の資金繰り等の都合による場合など当該分掌変更等の時に当該支給がされなかったことが真に合理的な理由によるものである場合に限り、例外的に適用されるべきであるとして、本件分掌変更の時に本件第二金員が支払われなかったことが合理的な理由によるものであったか否かが争点であるとしている。

　法基通９－２－28は、役員に対する退職給与の損金算入の時期について、株主総会の決議等によりその額が具体的に確定した日の属する事業年度とするが、法人がその退職給与の額を支払った日の属する事業年度においてその支払った額につき損金経理をした場合には、これを認めることと

している。

　また、法基通9－2－32は、法人が役員の分掌変更又は改選による再任等に際しその役員に対し退職給与として支給した給与については、その支給が、分掌変更等によりその役員としての地位又は職務の内容が激変し、実質的に退職したのと同様の事情にあると認められることによるものである場合には、これを退職所得として取り扱うことができるとしている。

　確かに、法基通9－2－32は、表面的には引き続き在職している者について、分掌変更等の職務内容の激変という実質に着目して、退職があったものとして扱うことを認めるものであり、一種の特例を認めるものであるということができる。

　しかしながら、この通達の持つ一種の特例であるという性格が、法基通9－2－28の取扱いを否定する理由にはならないように思われる。この点について、裁判所は国側の主張（審判所の判断も同じ）について整合性のないものとの判断を示している。裁決が示した解釈は納税者の予測可能性や法的安定性を損なう解釈であろうと思われる。

⑵　事実認定における裁判所の判断と裁決の相違点

　裁決は、本件退職慰労金に関する株主総会議事録や取締役会議事録が存在せず、本件分掌変更から本件第二金員が支払われることとなった事情やその支払額の決定に関する経緯が明らかでないとして、株主総会決議と取締役会決議の存否の判断をしていない。

　これに対して、裁判所は、証拠や間接事実から、原告が本件役員に対して総額2億5000万円の本件退職慰労金を支給することを前提として、その一部として本件各金員を支給したことは明らかであり、原告において、本件退職慰労金を支給する旨の意思決定（機関決定）がされたものと考えるのが合理的であると判断している。

　そして、原告は、本件総会決議及び本件取締役会決議により、本件退職慰労金を本件役員に支給すること等を決議したものと認めることができると判断している。

　裁判所は株主総会や取締役会について、「原告は、平成19年8月当時において、本件株主総会及び本件取締役会に係る議事録を作成していないが、原告が同族会社であり、原則として株主総会等の**議事録を作成してい**

XI 役員の分掌変更等による退職金の取扱い 239

法基通9－2－28《役員に対する退職給与の損金算入の時期》につき、その本文において、株主総会の決議等によりその額が具体的に確定した日の属する事業年度とした上で、そのただし書において、退職給与の額を支払った日の属する事業年度においてその支払った額につき損金経理をした場合には、これを認める旨を定めている。

法基通9－2－32において、法人が役員の分掌変更又は改選による再任等に際しその役員に対し退職給与として支給した給与については、その支給が、分掌変更等によりその役員としての地位又は職務の内容が激変し、実質的に退職したのと同様の事情にあると認められることによるものである場合には、これを退職所得として取り扱うことができるとしている。

注書きにおいて、本文の「退職給与として支給した給与」には、原則として、法人が未払金等に計上した場合の当該未払金等の額は含まれない、としている。

裁判所の判断

審判所（課税庁）の判断

法人税基本通達9－2－32
職務分掌変更等に伴い支給される金員は、本来、法人税法上の退職給与に該当する

役員に対する退職給与の損金算入の時期についての法人税基本通達9－2－28の定めた通りに取り扱うべきである。

法基通9－2－32は、退職によらない役員退職給与の損金算入を認める例外

適用範囲はいたずらに広げるべきではなく、法人が実際に支払ったものに限り適用されるべきであり、その法人の資金繰り等の都合による場合など当該分掌変更等の時に当該支給がされなかったことが真に合理的な理由によるものである場合に限り、例外的に適用されるべきである

退職金として経理処理されているものが役員賞与に該当するという証明は課税庁において行うべきである。

分掌変更等の時に支給がなかったことの合理的理由の証明が納税者においてない場合には、役員賞与になる。

立証責任を負担する者が異なる

なかったことに鑑みれば、**開催当時に作成した議事録が存在しないからといって、本件株主総会及び本件取締役会が開催されなかったということはできない**（なお、原告の株主が本件役員及びその親族の僅か4人であることに照らせば、本件役員が親族との食事会における話合いの結果をもって、原告の株主総会としての決議としたことが特段不自然、不合理であるということはできず、株主全員による決議であることに照らせば、その有効性にも特段問題はない。）。」と判示している（太字は著者による）。

　裁決が、株主総会議事録や取締役会議事録の不存在を指摘するにとどまり、株主総会や取締役会の決議そのものの存否の判断をしていないのに対し、裁判所が、証拠や間接事実からそれらの存在を認定しているのは対照的である。本件のような事案においては、有効な株主総会決議、取締役会決議の存否が処分の適否を左右するのであるから、その存否不明の場合には、立証責任の分配原則に従って、審判所はその存否の判断をすべきであったと思われる。

　また、裁判所は、株主や役員の数が少ない本件の納税者のような法人における有効な株主総会決議、取締役会決議について判断しており、租税事件において、このような点について判断をした判決は余りないと思われるので、この点においても、この事件の判決は今後の実務に役に立つものと思われる。

役員の分掌変更等は退職なのか？

　法人税基本通達９－２－32は、法人が役員の分掌変更又は改選による再任等に際しその役員に対し退職給与として支給した給与等については・・・、これを退職給与として取り扱うことができる、と定め、（注）において、本文の「退職給与として支給した給与」には、原則として、法人が未払金等に計上した場合の当該未払金等の額は含まれない、としている。

　法人税基本通達逐条解説において、退職給与は、本来「退職に因り」支給されるものであるが、本通達においては引き続き在職する場合の一種の特例として打ち切り支給を認めているものであり、あくまでも、法人が分掌変更等により「実質的に退職したと同様の事情にあると認められる」役員に対して支給した臨時的な給与を退職給与として認める趣旨である、と説明されている。「引き続き在職する場合」、「臨時的給与」という言い方から、実際は臨時的給与であるが、執行上は、「退職給与」として扱うとしている。

　そして、執行上、例外的に「退職給与」として扱う場合を限定するものとして、法人が未払金等に計上しただけで実際に支払っていないものは、原則として除く（注書）としているのである。

　裁判所は、職務分掌変更等に伴い支給される金員は、本来、法人税法上の退職給与に該当するのであるから、役員に対する退職給与の損金算入の時期についての法人税基本通達９－２－28の定めた通りに取り扱うべきであるとし、実際に支払った日の属する事業年度の損金に算入した原告の処理を正当なものと判断したものである。

　職務分掌変更等を、本来的に退職と見る（裁判所）のか、引き続き在職（通達、審判所）と見るかの基本的な認識の違いに基づいて、実務的に生じた法律適用上の相違が本件の事例であったと思われる。

　退職給与と給与、賞与は基本的に異なった概念であるから、当該支払の基準や趣旨をもとに的確な判断が可能なように思われる。形式的に、引き続き在職していたとの一時を根拠に、実質的には退職給与であるものを賞与であるという判断をしてはならないであろう。

　今後の課税庁の対応に注目したい。

242 判例各論

XII 役員であった者に対する貸付債権及び未収利息債権についてその支払いを免除したところ、その経済的利益は役員賞与に該当するとして源泉所得税の納税告知処分が行われた事例

　納税者が、その理事長であった者に対する貸付債権及び未収利息債権について、その支払いを免除したところ、課税庁が、その債務免除に係る経済的利益は同人に対する役員賞与に該当するとして、源泉所得税の納税告知処分等を行ったことに対して、納税者がその取消しを求めた事例
〔最高裁判所第一小法廷・平成27年10月8日判決・平成26年（行ヒ）第167号〕（破棄差戻）
〔広島高等裁判所岡山支部・平成26年1月30日判決・平成25年（行コ）第9号〕（納税者勝訴、国側上告受理申立て）
〔岡山地方裁判所・平成25年3月27日判決・平成24年（行ウ）第6号（納税者勝訴）
〔平成23年12月20日裁決・広裁（諸）平23－9（一部取消）〕

1　事案の概要

　本件は、納税者が、その理事長であった甲に対し、借入金債務の免除をしたところ、Ｋ税務署長から、この債務免除に係る経済的利益（債務免除益）がＡに対する賞与に該当するとして、給与所得に係る源泉所得税の納税告知処分及び不納付加算税の賦課決定処分を受けたため、この債務免除益には所基通36－17（平26課個2－9、課審5－14にて削除）本文の適用があり、甲に係る源泉所得税額の計算上これを給与等の金額に算入することはできず、仮に上記通達の適用がないのであれば、この債務免除は錯誤により無効であるから、いずれにしても源泉徴収義務はないなどと主張して、各処分の取消しを求めた事案である。

2 前提事実

⑴ 当事者等

甲は、平成6年3月17日から平成22年6月17日までの間、納税者の理事長の地位にあった者である。

⑵ 納税者の甲に対する債務免除

甲は、平成19年12月10日の時点で、納税者に対し、借入金残元本5,326,730,934円及びこれに対する約定利息2億3650万円の合計5,563,230,934円の借入金債務を負っていた。

甲及び上記借入金債務の連帯保証人である乙は、平成19年12月10日、納税者に対し、その所有又は共有する各不動産（本件各不動産）を総額726,409,699円で売却し、その代金債権と上記借入金債務とを対当額で相殺した。そして、納税者は、同日、甲に対し、上記相殺後の借入金残元本債務4,836,821,235円（本件債務）を免除した（本件債務免除）。

⑶ 甲の負債の状況

甲は、本件債務免除の当時、原告（納税者）に対する本件債務のほか、次のとおり合計440,842,857円の債務を負っており、これらの債務と本件債務との合計額は5,277,664,092円であった。

①	丙及び丁からの各借入金合計	146,568,537円
②	戊からの借入金	8000万円
③	己、庚及び辛からの各借入金合計	2750万円
④	壬に対する未払造成工事代金	1,921,500円
⑤	未払公租公課	184,852,820円
	①ないし⑤の合計	440,842,857円

⑷ 甲の資産の状況

本件債務免除当時の甲の資産は、次のとおりであった。（弁論の全趣旨）

①	預金	11,932,048円
②	生命保険の解約返戻金	63,629円
③	未収賃料	1,699,193円
④	委託保証金等	37,374,457円
⑤	上場株式	88,572,110円

244　判例各論

⑥　非上場株式等	1,255,200円

⑦　納税者を含む各社から成る企業グループの所有株式等

	14,539,250円
⑧　不動産	110,503,681円
⑨　借地権	16,286,054円
以上合計	282,225,622円

⑸　**甲の年間収入**

　　本件債務免除当時の甲の年間収入は、不動産からの収入27,492,000円及び役員報酬等による収入9,973,786円の合計37,465,786円であった。

⑹　**通達の定め**

　　所基通36－17本文（本件通達）は、「債務免除益のうち、債務者が資力を喪失して債務を弁済することが著しく困難であると認められる場合に受けたものについては、各種所得の金額の計算上収入金額又は総収入金額に算入しないものとする。」と定めている。

⑺　**処分の経緯等**

①　K税務署長は、平成22年7月20日付けで、納税者に対し、本件債務免除益が甲に対する賞与に該当するとして、本件債務免除等に係る平成19年12月分の源泉所得税1,835,506,244円の納税告知処分及び不納付加算税1億8355万円の賦課決定処分をした。

②　納税者は、本件各処分を不服として、その全部の取消しを求めて、平成22年9月2日、K税務署長に対し、異議申立てをしたが、同署長は、同年11月24日付けでこれを棄却する旨の決定をした。

③　納税者は、上記決定を不服として、本件各処分の全部の取消しを求めて、平成22年12月20日、国税不服審判所長に対し、審査請求をしたところ、同所長は、平成23年12月20日付けで本件納税告知処分のうち源泉所得税480円に係る部分を取消し、その余の審査請求を棄却する旨の裁決をした。

④　原告は、平成24年3月30日、本件訴えを提起した。

		（裁判所）		（審判所）

```
┌──────────────┐     ┌──────────────────┐       ┌──────────────────┐
│ 所基通 36-17の │  =  │ 現にその債務の全部  │   ≠   │ 現にその債務を弁済す │
│ 定める課税要件  │     │ を弁済するための資  │       │ るための資金を調達す │
└──────────────┘     │ 金を調達することが  │       │ ることができないのみ │
                     │ できないのみならず、│       │ ならず、近い将来にお │
                     │ 近い将来においても  │       │ いても調達できず、支 │
                     │ 調達することができ  │       │ 払能力のないものと認 │
                     │ ないと認められるこ  │       │ められること      │
                     │ と            │       └──────────────────┘
                     └──────────────┘
```

原告（納税者）が主張した事実　　被告（国側）が主張した事実

```
──（直接事実）──          ──（間接事実）──
・債務免除を受けた甲         ・納税者が債務免除をした
 の資産・負債の状況          経緯
・甲の収入の状況           ・債務免除後、甲が他の金融
                        機関から資金調達していた
                        こと
```

3　争点

本件債務免除益を源泉所得税額の計算上給与等の金額に算入すべきか（本件債務免除益に本件通達の適用があるか）。

4　審判所の判断と裁判所の判断

⑴　裁判所の認定した事実

　①　甲の地位等

　　甲は、本件債務免除の当時、納税者の理事長のほか、関係法人の役員の地位にあった。

　　甲は、昭和42年から有価証券取引を行っており、昭和60年頃からは有価証券先物取引も行うようになった。

　②　本件債務免除の経緯

　（ア）　納税者は、甲に対し、昭和56年頃から貸付けを開始した。

　（イ）　納税者は、平成2年12月26日以降、甲から、資産及び負債の状況に

246　判例各論

鑑みると貸付金に係る利息を払うことが困難な状態にあるなどの理由
で、利息の減免ないし免除を求められ、利息の減免ないし免除をして
きた。

(ウ)　甲は、納税者からの借入金を有価証券取引及び有価証券先物取引に
充てていた。

(エ)　甲は、納税者に対し、月に500万円ずつ返済していた。

(オ)　納税者は、甲及び丙から、本件債務の支払が困難であるため、本件
各不動産を原告に譲渡することを条件に本件債務を免除してほしい旨
の申出を受けた。納税者の理事会において、議長は、甲の債務超過の
状態が長期間継続し、納税者のほかに関連法人が本件各不動産の一部
について長期間賃借して建物を建築して会社運営を行っていることか
ら、甲及び乙が第三者に本件各不動産を譲渡して本件債務の支払に充
てることとなれば、納税者の運営上支障を招き、また、甲及び乙が本
件各不動産を第三者に譲渡しても、その譲渡価格が著しく低額になる
可能性が高く、その結果、甲及び乙からの債権回収金額が少額となる
ことが予想されることについて説明をし、出席者は、本件債務免除を
承認する決議をした。出席した理事らの中には、甲の全ての資産の処
分を訴える者がいたが、甲から、全ての資産を処分すると公租公課を
支払うことができなくなるため、一部の資産を残してほしい旨の申入
れがあり、最終的に理事会において上記のとおり本件債務免除が承認
された。

③　本件債務免除後の状況

本件債務免除後は、納税者は甲に対し、貸付けを行っていない。

甲は、本件債務免除後も、平成22年6月17日まで納税者の理事の地位
にあり、本件債務免除前と同額の月額30万円の給与を得ており、甲の平
成20年分の収入金額は、不動産収入27,402,000円、配当342,824円、給与
600万円及び公的年金等767,748円の合計34,512,571円であった。

(2)　裁判所及び審判所の法律判断

	審判所の判断	裁判所の判断
本件通達の趣旨	債務免除益に関して、所基通36−17は、その本文において、	債権者から債務免除を受けた場合、原則として、所法36条1

	債務免除益のうち、債務者が資力を喪失して債務を弁済することが著しく困難であると認められる場合に受けたものについては、各種所得の金額の計算上収入金額又は総収入金額に算入しないものとする旨定めている。 本件通達の定めは、支払能力のない債務者が債務の弁済を免れてもそのことによって担税力のある所得を得たものとみるのは必ずしも実情に即したものではないことから、収入金額に算入しない取扱いとすることによって積極的に課税することを避ける趣旨で定められたものであり、当審判所においても相当と認められる。	項にいう「経済的な利益」を受けたことになり、免除の内容等に応じて事業所得その他の各種所得の収入金額となるものであるが、例えば、事業所得者が、経営不振による著しい債務超過の状態となり、経営破綻に陥っている状況で、債権者が債務免除をしたなどという場合には、債務者は、実態としては、支払能力のない債務の弁済を免れただけであるから、当該債務免除益のうちその年分の事業損失の額を上回る部分については、担税力のある所得を得たものとみるのは必ずしも実情に即さず、このような債務免除額に対して原則どおり収入金額として課税しても、徴収不能となることは明らかで、いたずらに滞納残高のみが増加し、また、滞納処分の停止を招くだけであり、他方、上記のような事情がある明らかに担税力のない者について課税を行わないこととしても、課税上の不公平が問題となることはなく、むしろ、課税を強行することについて一般の理解は得られないものと考えられることから、このような無意味な課税を差し控え、積極的な課税をしないこととしたものである。
「資力を喪失して債務を弁済することが著しく困難」であ	本件通達に定める「債務者が資力を喪失して債務を弁済することが著しく困難であると認められる場合」とは、上記趣旨から、債務者が、単に債務超過の	本件通達の定めにおいて用いられている「**資力を喪失して債務を弁済することが著しく困難**」であるとの文言は、所法9条1項10号及び所得税法施行令

るとの文言の意味	状態にあるだけでは足りず、債務超過の状態が著しく、その者の信用、才能等を活用しても、現に**その債務**を弁済するための資金を調達することができないのみならず、近い将来においても調達できず、支払能力のないものと認められる場合をいうと解される。	26条の各規定において用いられている文言と同じであり、これらの各規定における当該文言の意義については、所基通9-12の2において、「債務者の債務超過の状態が著しく、その者の信用、才能等を活用しても、現に**その債務の全部**を弁済するための資金を調達することができないのみならず、近い将来においても調達することができないと認められる」場合をいうとされているから、本件通達の定めにおいても、当該文言が上記と同じ意義を有するものとして用いられているものと解される。 　すなわち、本件通達は、上記のような場合に受けた債務免除益への非課税を規定したものと解されるのであり、このような規定の内容及び上記認定のとおりのその趣旨からすれば、本件通達による上記非課税の取扱いは、所得税法等の実定法令に反するものとはいえず、相応の合理性を有するものということができる。
通達の不適用の可否	適用を認めなかった。	もとより本件通達が法令そのものではなく、これによらない取扱いが直ちに違法となるものではないとしても、本件通達が相応の合理性を有する一般的な取扱いの基準として定められ、広く周知されているものである以上は、課税庁においてこれを恣意的に運用することは許されないのであって、本件通達の適

		用要件に該当する事案に対して合理的な理由もなくその適用をしないとすることは、平等取扱いの原則に反し、違法となるというべきである。
本件についての適用	甲は本件債務免除時において、債務超過の状態であったものの、納税者が本件債務免除を行った際、甲は本件債務の一部を弁済することができたと認められる。 　そうすると、甲は、その所有する資産から本件債務の一部を弁済することができただけでなく、その信用、才能等を活用すれば、将来において、本件債務の一部を弁済するための資金を調達することができたものと認められるから、所基通36-17に定める「債務者が資力を喪失して債務を弁済することが著しく困難であると認められる場合」に当たらないものとみるのが相当である。	本件債務免除の当時において、甲は、4,836,821,235円の本件債務を含む合計5,277,664,092円の債務を負っていた。これに対し、本件債務免除当時の甲の資産は282,225,622円にすぎなかったのであるから、甲の負債はその資産の実に20倍に迫る金額に達しており、債務超過の状態が著しいものであったといえる。 　甲は、年間収入として不動産収入や役員報酬等合計37,465,786円を得ているが、上記債務の額が多額であることに鑑みれば、これらをもって近い将来において本件債務全額を弁済することが可能であるということもできない。 　以上の事実に鑑みれば、本件債務免除益にも、本件通達の適用があるものと認めるのが相当である。
被告の主張について	審判所においては、被告の主張を認めたため、言及箇所はない	被告は、本件債務免除の実質が、納税者を実質的に支配していた甲において納税者に本件債務免除を強いたというものであることを理由に、本件債務免除益が本件通達の要件に該当しないと主張する。しかしながら、被告の主張は、本件債務免除益

250　判例各論

が「債務者が資力を喪失して債
務を弁済することが著しく困難
である場合に受けたもの」に該
当するか否かとは異なる視点か
らの主張であり、**本件通達の要
件該当性を判断する上で、意味
のある主張とはいえないから、**
失当である。また、**担税力のな
い者に課税することで将来生じ
得る行政上の不必要なコストを
回避するという前記のような本
件通達の趣旨は、本件において
も当てはまることが明らかであ
るから、上記のような理由が本
件通達を適用しないことの合理
的な理由になるともいえない。**

5　解説

(1)　本件における国側の主張

　本件において国側は課税の適法性の根拠として要旨は、次のとおり主張
した。

①　甲は、本件債務免除の当時、納税者の理事長かつ筆頭の出資者であっ
　て、納税者に対する強い影響力を有しており、実質的に納税者を支配し
　貸付願を提出するほかは口頭での確認を受ける程度という通常ではあり
　得ない簡略な方法で納税者からの借入れを繰り返し、その残高は50億円
　を超えていた。

②　本件債務免除は、このような状況下において、甲の強固な意思によ
　り、納税者が強いられたものにすぎないというべきである。

③　このような本件債務免除の実質からすれば、本件債務免除益は、本件
　通達にいう「債務者が資力を喪失して債務を弁済することが著しく困難
　であると認められる場合に受けたもの」に該当しない。

④　甲は、本件債務免除後も、借入れを行い、その借入資金を基に、有価
　証券取引及び有価証券先物取引を継続していた。

⑤　甲は、本件債務免除後も、納税者から本件債務免除前と同額の役員給
　　与の支給を受けていたほか、本件債務免除に際し、甲が所有する資産の
　　全てを処分していなかったことから、年間約2700万円もの不動産収入を
　　得ており、本件債務免除後の甲の収入金額は高額なものとなっていた。
⑥　このように、本件債務免除の前後において、甲の資金調達等に係る状
　　況には何ら異なるところがないのであって、甲が資力喪失の状態にあっ
　　たとはいえない。特に、甲が、本件債務免除後においても、金融機関か
　　ら多額の資金を調達し続けていることは、甲の信用、才能等を活用すれ
　　ば、債務の全部を弁済するための資金を近い将来において調達すること
　　ができることを示すものといえる。

(2)　**本件における納税者の主張**

　　本件において納税者の要旨は、次のとおりである。

①　本件通達にいう「債務者が資力を喪失して債務を弁済することが著し
　　く困難であると認められる場合」とは、「債務者の債務超過の状態が著
　　しく、その者の信用、才能等を活用しても、現にその債務の全部を弁済
　　するための資金を調達することができないのみならず、近い将来におい
　　ても調達することができないと認められる場合」をいうと解すべきであ
　　る（所税9①十、所令26、所基通9－12の2）。

②　本件債務免除当時の甲の債務の総額は、本件債務を含めて
　　5,277,664,092円であり、うち本件債務以外の債務が440,842,857円、うち
　　弁済優先権を有する公租公課が184,852,820円、銀行からの借入れが
　　146,568,537円存在した。

　　そして、弁済優先権を有する公租公課を支払うためには、年間収入額
　　全額を充てたとしても、更に資産を処分する必要がある。そして、銀行
　　からの借入れについては、個人及び企業の信用を保持するために支払を
　　優先せざるを得ず、本件債務全額の返済が得られるのは、その後の年間
　　収入を全額返済に充てたとしても、元金返済だけで140年を要する。

　　また、不動産からの年間収入に頼らず、本件債務免除の時点で資産を
　　全部処分したとしても、本件債務以外の債務すら弁済することは困難で
　　ある。

⑶ 国側の主張と納税者の主張の対比

　本件における国側の主張と納税者側の主張を対比して見ると、本件の債務免除当時、「甲が、現にその債務の全部を弁済するための資金を調達できるか、近い将来において、その債務の全部を弁済するための資金を調達できるか」を判断すべきテーマとして、納税者側は、直接的に、甲の資産及び負債、収入の見込みを主張し、判断すべきテーマについて、資金調達はできないと判断すべきものと主張している。

　これに対して、国側は、本件の債務免除の前後の事情、特に、甲の資金調達等に係る状況には何ら異なるところがないことから、判断すべきテーマすなわち債務弁済のための資金調達ができるかという点について、資金調達はできるというと判断すべきものと主張している。

　判断すべきテーマが、「甲が、現にその債務の全部を弁済するための資金を調達できるか、近い将来において、その債務の全部を弁済するための資金を調達できるか」ということである限り、納税者側は、直接的に判断の基礎になるべき事実（直接事実）を主張しており、国側は、納税者が主張した事実の存在を否定するような主張も立証（反証）もしていない。

　国側がしたのは、債務の弁済資金を調達できないのであれば、通常行われないであろう事情、すなわち、本件の債務免除後においても甲が債務免除前と同様の資金調達をしている等の事実（間接事実）が存在するという主張である。

　判断すべき要件に該当する要件事実の存在が証拠等によって、裁判所に明らかになっている以上、本件の判断すべきテーマについては、「資金調達はできない」という結論になるのは当然のことである。そうすると、国側が主張した事実はどのような位置づけになるのかということになるが、通常の経済取引では、弁済資金を調達できない者に対しては行われない行為が、本件では行われていたに過ぎないということになる。

⑷ 審判所の判断の問題点

　審判所は、所基通36-17に定める「債務者が資力を喪失して債務を弁済することが著しく困難であると認められる場合」とは、債務者が、単に債務超過の状態にあるだけでは足りず、債務超過の状態が著しく、その者の信用、才能等を活用しても、現にその債務を弁済するための資金を調達す

ることができないのみならず、近い将来においても調達できず、支払能力のないものと認められる場合をいうと解されるとして、本件のＡは収入及び資産から**本件債務の一部を弁済することができたのである**から、所基通36－17に定める「債務者が資力を喪失して債務を弁済することが著しく困難であると認められる場合」に当たらないと判断している。

これに対して裁判所は、同通達の定めにおいて用いられている「資力を喪失して債務を弁済することが著しく困難」であるとの文言は、所法９条１項10号及び所令26条の各規定において用いられている文言と同じであり、これらの各規定における当該文言の意義については、所基通９－12の２において、「債務者の債務超過の状態が著しく、その者の信用、才能等を活用しても、現に**その債務の全部**を弁済するための資金を調達することができないのみならず、近い将来においても調達することができないと認められる」場合をいうとされているから、本件通達の定めにおいても、当該文言が上記と同じ意義を有するものとして用いられているものと解されると判断している。

貸倒損失について定める所基通51－12は、「貸金等につき、その債務者の資産状況、支払能力等からみて**その全額が回収できないことが明らか**になった場合には、当該債務者に対して有する貸金等の全額について貸倒れになったものとしてその明らかになった日の属する年分の当該貸金等に係る事業の所得の金額の計算上必要経費に算入する。」と定めている。

所基通51－12の場合は、一部ではあるが回収できる場合は、貸倒損失計上の要件は、充足しないことになる。

一方、所基通９－12の２は、「債務者の債務超過の状態が著しく、その者の信用、才能等を活用しても、現に**その債務の全部を弁済**するための資金を調達することができないのみならず、近い将来においても調達することができないと認められる」場合をいうと定めている。所基通９－12の２の場合は、弁済（債権者側から見ると回収）できるのが、債務の一部である場合には、「その債務の全部を弁済することができない」に該当することになる。

審判所は、所基通36－17に定める「債務者が資力を喪失して債務を弁済することが著しく困難であると認められる場合」という文言を解釈するに

際し、同様の文言を用いている所法 9 条 1 項10号及び所令26条の各規定の意義について定めた所基通 9 - 12の 2 に依拠しつつも、同通達においては「現にその債務の全部を弁済するための資金を調達することができないのみならず、近い将来においても調達することができないと認められる」場合をいうとされてところを、「現にその債務を弁済するための資金を調達することができないのみならず、近い将来においても調達できず、支払能力のないものと認められる場合をいう」と解されるとし、「その債務の全部」の語を「その債務」の語に置き換え、弁済できるのが債務の一部である場合には「債務者が資力を喪失して債務を弁済することが著しく困難であると認められる場合」には該当しないとし、債務の一部のみを弁済することができる場合について、所基通 9 - 12の 2 と反対の結論、すなわち、上記貸倒損失の計上基準についての所基通51 - 12と同じ結論を導き出しているのである。

　同一法規中の同一文言は、原則として同一の意味に理解すべきであり、仮に、法令全体の規定振り等から同一文言を異なった意味に解するのであれば、その理由を明らかにすべきものである。

　この点において、本件の審判所の判断は、基本に沿ったものではなかったといえるのではなかろうか。

　本件においては、この点において、審判所の判断と裁判所の判断は対照的であり、この点の解釈の違いが結論の違いをもたらしている。

XII 貸倒損失　255

所得税基本通達36-17
　債務免除益のうち、債務者が**資力を喪失して債務を弁済することが著しく困難**であると認められる場合に受けたものについては、各種所得の金額の計算上収入金額又は総収入金額に算入しないものとする。

― 裁判所の理解 ―

所得税基本通達9-12の2
　所得税法9条1項10号《非課税所得》に規定する「資力を喪失して債務を弁済することが著しく困難」である場合とは、①債務者の債務超過が著しく、②その者の信用、才能等を活用しても、現にその債務の全部を弁済するための資金を調達することができない、かつ、③近い将来においても調達できない場合をいう。

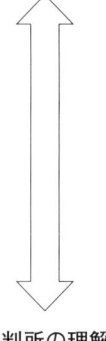

審判所の理解

所得税基本通達51-12
　貸金等につき、その債務者の資産状況、支払能力等からみて**その全額が回収できないことが明らか**になった場合には、当該債務者に対し有する貸金等の全額について貸倒れになったものとしてその明らかになった日の属する年分の当該貸金等に係る事業所得の金額の計算上必要経費に算入する。

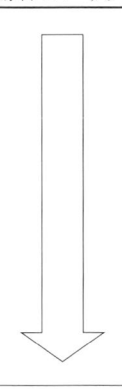

　資産の所有者の財産状態が悪化し、自己の有する**積極財産の全部をもってしても、債務の全部を弁済することができない**ような状態で強制換価手続等によって資産の譲渡が行われた場合の取扱い。

256　判例各論

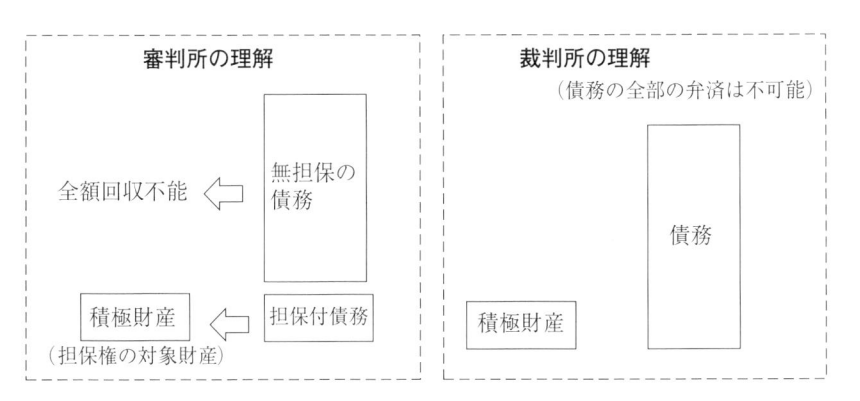

(5)　コメント

　本件は、団体の理事長が、団体におけるその地位・権限を利用し、団体から多額の金銭を引き出し、最終的に、全額の返済ができなくなり、団体から債務免除を受けたというものである。

　裁判所は、所基通36-17に該当するとして、納税者の主張を認めている。

　本件のような事例は、中小企業において、少なからず発生しているように思われる。

　会社の代表者が、会社の金銭を会社から借り入れたものと称して私的に費消してしまい、最終的に代表者は債務超過で全額の弁済が不能であるとして債務免除を受けても、その債務免除によって、代表者個人には所得税の課税関係が生じないということを裁判所が認めた判決と理解してよいかという問題がある。

　債務免除を受けた時点の状況のみを課税の根拠事実としてとらえると、裁判所は、今後も同様の状況において、所基通36-17注書きを根拠に同様の判断をすると考えられる。

　しかしながら、債務者が債務免除を受けるに至った時間的な経過を見てみると、債務者が「資力を喪失して債務を弁済することが著しく困難であると認められる状況」は、災害等である日突然に現出する場合もあるが、通常の取引によってそのような状況に至るにはある程度の時間的な経過を経ていることが多いと思われる。債務者の収益状況、資産状況が徐々に悪

化し、債務の弁済に要すると見込まれる期間が徐々に長くなり弁済不能に至るのである。債権者が金融機関である場合には、債務の弁済に要すると見込まれる期間が相当程度長くなると、債権（貸付金）の回収手続に入ることになる。そのような時点を越えてしまうと、金融機関は貸付を行わない。

　金銭の消費貸借契約であるというためには、金銭の返還を約することが必要であるが、通常の当事者間であれば、全く返済の見込みがないのを知りつつ、金銭を貸すということはなく、返済の可能性の高い低いはあれ、何らかの返済可能性を前提に、返済することを約して金銭を貸すのである。しかしながら、特定の当事者間では、全く返済の可能性がないにもかかわらず、金銭の返還を約して、金銭を交付するということがある。この場合において、返済の合意を当事者間の真意ということができるかという問題がある。すなわち、当事者間の真意は、返済しなくてもよいというものであるが、表示された意思の合致の上だけ、返済することとしているという場合である。当事者の真意は、返済の合意がない金銭の交付であるが、表示された意思の合致だけ、返済の合意があるというものである。民法でいう虚偽通謀表示（民法94）である。このような金銭の交付は、真実は返済の合意のない金銭の交付であるとして税法上の評価を受け、当事者がどのような関係にあるかに応じて、課税関係が発生することになる。

　債務免除を受けた時点の状況のみをとらえると、所基通36－17がある以上、債務免除の時点で、債務免除を受けた者に課税関係は発生しないが、債務免除をするに至った過程の一定の時点以降の、金銭の貸付けと称して行われた行為は、真実は返済の合意のない金銭の交付であると民事上評価すべきであるということである。

　このように考えると、本件のような事例では、およそどの時点においても債務免除を受けた者に課税関係が発生しないというべきではなく、債務免除を受けた時点においては課税関係が生じないというにすぎないと考えるべきであろうと思われる。

　したがって、課税庁が行った課税処分も、債務免除を行ったその時点をとらえるのではなく、債務免除に至った経過全体を通して観察し、もはや返済の合意があったものとは民事上評価できなくなった以降の金銭の交付

258　判例各論

は、返済の合意のない金銭の交付であったという観点で行っていると、本
件とは異なった裁判所の判断も考えられたのではないかと思われる。

(注)　所得税基本通達36-17は平成26年課個2-6により廃止され、現行の
　所得税法では、同法44条の2が設けられている。

┌─ 法令 ─────────────────────────────┐

　所得税法44条の2第1項
　居住者が、破産法252条1項に規定する免責許可の決定又は再生計画認可の決
定があった場合その他資力を喪失して債務を弁済することが著しく困難である
場合にその有する債務の免除を受けたときは、当該免除により受ける経済的な
利益の価額については、その者の各種所得の金額の計算上、総収入金額に算入
しない。

└──────────────────────────────────┘

通達と法的安定性・納税者の予見可能性

　本件の判決は、国側の主張について、「もとより本件通達が法令その
ものではなく、これによらない取扱いが直ちに違法となるものではない
としても、本件通達が相応の合理性を有する一般的な取扱いの基準とし
て定められ、広く周知されているものである以上は、課税庁においてこ
れを恣意的に運用することは許されないのであって、本件通達の適用要
件に該当する事案に対して合理的な理由もなくその適用をしないとする
ことは、平等取扱いの原則に反し、違法となるというべきである。」と
判示している。
　また、名古屋地方裁判所民事第9部・平成16年8月30日判決・平成15年
(行ウ)第10号も、同趣旨の判示をしている。
　金子教授は、租税法の基本原理である合法性の原理を制約する原理
の一つとして、「租税行政庁が納税者に有利な解釈・適用を広く一般的
に行い、それを是正する措置をとっていない場合に、合理的理由がない
にもかかわらず特定の納税者を不利益に扱うことは、たとえ、右の解
釈・適用が行政先例法として成立していないとしても、平等取扱原則に
反して許されないことである。」としている。
　品川芳宣教授は、「租税法律主義と税務通達(2)」という論文の中で、
次のように述べておられる(税理44巻2号27頁)。
　「納税者側においても、税務通達の存在がなければ、租税法律主義の
機能たる経済生活における法的安定性と予見可能性が保証されがたいこ
とになる。換言すると税務執行における法的安定性と予見可能性は、税

務通達の存在を前提に議論を要することになる。」

　実務を踏まえた的確な指摘であり、通達を広く公表することの目的が、「税務執行における法的安定性と予見可能性」の確保であるとすれば、課税庁が通達に反する処分を行うことは、法的安定性と予見可能性を害するものとして、許されないということになると思われる。

　この点について、中里実教授は「ある通達が定着している場合には、信義則ないし法的安定性・予見可能性の確保の見地から、課税庁は、通達に反する課税処分を納税者に不利なかたちでおこなうことはできないが、ある通達に、当該通達の適用されない例外的な場合について明文で定められている場合、あるいは、ある通達の射程範囲が、当該通達の位置づけから限定され得る場合においては、きわめて、例外的にではあるが、通達から離れた課税処分が認められる余地がある。」と述べておられる（ジュリスト No1349、91頁）。

　そうすると、通達から離れた課税処分というものが適法になり得ないというものではないが、そのような課税処分を受けた場合においては、納税者としては、通達に基づいた申告を行った旨の主張・立証をすれば足り、本件判決や金子教授の言われる「合理的な理由」を課税庁が主張・立証するのを待って、その内容に応じて反論や立証をするということになろうと思われる。

260 判例各論

XIII 課税庁の公的見解は変更されたと認定し、これは真に納税者の責めに帰することのできない客観的な事情であるとして過少申告加算税を取り消した事例

課税庁の公的見解は変更されたものというべきであり、真に納税者の責めに帰することのできない客観的な事情があり、過少申告加算税の趣旨に照らしてもなお納税者に過少申告加算税を賦課することは不当又は酷になるというのが相当であるから、通則法65条4項にいう「正当な理由」があるものというべきであるとした事例

〔最高裁判所第二小法廷・平成27年6月12日判決・平成24年（行ヒ）第408号〕（納税者勝訴）

〔東京高等裁判所・平成24年7月19日判決・平成22年（行コ）第403号〕（国側勝訴）

1 事案の概要

本件は、匿名組合契約に基づき営業者の営む航空機のリース事業に出資をした匿名組合員である故甲が、当該事業につき生じた損失のうち当該契約に基づく同人への損失の分配として計上された金額を所法26条1項に定める不動産所得に係る損失に該当するものとして平成15年分から17年分までの所得税の各確定申告をしたところ、所轄税務署長から、上記の金額は不動産所得に係る損失に該当せず所法69条に定める損益通算の対象とならないとして、上記各年分の所得税につき更正及び過少申告加算税の賦課決定を受けたため、甲の訴訟承継人である上告人らが、被上告人を相手に、上記の各更正の一部、平成15年分及び16年分に係る各賦課決定の一部並びに17年分に係る賦課決定の全部の取消しを求めた事案である。

2 事実関係等の概要

(1) B有限会社は、平成12年11月30日、外国法人であるCとの間で、自らを

匿名組合員、同法人を営業者として、本件営業者が外国の航空会社に航空機をリースする事業を営むために自らが出資をする旨の匿名組合契約を締結した。

そして、上記有限会社、本件営業者及び甲は、平成13年3月1日、上記有限会社において、その有する本件匿名組合契約上の匿名組合員の地位のうち甲の拠出額が上記有限会社の出資額中に占める割合に相当する部分を甲に譲渡し、本件営業者において、これを承諾する旨の契約（本件地位譲渡契約）をした。甲は、同年7月13日、本件地位譲渡契約に基づく譲渡の対価として上記の拠出額を支払い、これにより、平成12年11月30日に遡って本件匿名組合契約上の匿名組合員の地位を取得した。

本件匿名組合契約及び本件地位譲渡契約に係る各契約書には、①本件リース事業につき各計算期間（毎年10月1日から翌年9月30日まで）に本件営業者に生ずる利益又は損失は匿名組合員の出資割合に応じて分配される旨が記載されている一方、②本件リース事業は本件営業者がその単独の裁量に基づいて遂行するものであり、匿名組合員は本件リース事業の遂行及び運営に対していかなる形においても関与したり影響を及ぼすことができず、③本件営業者は自らが適当と判断する条件で本件リース事業の目的を達成するために必要又は有益と思われる契約を締結するなどの行為を行うことができる旨が記載されている。そして、上記の各契約書には、匿名組合員に本件営業者の営む本件リース事業に係る重要な意思決定に関与するなどの権限が付与されていることをうかがわせる記載はなく、また、本件営業者と甲との間で、甲にそのような権限を付与する旨の合意がされたこともない。

(2) 本件リース事業については、平成14年10月1日から17年9月30日までの各計算期間に本件営業者に損失が生じ、各計算期間の末日である15年9月30日、16年9月30日及び17年9月30日の各時点において、甲の出資割合に応じた金額が同人への損失の分配としてそれぞれ計上された。

甲は、上記のとおり本件匿名組合契約に基づく同人への損失の分配として計上された金額につき、これを所法26条1項に定める不動産所得に係る損失に該当するものとして他の所得の金額から控除して税額を算定した上で、平成16年3月15日、17年3月15日及び18年3月10日、平成15年分から

17年分までの所得税の各確定申告をした。所轄税務署長は、後記(3)の通達改正の後である平成19年2月22日、上記の計上された金額は不動産所得に係る損失に該当せず、上記のような損益通算をすることはできないなどとして、上記各年分の所得税につき更正及び過少申告加算税の賦課決定をした。

(3)　匿名組合契約に基づき匿名組合員が営業者から受ける利益の分配に係る所得区分について、①平成17年12月26日付け課個2－39ほかによる改正（平成17年通達改正）前の所得税基本通達36・37共－21（以下、この章において「旧通達」という）においては、原則として、営業者の営む事業の内容に従い事業所得又はその他の各種所得に該当するものとされ、例外として、営業の利益の有無にかかわらず一定額又は出資額に対する一定割合により分配を受けるものは、貸金の利子と同視し得るものとして、その出資が匿名組合員自身の事業として行われているか否かに従って事業所得又は雑所得に該当するものとされていたが、②平成17年通達改正後の所得税基本通達36・37共－21（新通達）においては、原則として、雑所得に該当するものとされ、例外として、匿名組合員が当該契約に基づいて営業者の営む事業に係る重要な業務執行の決定を行っているなど当該事業を営業者と共に営んでいると認められる場合には、当該事業の内容に従い事業所得又はその他の各種所得に該当するものとされている。

(4)　なお、甲の平成15年分から17年分までの総所得金額、納付すべき税額、過少申告加算税の額等については、前記(2)の損益通算の可否を除き、計算の基礎となる金額等につき当事者間に争いがない。

〔匿名組合契約〕

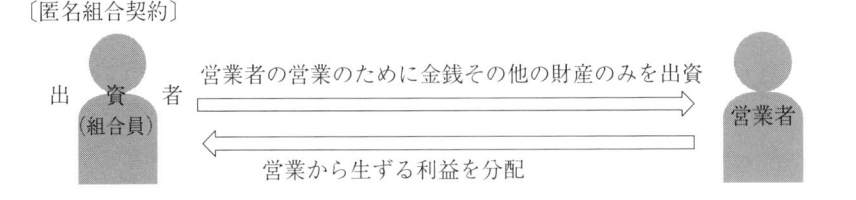

XⅢ 公的見解の変更　263

〔旧通達〕36・37共‐21
　匿名組合の組合員が当該組合の営業者から受ける利益の分配は、当該営業者
の営業の内容に従い、事業所得又はその他の各種所得とする。
　ただし、営業の利益の有無にかかわらず、一定額又は出資額に対する一定割
合により分配を受けるものは、貸金の利子として、事業所得又は雑所得とす
る。・・・・・

〔新通達〕36・37共‐21
　匿名組合契約を締結する者で当該匿名組合契約に基づいて出資をする者が当
該匿名組合契約に基づく営業者から受ける利益の分配は雑所得とする。
　ただし、匿名組合員が当該匿名組合契約に基づいて営業者の営む事業に係る
重要な業務執行の決定を行っているなど組合事業を営業者と共に経営している
と認められる場合には、当該匿名組合員が当該営業者から受ける利益の分配は、
当該営業者の営業の内容に従い、事業所得又はその他の各種所得とする。

3　最高裁判所の判断

(1)①　商法は、平成17年法律第87号による改正の前後を通じて、匿名組合契
　　約を営業者とその相手方との間の契約として定め、その相手方である匿
　　名組合員については、営業者が行う営業のために出資をしてその営業か
　　ら生ずる利益の分配を受けるものとする（旧商法535、商法535）一方、
　　その出資は営業者の財産に属し、また、営業者の業務を執行し又は営業
　　者を代表することができず、営業者の行為について第三者に対して権利
　　及び義務を有しないものとし（旧商法536、542、152、商法536）、所定の
　　条件の下で営業者の貸借対照表の閲覧又は謄写の請求をし、営業者の業
　　務及び財産の状況を検査することができる（旧商法542、153、商法539）
　　にとどまるものとしている。このように、匿名組合員は、これらの商法
　　の規定の定める法律関係を前提とすれば、営業者の営む事業に対する出
　　資者としての地位を有するにとどまるものといえるから、匿名組合契約
　　に基づき匿名組合員が営業者から受ける利益の分配は、基本的に、営業
　　者の営む事業への投資に対する一種の配当としての性質を有するものと
　　解される。
　②　もっとも、匿名組合契約の法律関係については、契約当事者間の合意

により匿名組合員の地位等につき一定の範囲で別段の定めをすることも可能であるところ、当該契約において、匿名組合員に営業者の営む事業に係る重要な意思決定に関与するなどの権限が付与されており、匿名組合員がそのような権限の行使を通じて実質的に営業者と共同してその事業を営む者としての地位を有するものと認められる場合には、このような地位を有する匿名組合員が当該契約に基づき営業者から受ける利益の分配は、実質的に営業者と匿名組合員との共同事業によって生じた利益の分配としての性質を有するものというべきである。

③　そうすると、匿名組合契約に基づき匿名組合員が営業者から受ける利益の分配に係る所得区分は、上記②のように匿名組合員が実質的に営業者と共同して事業を営む者としての地位を有するものと認められる場合には、営業者の営む事業の内容に従って判断されるべきものと解され、他方、匿名組合員がこのような地位を有するものと認められない場合には、営業者の営む事業の内容にかかわらず、匿名組合員にとってその所得が有する性質に従って判断されるべきものと解される。そして、後者の場合における所得は、前記①のような営業者の営む事業への投資に対する一種の配当としての性質に鑑みると、その出資が匿名組合員自身の事業として行われているため事業所得となる場合を除き、所法23条から34条までに定める各所得のいずれにも該当しないものとして、所法35条1項に定める雑所得に該当するものというべきである。

　　したがって、匿名組合契約に基づき匿名組合員が営業者から受ける利益の分配に係る所得は、当該契約において、匿名組合員に営業者の営む事業に係る重要な意思決定に関与するなどの権限が付与されており、匿名組合員が実質的に営業者と共同して事業を営む者としての地位を有するものと認められる場合には、当該事業の内容に従って事業所得又はその他の各種所得に該当し、それ以外の場合には、当該事業の内容にかかわらず、その出資が匿名組合員自身の事業として行われているため事業所得となる場合を除き、雑所得に該当するものと解するのが相当である。前記2(3)②の取扱いを定める新通達は、その内容に照らし、これと同旨をいうものと解される。

④　これを本件についてみるに、前記2(1)のとおり、本件匿名組合契約に

おいて甲に本件リース事業に係る重要な意思決定に関与するなどの権限を付与する旨の合意があったということはできず、Aが実質的に本件営業者と共同して本件リース事業を営む者としての地位を有するものと認めるべき事情はうかがわれない。そして、本件匿名組合契約においてその出資が甲自身の事業として行われていると認めるべき事情もうかがわれないから、その所得は雑所得に該当するものというべきである。したがって、甲の本件各申告において本件匿名組合契約に基づく同人への損失の分配として計上された金額が損益通算の対象とならないことを理由としてされた本件各更正処分は適法である。

(2) 当初から適正に申告し納税した納税者との間の客観的不公平の実質的な是正を図るとともに、過少申告による納税義務違反の発生を防止し適正な申告納税の実現を図るという過少申告加算税の趣旨に照らせば、過少申告があっても例外的に過少申告加算税が課されない場合として通則法65条4項の定める「正当な理由があると認められる」場合とは、真に納税者の責めに帰することのできない客観的な事情があり、上記のような過少申告加算税の趣旨に照らしてもなお納税者に過少申告加算税を賦課することが不当又は酷になる場合をいうものと解するのが相当である（最高裁判所第一小法廷・平成18年4月20日判決・平成17年（行ヒ）第9号、最高裁判所第三小法廷・平成18年10月24日判決・平成17年（行ヒ）第20号）。

　匿名組合契約に基づき匿名組合員が営業者から受ける利益の分配に係る所得区分について、**旧通達においては**、前記2(3)①の取扱いの内容に照らすと、その利益の分配が貸金の利子と同視し得るものでない限り、個別の契約において匿名組合員に営業者の営む事業に係る重要な意思決定に関与するなどの権限が付与されているか否かを問うことなく、**匿名組合員が実質的に営業者と共同して事業を営む者としての地位を有するものといえるという理解に基づいて**、当該事業の内容に従い事業所得又はその他の各種所得に該当するものとされていたものと解される。これに対し、**新通達においては**、上記(1)のとおり、当該契約において匿名組合員に上記のような権限が付与されており、**匿名組合員が上記の地位を有するものと認められる場合に限り、当該事業の内容に従い事業所得又はその他の各種所得に該当し**、それ以外の場合には、匿名組合員にとってその所得が有する性質に

従い雑所得に該当するものと解する見解に立って、前記2(3)②の取扱いが示されるに至ったものと解される。このように、旧通達においては原則として当該事業の内容に従い事業所得又はその他の各種所得に該当するものとされているのに対し、新通達においては原則として雑所得に該当するものとされている点で、両者は取扱いの原則を異にするものということができ、また、当該契約において匿名組合員に上記のような意思決定への関与等の権限が付与されていない場合（当該利益の分配が貸金の利子と同視し得るものである場合を除く。）について、旧通達においては当該事業の内容に従い事業所得又はその他の各種所得に該当することとなるのに対し、新通達においては雑所得に該当することとなる点で、両者は本件を含む具体的な適用場面における帰結も異にするものということができることに鑑みると、平成17年通達改正によって上記の所得区分に関する課税庁の公的見解は変更されたものというべきである。

　そうすると、少なくとも平成17年通達改正により課税庁の公的見解が変更されるまでの間は、納税者において、旧通達に従って、匿名組合契約に基づき匿名組合員が営業者から受ける利益の分配につき、これが貸金の利子と同視し得るものでない限りその所得区分の判断は営業者の営む事業の内容に従ってされるべきものと解して所得税の申告をしたとしても、それは当時の課税庁の公的見解に依拠した申告であるということができ、それをもって納税者の主観的な事情に基づく単なる法律解釈の誤りにすぎないものということはできない。そして、本件匿名組合契約に基づき甲が本件営業者から受ける利益の分配につき、前記2(3)①のような貸金の利子と同視し得るものと認めるべき事情はうかがわれず、本件リース事業につき生じた損失のうち本件匿名組合契約に基づく甲への損失の分配として計上された金額は、旧通達によれば、本件リース事業の内容に従い不動産所得に係る損失に該当するとされるものであったといえる。

　以上のような事情の下においては、本件各申告のうち平成17年通達改正の前に旧通達に従ってされた平成15年分及び16年分の各申告において、甲が、本件リース事業につき生じた損失のうち本件匿名組合契約に基づく同人への損失の分配として計上された金額を不動産所得に係る損失に該当するものとして申告し、他の各種所得との損益通算により上記の金額を税額

の計算の基礎としていなかったことについて、**真に甲の責めに帰することのできない客観的な事情があり**、過少申告加算税の趣旨に照らしてもなお同人に過少申告加算税を賦課することは不当又は酷になるというのが相当であるから、通則法65条4項にいう**「正当な理由」があるものというべき**である。

このように、本件各申告のうち、平成15年分及び16年分の各申告については、通則法65条4項にいう「正当な理由」があるものといえるから、本件各賦課決定処分のうち上記各年分に係る各処分は違法である。これに対し、平成17年通達改正後にされた平成17年分の申告については、真にAの責めに帰することのできない客観的な事情があるとはいえず、過少申告加算税の趣旨に照らしてもなお同人に過少申告加算税を賦課することが不当又は酷になるとはいえないので、同項にいう「正当な理由」があるものとはいえないから、本件各賦課決定処分のうち同年分に係る処分は適法である。

4　一審及び控訴審の判断

①旧通達においても、課税実務上、匿名組合員が営業者から分配を受ける利益につき、雑所得として処理をしている例も多かったことがうかがわれるのであって、長年にわたり「匿名組合員が営業者から受ける利益分配の所得区分が営業者の所得区分に従って区分される」ことを前提とする課税実務が一般的に行われてきたものとまでは認め難く、②したがって、**新通達をもって、匿名組合員が営業者から分配を受ける利益の所得の種類の区分について従前の行政解釈を変更したものと直ちに評価することもできないというべき**こと、③甲9の文献は、執筆者が国税局の元職員であるとしても、その記載内容に照らし、その中で述べられている見解は、執筆者の個人的なものとどまることは明らかであるし、甲13の意見書も、同様に、作成者である税理士・公認会計士が個人的な見解を述べたものであることは明らかである上、本件匿名組合契約に関して作成されたものではなく、文面上も他の取引に効果が及ぶものではない旨が明記されているものであること、④旧商法の規定及び本件匿名組合契約書及び本件地位譲渡契約書の定めには、原告が本件事業の共同事業者の地位に立つことを示すものはなく、原告に共同事業者とし

268　判例各論

ての地位を与えるような特約の存在も認め難いことなどからすれば、原告に
おいて、本件各係争年分の所得税の確定申告につき、通則法65条4項所定の
「正当な理由」があったとまではいえないというべきである。

5　解　説

(1)　行政解釈の変更はあったのか

　　本件の一審判決及び控訴審判決は、旧通達の下においても、課税実務
上、匿名組合員が営業者から分配を受ける利益につき、雑所得として処理
をしている例も多かったことがうかがわれるのであって、長年にわたり
「匿名組合員が営業者から受ける利益分配の所得区分が営業者の所得区分
に従って区分される」ことを前提とする課税実務が一般的に行われてきた
ものとまでは認め難いとし、新通達をもって、匿名組合員が営業者から分
配を受ける利益の所得の種類の区分について従前の行政解釈を変更したも
のと評価することはできないとしている。

　　これに対して、最高裁判決は、一般に公表されている新旧の所得税基本
通達の文言を端的に比較して、本件のような事例についての課税庁の公的
見解は変更されたものというべきであると判断し、本件の納税者は、当時
の課税庁の公的見解に依拠して申告したものであるから、それをもって納
税者の主観的な事情に基づく単なる法律解釈の誤りにすぎないということ
はできないとしている。

　　一般に、行政通達は、国家行政組織法14条に基づいて、行政機関の長が
その所掌事務に関して、所管の諸機関や職員に示達する形式の一種で、国
民や裁判所を直接拘束するものではないが、法令の有権解釈として行政実
務上重要な地位を占めているものであると考えられている。所得税基本通
達も行政通達であるから、国税庁長官が国税職員に対して示した租税法規
の執行上の指示であり、そこに示された税法の解釈は、法令の有権解釈で
あるというべきである。そうすると、通達で指示された税法の有権解釈と
相反する税法の執行が行われた事実があったとすれば、それは、国税庁長
官の指示に反した執行が行われたという事実にすぎないというべきであろ
う。税法についての執行通達がある場合には、実際上も、その通達に忠実
に税務の執行が行われており、執行通達は存在するが、それとは異なった

行政解釈に基づいて租税法規の執行が行われているのは皆無といってよいのではないかと思われる。

そうすると、公的見解の変更の有無を新旧の所得税基本通達の文言を比較して判断した最高裁の手法は基本に忠実で租税法規の執行の現実も反映したものということができると思われる。

(2) 同種の先例判決

同種の先例判決として本件最高裁判決が引用している最高裁第三小法廷・平成18年10月24日判決・平成17年（行ヒ）第20号（以下「最高裁・平18. 10. 24」という。）がある。

① 最高裁・平18. 10. 24の事実関係

(ア) 上告人（納税者）は、Ａ株式会社の代表取締役等として勤務していた者であるが、同社在勤中に、同社の発行済み株式の全部を有している米国法人であるＢ社からそのストックオプション制度に基づきストックオプションを付与された。上告人は、これを行使して、平成8年に279,822,821円の、9年に259,091,578円の、10年に568,141,788円の、11年に529,715,400円の各権利行使益を得た。

(イ) 上告人の平成8年分ないし11年分の所得税に係る各課税処分等の経緯は、次のとおりである。

(a) 平成8年分ないし10年分の所得税

上告人は、平成9年3月17日に平成8年分の所得税について、10年3月16日に9年分の所得税について、11年3月15日に10年分の所得税について、上記各権利行使益が一時所得に当たるとしてそれぞれ確定申告をした。これに対し、被上告人は、12年3月10日、上記各権利行使益が給与所得に当たるとして上記各年分の所得税について増額更正をした。

(b) 平成11年分の所得税

上告人は、平成12年3月15日、平成11年分の所得税について、上記権利行使益が一時所得に当たるとして確定申告をした。これに対し、被上告人は、同13年3月12日、本件権利行使益が給与所得に当たるとして増額更正及び過少申告加算税賦課決定をした。

(ウ) 我が国においては、平成7年法律第128号による特定新規事業実施

円滑化臨時措置法の改正により特定の株式未公開会社においてストックオプション制度を導入することが可能となり、その後、平成９年法律第56号及び平成13年法律第128号による商法の改正によりすべての株式会社においてストックオプション制度を利用するための法整備が行われ、これらの法律の改正を受けて、ストックオプションに係る課税上の取扱いに関しても、租税特別措置法や所得税法施行令の改正が行われたが、外国法人から付与されたストックオプションに係る課税上の取扱いに関しては、現在に至るまで法令上特別の定めは置かれていない。

㈎　東京国税局直税部長が監修し、同局所得税課長が編者となり、財団法人大蔵財務協会（現在、一般財団法人大蔵財務協会）が発行した『所得税質疑応答集』昭和60年版においては、外国法人である親会社から日本法人である子会社の従業員等に付与されたストックオプションの権利行使益については、ストックオプションが給与等に代えて付与されたと認められるとき以外は一時所得として課税されることになるという趣旨の記述がされ、平成６年版までの『所得税質疑応答集』においても同旨の記述がされていた。課税実務においても、平成９年分の所得税の確定申告がされる時期ころまでは、上記権利行使益を一時所得として申告することが容認されていた。

　しかしながら、我が国においてストックオプションに関する法整備が行われるに伴い、課税庁において、ストックオプションの権利行使益は一時所得ではなく給与所得であるとの共通認識が形成され、平成10年分の所得税の確定申告の時期以降は、上記権利行使益を給与所得とする統一的な取扱いがされるに至った。平成10年７月に発行された『所得税質疑応答集』平成10年版においても、外国法人である親会社から付与されたストックオプションの権利行使益は給与所得として課税されることになる旨の記述がされた。しかし、そのころに至っても、外国法人である親会社から付与されたストックオプションの権利行使益の課税上の取扱いが所得税基本通達その他の通達において明記されることはなく、これが明記されたのは、平成14年６月24日付け課個２－５ほかによる所得税基本通達23〜35共－６の改正によってで

あった。

② 最高裁判所の判断

　前記事実関係等によれば、外国法人である親会社から日本法人である子会社の従業員等に付与されたストックオプションに係る課税上の取扱いに関しては、現在に至るまで法令上特別の定めは置かれていないところ、課税庁においては、上記ストックオプションの権利行使益の所得税法上の所得区分に関して、かつてはこれを一時所得として取扱い、課税庁の職員が監修等をした公刊物でもその旨の見解が述べられていたが、平成10年分の所得税の確定申告の時期以降、その取扱いを変更し、給与所得として統一的に取り扱うようになったものである。この所得区分に関する所得税法の解釈問題については、一時所得とする見解にも相応の論拠があり、「最高裁判所第三小法廷・平成17年1月25日判決・平成16年（行ヒ）第141号」によってこれを給与所得とする当審の判断が示されるまでは、下級審の裁判例においてその判断が分かれていたのである。このような問題について、課税庁が従来の取扱いを変更しようとする場合には、法令の改正によることが望ましく、仮に法令の改正によらないとしても、通達を発するなどして変更後の取扱いを納税者に周知させ、これが定着するよう必要な措置を講ずべきものである。ところが、前記事実関係等によれば、課税庁は、上記のとおり課税上の取扱いを変更したにもかかわらず、その変更をした時点では通達によりこれを明示することなく、平成14年6月の所得税基本通達の改正によって初めて変更後の取扱いを通達に明記したというのである。そうであるとすれば、少なくともそれまでの間は、納税者において、外国法人である親会社から日本法人である子会社の従業員等に付与されたストックオプションの権利行使益が一時所得に当たるものと解し、その見解に従って上記権利行使益を一時所得として申告したとしても、それには無理からぬ面があり、それをもって納税者の主観的な事情に基づく単なる法律解釈の誤りにすぎないものということはできない。

　以上のような事情の下においては、上告人が平成11年分の所得税の確定申告をする前に8年分ないし10年分の所得税についてストックオプションの権利行使益が給与所得に当たるとして増額更正を受けていたこ

272　判例各論

とを考慮しても、上記確定申告において、上告人が本件権利行使益を一時所得として申告し、本件権利行使益が給与所得に当たるものとしては税額の計算の基礎とされていなかったことについて、真に上告人の責めに帰することのできない客観的な事情があり、過少申告加算税の趣旨に照らしてもなお上告人に過少申告加算税を賦課することは不当又は酷になるというのが相当であるから、通則法65条4項にいう「正当な理由」があるものというべきである。

③　控訴審の判決

　平成9年に、経済構造改革の一環としてストックオプションを一般的に導入する旨の閣議決定がされた後、同制度が商法改正により本格的に導入されるに伴い、課税庁において、権利行使益が一時所得ではなく、給与所得であるとの共通の認識が形成され、平成10年分所得税の確定申告期以降、給与所得とする統一的な取扱いがされるに至ったこと、そこで、『所得税質疑応答集』（平成8年版・同年6月発行）では、平成6年版までの前記の記載が削除され、平成10年版（平成10年7月発行）では、外国親会社から付与されたストックオプションの権利行使益について、給与所得として課税される旨が記載されるに至り、一般財団法人大蔵財務協会発行の『国税速報』（平成10年10月26日号）にも同旨の見解が発表されたことが認められ、控訴人にあっても、このような一時所得から給与所得への記載内容の変更は、その当時の課税庁の認識を反映したものであることを自認している。

　上記の認定事実、とりわけ、当時の課税状況等と併せて、『所得税質疑応答集』及び『週刊　税務通信』（株式会社税務研究会　発行）に、これらが私的な出版物ではあっても、国税庁職員が顕名で、あるいは客観的に税務を担当する者によるものと認めうる方法で、課税実務が解説され、もって当時の課税庁の認識を反映し、あるいはその意向を受けたものと客観的に認められ、これらの記述が、課税庁の課税行政の内容を国民に周知させる上で、補完的な意味を有するとともに国民に対して指針的なものとして一定の影響力を持ち、国民にとっても、そこに示された内容について、一定の信頼を置くものと推認しうることに照らせば、外国親会社から付与されたストックオプションの権利行使益について、一

時所得として課税される扱いについて、平成10年ころ以前には、国民の信頼を保護すべき程度にまで**課税庁による公的見解の表示があったのと同様の状態にあったとみることができる**。そのほか、被控訴人は、複数の税務署に対して、電話で相談した結果、一時所得である旨の回答を得たとする主張するが、この点については直ちに認めがたいところであり、仮にその事実を認めうるとしても、当該税務相談における態様、回答者の立場等が明らかでないから、その回答をもって公的見解が表示されたと直ちに判断することは困難である。

被控訴人（納税者）は、一時所得とする課税庁の見解に従って、納税額を算出し、その額に基づいて権利行使するかどうかを判断し、権利行使をしたと主張するが、この事実あるいはそれをうかがわせる事情を直ちに認めがたいのみならず、仮に給与所得となるとの見解が示されていた場合には被控訴人において権利行使をしなかったとの事情もうかがえないから、権利行使と前記見解の信頼との間に直接的な因果関係があるとはいえない。なお、本件11年分権利行使益については、権利行使の時期と前記の公的見解の表示と同視しうる時期との関係からしても、因果関係がないといえよう。

また、被控訴人が、納税申告をすることは、所得の発生により国税の納付義務としてすべきことであり、その場合に、所得の把握によって負担すべき納税額に相違を生じることがあるのは当然であって、一定の見解に依拠した申告行為自体を保護すべきものとする被控訴人の主張は、採用しがたい。なお、原判決の「前提となる事実」によれば、被控訴人は、平成8年分及び9年分に係る所得税につき、それぞれ9年3月17日、10年3月16日に確定申告書を提出したのであるから、少なくとも両年分の申告に当たっては、被控訴人の主張するとおり、課税庁による公的見解の表示と同視しうる状態を信じたことによって一時所得として申告したものと認めることができるものの、同10年分に係る所得税については、本件10年分権利行使益が一時所得に当たるとして、同11年3月15日に確定申告書を提出したが、この時点においては、すでに課税庁による一時所得とする公的見解の表示と同視しうる状態はなく、給与所得とする扱いがされるようになっていたのであるから、前記のとおり、税務

署の相談によってなお信頼したか否かを含めて被控訴人が課税庁による公的見解の表示を信頼して申告等をしたことには疑問がないではなく、さらに、平成11年分の所得税については、被控訴人には平成12年3月10日付けで同8年分から同10年分の所得税について、本件更正処分がされ、同月11日には通知されているから、同月15日に確定申告書を提出した行為については、課税庁による公的見解の表示と同視しうる状態を信頼したとはいいがたい。

　納税資金を除いた権利行使益で被控訴人自身の事業を行ってきたとする被控訴人の主張については、必ずしもその事実を認めうるものではないが、たとえその事実が認めうるとしても、その行為は単に課税額に対する期待に依拠したというに留まるものであって、前記の公的見解の表示と同視しうる状態を信頼したこととの因果関係も不分明であり、保護すべきものには当たらない。

　さらに、被控訴人は、ストックオプションの権利行使益が一時所得に該当するとの税務署の職員からの回答を受けたことにより、予想外の経済的不利益を被ったと主張するが、課税庁の方針に変更があったとはいえ、本来の所得区分に認定された上、本来あるべき課税がされたにすぎないのであるから、結局、被控訴人の上記主張は、本来納付しなければならないはずの所得税を払わなければならなくなったことが不利益であると主張するにすぎない。そのほか、前記見解を信頼したことによって予想に反する課税処分を受けたという以上に特別に経済的不利益を受けたことを認めうる具体的な立証はない。

⑶　**コメント**

　本件最高裁判決も上記の先例判決も、**課税庁が従来の取扱いを変更しようとする場合には、法令の改正によることが望ましく、仮に法令の改正によらないとしても、通達を発するなどして変更後の取扱いを納税者に周知させ、これが定着するよう必要な措置を講ずべきものである**との前提に立ち、従来の取扱いを変更する通達を発遣・公表するまでの間に従前の取扱いに従ってされた申告について過少申告加算税を賦課することは違法であることを明らかにしたものと評価してよいと思われる。

　本件最高裁判決では、従前の取扱いは、所得税基本通達で明らかになっ

ており、上記先例判決では、通達はなく、課税庁の見解が記載されている
と一般的に考えられていた書籍から明らかになっていたという違いがある
にすぎない。

　本件最高裁判決の事例では、通達改正に先行して、改正後の通達（最高
裁は、改正後の取扱いは法令の解釈としては適法なものとの判断を示している）
によって執行が行われたものであり、第一審・控訴審はこの点を重視し
て、加算税の賦課決定を適法と判断しているが、最高裁は敢えて、通達改
正前の申告については加算税の賦課決定処分は違法であると判断している
のである。上記先例判決では、控訴審は従来通達はないのであり、当該納
税者は課税庁の取扱いの変更を知っていた点を重視して、加算税の賦課決
定を適法と判断しているが、最高裁は敢えて、取扱いを変更する通達を発
遣・公表する前にされた申告については加算税の賦課決定処分は違法であ
ると判断しているのである。通達変更を含む課税庁の取扱いを常日頃から
研究し、課税庁の公的見解に沿った申告をすべく努力している納税者・税
務専門家のことを考えると、この２件の最高裁判決は、当然の判断を示し
たものといえるのではなかろうか。

276　判例各論

本件の最高裁判決	最高裁・平18. 10. 24
新旧通達は本件を含む具体的な適用場面における帰結も異にするものということができることに鑑みると、平成17年通達改正によって上記の所得区分に関する課税庁の公的見解は変更されたものというべきである。	課税庁においては、上記ストックオプションの権利行使益の所得税法上の所得区分に関して、かつてはこれを一時所得として取扱い、課税庁の職員が監修等をした公刊物でもその旨の見解が述べられていたが、平成10年分の所得税の確定申告の時期以降、その取扱いを変更し、給与所得として統一的に取り扱うようになったものである。この所得区分に関する所得税法の解釈問題については、一時所得とする見解にも相応の論拠があり、最高裁平成16年（行ヒ）第141号同17年１月25日第三小法廷判決によってこれを給与所得とする当審の判断が示されるまでは、下級審の裁判例においてその判断が分かれていたのである。
課税庁の公的見解が変更されるまでの間は、納税者において、旧通達に従って、匿名組合契約に基づき匿名組合員が営業者から受ける利益の分配につき、これが貸金の利子と同視し得るものでない限りその所得区分の判断は営業者の営む事業の内容に従ってされるべきものと解して所得税の申告をしたとしても、それは当時の課税庁の公的見解に依拠した申告であるということができ、それをもって納税者の主観的な事情に基づく単なる法律解釈の誤りにすぎないものということはできない。	課税庁は、課税上の取扱いを変更したにもかかわらず、その変更をした時点では通達によりこれを明示することなく、平成14年６月の所得税基本通達の改正によって初めて変更後の取扱いを通達に明記したというのである。そうであるとすれば、少なくともそれまでの間は、納税者において、外国法人である親会社から日本法人である子会社の従業員等に付与されたストックオプションの権利行使益が一時所得に当たるものと解し、その見解に従って上記権利行使益を一時所得として申告したとしても、それには無理からぬ面があり、それをもって納税者の主観的な事情に基づく単なる法律解釈の誤りにすぎないものということはできない。

課税庁が従来の取扱いを変更しようとする場合には、法令の改正によることが望ましく、仮に法令の改正によらないとしても、通達を発するなどして変更後の取扱いを納税者に周知させ、これが定着するよう必要な措置を講ずべきものである（理由づけ命題）。

最高裁の考える通達の性質

　各税法において通達が定められているが、通達は、行政法の世界では、国家行政組織法14条に根拠をもつものであり、行政庁の長がその所掌事務に関して、所管の諸機関や職員にした指示であり、法規範ではないとされ国民や裁判所を拘束しないとされている。

　租税法の執行に際し、国税職員が通達の定めを直接的な根拠として、課税処分を行っていることを捉えて、かつては、その法規範性が論じられた。

　最近の裁判例では、通達を改正することなく、通達の定めに基づかない課税処分の適法性が問われている事例が見られる。

　商取引の多様化や法制度の頻繁な改変や複雑化に通達の改正が追いつかず、通達に基づいて租税法規を執行したのでは、明らかに不合理な結果となってしまうという事例が存在していることも否定できない。

　しかしながら、納税者の視点に立って考えてみると、課税庁のする租税法の解釈に基づいた申告をしようと、納税者は通達を研究している。課税庁から予期せぬ課税処分を受けて、加算税や延滞税を払いたくないという意識が、そのような納税者の行動の動機になっているとしても、そのような動機を持つことは、何等非難されるべきことではない。

　そのような視点で考えると、課税庁において、通達に基づいた申告について、当該通達に反する課税をすることは、課税庁の公表した通達を尊重し、これに基づいて申告をしようとする納税者の信頼を裏切る行為である。納税者の予見可能性、法的安定性の観点から好ましくない課税であるといえるのではなかろうか。

　通達の定めが実際の取引に即さないのであれば、まず、通達を改め、そのことを明らかにした後に、その改正に基づいた執行を行うべきであろう。その際にも、改正された通達が明らかになる前に、改正前の通達に基づいて行われた申告について過少申告加算税を賦課することも避けられるべきであろう。

　課税庁の公的な見解は明らかにされた通達であり、それに反した執行は、どこまでも、行政庁の長の指示である通達に反した執行であるというべきではなかろうか。

　「課税庁が従来の取扱いを変更しようとする場合には、法令の改正によることが望ましく、仮に法令の改正によらないとしても、通達を発するなどして変更後の取扱いを納税者に周知させ、これが定着するよう必要な措置を講ずべきものである。」という最高裁の判断は、今後変更されることは考えずらく、課税庁はこれを念頭に、通達の制定・改正、法の執行を行うべきものと思われる。

著者紹介

安井　和彦

税理士。昭和28年東京生まれ。東京国税局査察部、東京国税局調査部、東京国税局課税第一部国税訟務官室、税務大学校教授、東京国税不服審判所国税副審判官、国税審判官、総括審判官、横浜支所長を経て、平成26年3月退職、税理士開業。東京地方税理士会税法研究所研究員、東京税理士会会員相談室相談委員としてご活躍中

主な著作物

『所得拡大促進税制の手引き：法人税＆所得税 まるごと解説！』（税務経理協会）

『税理士のための審査請求制度の手続と理論：実務に役立つQ&A』（税務経理協会）

本書の内容に関するご質問は、なるべくファクシミリ等、文書で編集部宛に
お願いいたします。（fax 03-3233-0502）
　なお、個別のご相談は受け付けておりません。

- -

　本書刊行後に追加・修正事項がある場合は、随時、当社のホームページ
（http://www.zeiken.co.jp　「書籍」をクリック）にてお知らせいたします。

　➡　税務研究会　書籍訂正　と検索してください。

逆転裁判例にみる
事実認定・立証責任のポイント

平成28年6月3日　　初版印刷　　　　　　　　　（著者承認検印省略）
平成28年6月10日　　初版発行

© 　著　者　　安　井　和　彦

　　　発行所　　税　務　研　究　会　出　版　局

　　　代表者　藤　原　紘　一

郵便番号101-0065
東京都千代田区西神田1-1-3（税研ビル）
振替 00160-3-76223
電話〔書　籍　編　集〕　03（3294）4831～2
　　〔書　店　専　用〕　03（3294）4803
　　〔書　籍　注　文〕
　　〈お客さまサービスセンター〉　03（3294）4741

● 各事業所　電話番号一覧 ●

北海道 011（221）8348	中部 052（261）0381	九　州 092（721）0644
東　北 022（222）3858	関西 06（6943）2251	神奈川 045（263）2822
関　信 048（647）5544	中国 082（243）3720	研修センター 03（5298）5491

http://www.zeiken.co.jp

乱丁・落丁の場合は，お取替えします。　　　　印刷・製本　藤原印刷㈱

ISBN978-4-7931-2185-2